# 한국 한자유의어 비교 연구

저자 최성일

현우사

# 머리말

본 연구서는 우리말 속에 자주 사용하는 한자 단어를 비교 분석한 내용이다. 총 100가지 단어목록, 220개 단어, 301개 한자를 분석했다. 한자는 한국어를 구성하는 핵심 문자이다. 한자의 중요성을 무시하는 한글학자들이 끊임없이 한자를 배척해왔다. 일상생활에서 한자어를 사용하지 않고 대화를 할 수 없다. 교사와 기자들의 어휘력 부재를 자초한 셈이다. 어떤 전공교재라도 용어는 대부분 한자어로 이루어져 있다. 학생들의 사고력 저하를 '세대 타령'으로 외면할 문제가 아니다. 한자는 외래어가 아니라, 우리 민족이 수천 년 생활 속에서 다듬고 지켜온 의사소통 문화이다. 중국의 언어학자들도 한자를 동이문자(東夷文字)라고 공인하는데, 한국 교육부는 정규교육 과정에서 선택과목 또는 재량과목으로 지정해놓았다.

우리는 '구분과 구별', '특성과 특징', '해제와 해지' 등 의미 차이가 있음에도 무분별하게 사용하니, 오해와 충돌의 원인이 되어 불이익을 받곤 한다. 한글의 표음 특성에 한자의 의미를 부여할 수 없다. 한자를 정확하게 모르면서 발음이 같은 엉뚱한 한자로 오인하여 적당하게 사용한다. 즉 감각적으로 한자어를 구사한다. 한자를 해설한 서적들과 온라인 사전이 있지만, 비슷한 한자어를 해설한 서적은 드물다. 사전적 개념은 알고 있을지라도 비슷한 한자어의 차이를 구별하며 사용하기란 쉬운 일이 아니다. 본 연구는 사용 빈도가 높고 미묘한 유의어를 선별했고, 한자의 의미를 탐구한 것이다.

솔직히 고백하자면, 한자의 음과 뜻을 밝히는 작업은 거의 불가능에 가깝다. 언제 한자가 생겨났으며 왜 그 발음으로 정착되었는지 명확하게 밝힌 자료가 존재하지 않기 때문이다. 다만 발음과 자형의 변화를 추정하는 고대 운서(韻書)와 자전(字典) 그리고 《설문해자(說文解字)》를 근거로 논쟁할 뿐이다. 본 연구도 그 논쟁에 뛰어든 것이며, 나름대로 고문자로부터 현재 사용하는 한자의 음과 뜻을 추정한 것이다. 학술단체나 유튜브에서 심도 있고 흥미롭게 접근하지만, 진짜와 가짜를 가리는 근거는 없다. 즉 심판이 없는 경기를 하는 셈이다.

본 연구는 사전의 서술방식을 따르고 있는데, 엄밀하게 말하면 한자어 사전이 아니다. 단어는 문장 속에서 그 의미가 살아나고, 비슷한 단어와 비교할 때 차이점을 느낄 수 있다. 온라인·오프라인에서 자주 사용하는 단어를 모으고 정리했으며, 각각의 단어마다 한자의 의미 변천을 해설한 것이다. 본 연구서의 해설이 얼마나 객관성을 얻을 수 있을지 두렵지만, 오랫동안 한자를 연구한 경험을 최대한 발휘하려고 노력했다. 단어의 뜻은 대표적인 국어사전-표준국어대사전(국립국어원), 고려대한국어대사전(고려대학교 민족문화연구원), 우리말샘(국립국어원), 훈민정음 학습 국어사전(금성출판사), 흐국어사전(남영신, 성안당) 등-을 참조했다. 한자 사전은 한한대자전(漢韓大字典, 민중서림)과 다량의 고문자 서적을 참조했다.

끝으로 본 연구서의 출간을 허락해주신 사장님과 편집 선생님들께 진심으로 감사의 뜻을 남긴다. 그리고 탈고를 위해 항상 옆에서 도움을 아끼지 않았던 사랑하는 아내에게 본서를 바친다.

2022년 8월 저자

# - 차 례 -

## 〈단어목록〉

# ㄱ

### ◀ 가공(加工)-가공(架空)

| 가공(加工) | 인공적으로 새로운 제품을 만들거나 제품의 질을 높이다. | 변형 |
|---|---|---|
| 가공(架空) | 이유나 근거가 없이 꾸며 내다. (=假象) | 상상 |

사람은 상황이나 필요에 따라 무엇인가 만들게 된다. 기존에 존재하는 원료를 이용해서 새로운 것이 만들어지면 '가공(加工)'이라 하고, 존재하지 않은 것을 꾸며서 새롭게 만들어 낸 것은 '가공(架空)'이다. 비빔밥의 경우, 각종 나물[재료]을 넣고 장(醬)으로 비빈 '혼합(混合) 음식'이며, '가공(加工) 음식'이라 부르지 않는다. 조미료나 육수처럼 어떤 맛을 내기 위해, 주재료에 첨가하는 양념은 오감(五感)을 느끼게 하는 '가공(加工)'된 식품이다. '가공(架空)'은 상상력으로 꾸며 낸 물체를 일컫는다. 비슷한 단어는 '가상(假象)'이다. '가상(假像)'은 거짓 형상으로 마술의 속임수를 의미한다. '가상(假想)'은 사실이라고 가정하여 생각하는 것이다.

(A-1) 소시지는 <u>가공(加工)</u> 식품이므로 다량 섭취하지 마세요.

(A-2) 원목을 <u>가공(加工)</u>한 합판으로 선반을 만들었다.

(B) 경복궁 앞에 놓인 해태는 <u>가공(架空)</u>/<u>가상(假象)</u>의 동물이다.

예문(A-1)에서 소시지는 고기를 으깨고 다진 '가공' 식품인데, 고기의 성분을 변형하여 만들었으므로 '가공(加工)'이다. 예문은 염분이 다량 포함되어 지나친 섭취를 피하라는 문장이다. 예문(A-2)에서 합판은 나무의 원재료를 작고 얇게 변형하여 접착제로 붙인 것이므로 '가공(加工)' 목재이다. 예문(B)에서 '가공(架空)'은 현실에 존재하지 않지만 비슷한 것으로 상상하여 꾸민 것이다. 해태는 사자를 닮았으나 전설상에 등장하는 상상의 동물인 외뿔 사자의 모양을 갖추고 있다.

가(加)는 '더하다, 보태다'라는 뜻으로 가진 글자이다. 금문[⿰力口]에 처음 보이며, 북채[ ]와 피리 구멍[ ]을 결합한 회의문자이다. 본래 타악기와 관악기를 연주하는 것을 형상화한 글자였다. '아름답다, 즐기다'의 뜻을 가진 '嘉'(가)의 갑골[ : ]과 금문[ : ]을 보면, '加'의 본래 뜻이 악기의 연주임을 엿볼 수 있다. 여러 대롱을 묶은 '피리'의 뜻을 가진 '龠'(약)의 갑골[ : ]과 금문[ : ]을 보면, 피리를 부는 입이 위쪽에 그려져 있다. '加'의 금문[ ]에서 상하 위치는 북소리에 맞춰 피를 부는 모습을 형상화한 것으로 볼 수 있다. 소전[ ]과 예서[ ]에서 좌우로 배열하여 악기를 합주하는 뜻이 강조되었다. 《설문해자》에서 '소리가 증폭되다'라고 풀이했다.1) 하나의 악기만으로 연주하지 않고, 여러 악기를 동원하여 합주한 것이다. '소리를 보태다, 동조하다, 합세하다, 분위기를 고조시키다' 따위의 뜻이 내포되어 있다. 일설에는 농기구[ ]와 추임새[口]의 결합으로 보기도 한다. 앞부분 '力'(력)은 쟁기 '耒'(뢰)와 초성이 같으며 생략된 형태라고 주장한다. 이 견해는 단순히 글자의 외형에서 유추하여 '힘을 돋우거나 보태다'라는 의미로 귀납적으로 풀이한 것이다. 이외에도 '포개다, 가입하다, (몸에) 붙이다, (둥지를) 치다, 맛있다, (영향이) 미치다, 쏘다, (일을) 맡다, 뽐내다, 덧셈' 따위의 뜻으로 파생되었다.

공(工)은 '달구, 도구'를 본뜬 글자이다. 갑골문[ : ]과 금문[ : ]을 보면, 두 종류의 글자로서 땅을 다지는 도구와 직선과 방형을 재는 자를 본뜬 상형문자이다. 《설문해자》에서 '工: ' 은 사람에게 기준을 제시하는 것이며, 제사를 모시는 巫와 같은 뜻이다2)라고 풀이했다. 하늘과 땅[二]과 소통[丨]을 결합한 회의문자로 보았다. 한대(漢代)에 이르러 땅

---

1) 加, 語相增加也. 從力, 從口.
2) 工, 象人有規矩也. 與巫同意.

을 다지거나 일정한 벽돌을 만드는 도구를 본뜬 상형문자[[illegible]:[illegible]]의 뜻이 소멸하는 원인이 되었다. 땅을 다지거나 성벽을 쌓을 때 사용하는 달구의 모양을 본뜬 상형문자가 분명하다. 달구는 무거운 돌에 나무 막대기를 꽂아서 손잡이로 삼는 도구이다. 또는 나무판에 진흙을 넣고 반듯한 모양의 벽돌을 만드는 도구이다. 고대 성벽을 쌓는 판축법(版築法)의 일종으로 모든 방어벽을 축조하는 데 사용되었다. '工'은 도구를 잘 다루는 장인(匠人)의 뜻으로 파생되었고, 작업이나 일과 관련된 글자들에 활용되었다. '도구, 장인' 이외에 '기교, 솜씨, 기능, 공업, 인공(人工), 관리, 악공(樂工), 공교하다, 정교하다, 만들다' 따위의 뜻으로 파생되었다. 가공(加工)은 '인위적으로 다른 재료를 이용하여 만들다'라는 뜻이다.

가(架)는 물건을 얹는 '시렁, 선반, 횃대' 따위의 받침대를 형상화한 글자인데, 필요성이 생겨서 추가로 보강[加]하여 설치[木]하다는 뜻을 나타낸 형성문자이다. 《설문해자》에는 수록되지 않은 글자이다. 갑골·금문·소전 등에 보이지 않으며 서진(西晉) 시기에 오감주나무 '欒'(란)을 대신하여 파생된 글자였다. 지붕을 만들 때 대들보 '梁'을 받치는 가로지른 긴 나무 시렁을 뜻한다. '시렁, 선반, 횃대' 이외에 '건너지르다, 가설하다, 얽어매다, 능가하다' 따위의 뜻으로 파생되었다. '도리깨, 횃대'의 '枷'와 통용되는 글자이다.

공(空)은 구멍[穴]과 받침대[工]의 결합으로 텅 비어있는 공간을 형상화한 것이고, '빈 곳, 구멍'의 뜻을 가진 글자이다. 금문[[illegible]]을 보면, 동굴의 위쪽을 떠받치는 모양이다. 전국시대의 고문자[[illegible]] 이후 소전[[illegible]]과 예서[空]를 거치면서 큰 변화 없이 자형을 유지해왔다. 《설문해자》에서 '구멍'이라고 풀이했다.[3] '동굴의 빈 곳, 구멍' 이외에 '공허하다, 헛

3) 空, 竅也. 從穴, 工聲.

되다, 쓸쓸하다, 뚫다, 곤궁하다, 공중' 따위의 뜻으로 파생되었다. 가공(架空)은 현실 실제에 존재하지 않으며, '상상이나 창의적 발상으로 꾸미다'는 뜻이다. 가끔 허공에 설치된 시설을 일컫는다.

따라서 두 단어의 차이점은 원자재나 재료의 유무에 따라 그 쓰임이 전혀 다르다. 가공(加工)은 원형에 형태를 변형하거나 변화를 가한 것이고, 가공(架空)은 원형 자체가 없거나 상상력에 의해 유추된 형태이다.

◇ 요즘 젊은이들은 **가공(加工)** 식품을 많이 먹는 편이다.

◇ 순천시는 매실 **가공품(加工品)**으로 수출 10만 달러를 달성했다.

◇ 최근 **가공식품(加工食品)**과 외식 물가가 가파르게 올랐다.

◇ 이 영화의 영상미는 현실과 **가공(架空)**의 세계를 착각하게 하는 기술이 뛰어나다.

◇ 고대사를 왜곡하는 역사가는 **가공(架空)**의 인물이나 사건을 교묘하게 뒤섞어 엉터리 주장을 만들어 냈다.

◇ 부동산 사기꾼이 말한 건물의 토지대장을 보니, 다른 사람의 이름을 도용한 **가공(架空)**의 허위매물로 밝혀졌다.

※ 손흥민 선수는 **가공(可恐)**할 득점력으로 상대 수비를 압도했다.

- 가공(可恐)하다: 공포스럽다, 두려워할 만하다

## ◀ 가능성(可能性)-개연성(蓋然性)

| 가능성(可能性) | 일이 이루어지거나 실현될 수 있는 성질이나 정도 | 긍정적 |
|---|---|---|
| 개연성(蓋然性) | 확실하지 않으나 아마 그럴 것이라 생각되는 성질 | 부정적 |

확정되지 않은 일에 대해 추측하는 경우, '그러할 수 있다'라는 뜻으로 가능성(可能性)과 개연성(蓋然性)은 동의어(同義語)로 사용된다. 다만, '가능성'은 긍정적인 뜻이 강조되는 반면에, '개연성'은 부정적인 뜻으로 사용되는 편이다. 화용론적 관점에서 긍정의미의 '가능성'과 부정의미의 '개연성'으로 구분할 수 있다. 또 일상적 추측의 경우 '가능성'을 사용하며, 논리적 추론의 경우 '개연성'을 사용하는 편이다. 국립국어원에서 '가능성'보다 '개연성'이 더 확실한 개념을 가진 단어라고 구별한다. 두 단어는 동의어가 아니라 유의어라고 규정하고 있다.

(A) 새로운 발전 <u>가능성</u>이 있다.

(B) 정황과 심증적으로 범인일 <u>개연성</u>이 있다.

(C) 시대정신이 변하듯이 복고풍이 다시 유행할 <u>개연성</u>이 있다.

예문(A)에서 발전은 긍정적인 의미를 담고 있으므로 '개연성'으로 바꾸면 어색하다. 예문(B)에서 범인을 추정하는 부정적인 의미가 있으므로 '가능성'으로 바꾸면 어색하다. 예문(C)에서 유행의 반복을 논리적으로 표현하였으므로 '가능성'으로 바꾸면 어색하다. 이것은 화용론 기준에 따른 개념 구별일 뿐, 확실성·타당성이 전제된 경우 '가능성'과 '개연성'은 서로 교체해서 사용해도 틀린 표현이라고 할 수 없다.

가(可)는 본래 '흥겹게 농사일하다, 노래 부르며 일하다'라는 글자였다. 그러나 이후 '옳다, 허가하다'의 뜻으로 가차하였고, '노래하다(부르다)'의 가(歌)가 생겨난 것이다. 갑골문[]과 금문[]을 보면, 농기구나 곡괭이를 머리 위로 들고 노래하는 것을 형상화한 것이다. 글자의 구성은 흥얼거림[口]과 곡괭이[丂]가 결합한 글자로 본다. 《설문해자》에서는 '분해하다'라는 뜻으로 풀이했는데,[4] 고깃덩어리[口]와 칼질[丂(亐)]의 결합으로 보았다. 의미를 확대하여 '꼭 알맞다, 적당하다, 올바르다, 옳다, 그렇게 되다, 그럴 만하다, 허가하다' 등의 뜻으로 파생되었다. 일설에는 빈 구덩이나 구멍을 채운 모양을 본뜬 회의문자로 보는 견해가 있다. 글자의 구성은 구멍[口]과 채우다[一]와 가라앉다[乙]가 결합한 것으로 본다. 의심과 의혹을 가졌던 마음이 가득 차서 해소되어 '옳다, 그렇다'라는 뜻을 형상화한 것이다. 또 다른 견해는 관악기의 구멍에 숨을 불어넣어 '불다, 연주하다, 노래하다'라는 뜻을 형상화한 글자라고 본다. 글자의 구성은 악기의 구멍[口]과 숨을 내쉬다[丂(亐)]가 결합한 것이다. '옳다, 그렇다' 이외에 '허락하다, 들어주다, 견디다, 대하다' 따위의 뜻으로 파생되었다.

능(能)은 본래 '곰'을 상형[ ]했으나, 점차 '해내다, 할 수 있다, 능력, 재능'의 뜻으로 가차했다. 곰을 나타내는 한자는 '熊'(웅)이 대신하게 되었다. 금문[ : ]과 소전[ ]을 거쳐 현재의 자형[能]으로 계승되었다. 《설문해자》에서 '곰'이라고 풀이하면서, 발은 사슴을 닮았다고 설명했다.[5] 허신(許愼)은 전설상의 동물로 인식했는데, 이후 언어학자들은 곰 '熊'(웅)의 본자라고 설명한다. 야생 곰은 사람의 목숨을 뺏는 무서운 동물이지만, 어린 곰을 길들이면 재주를 부리고 사람의 말에 따라 시늉을 잘하는 재능을 갖게 된다. 고대 인파가 많이 모이는 시장에서 곰을 이

---

4) , 肯也. 뼈에 붙어 있는 살을 떼어낸 것이라 풀이했다. 살코기처럼 먹기 좋게 다듬은 것이므로, 알맞다 · 좋다 · 기꺼이 -하다의 뜻이 파생되었다. 상대방의 말에 허락하는 대답으로 사용되었다.

5) , 熊屬, 足似鹿. 從肉, 㠯聲. 能獸堅中, 故稱賢能, 而彊壯, 稱能傑也. 凡能之屬皆從能.

용하여 시선을 집중시켜 물건을 파는 상인들도 생겨났다. '능력, 재능' 이외에 주로 조동사로써 '-할 수 있다'라는 뜻을 가진 단어이다.

성(性)은 '본성'이라는 뜻을 가진 글자이다. 소전[性]에 처음 보이며, 수컷의 성기[心]와 싹트다[生]를 결합한 회의문자이다. 본래 모든 생명체의 교미를 표현한 '원초적 본능'의 뜻이었다. 생식기능을 가진 동물은 수컷의 발정으로 암컷의 뱃속에 새끼를 생성한다. 고대 이성에 대한 집착과 관심은 그 원인을 말로 설명할 수 없었고, 이를 누구나 태어나면서 갖게 되는 욕구 즉 원초적인 본능으로 보았다. 이러한 욕구는 점차 '선천적인 마음 상태'로 풀이하면서 내면적인 '마음, 본성'의 뜻이 파생되었다. 지금까지 성기[心]는 사람의 심장을 본뜬 글자라고 인식하고 있지만, 처음 이 글자가 만들어진 시기에는 오직 생존 이외의 복잡한 심리 현상을 고려하지 않았을 것이다. 일부다처(一夫多妻)의 풍습이 미개한 소수민족에서 존속하는 이유이기도 하다. 이것은 고대 성적인 행위를 쾌락의 수단으로 여기지 않았고, 후손을 낳아 대를 잇는 데 의미를 부여했음을 방증한다. 주대(周代) 이후 남녀의 구별, 기혼과 미혼의 구별이 엄격해지면서 '마음'[心]의 뜻으로 굳어졌다. 《설문해자》에서 '선량한 본능'이라고 풀이했다.6) '마음, 본능' 이외에 '성질, 바탕, 본질, 생명, 모습, 성별(性別)' 따위의 뜻이 파생되었다. 가능성(可能性)은 '그렇게 될 수밖에 없는 성질'의 뜻으로 이치나 원칙에 따라 자연스럽고 긍정적인 변화가 이루어짐을 표현한 것이다.

개(蓋)는 '덮개'의 '盒'(합)와 같은 뜻의 '盇'(=盍/합) 위에 풀[艸]을 덧붙여 뜻을 명확하게 만든 금문[蓋:蓋]과 소전[蓋]이 사용되었다. 《설문해자》에서 '葢'(개)가 수록되었고 '짚으로 만든 덮개'라고 풀이했다.7) 본래

6) 性, 人之昜氣性善者也. 從心, 生聲.
7) 蓋, 苫也. 從艸, 盇聲

짚이나 띠로 엮은 초가집의 '지붕'을 뜻하였다. 점차 '盍'(합)은 그릇이나 물건을 덮는 '뚜껑, 마개'의 뜻이 되고, '蓋'(개)는 전체 물체를 덮거나 숨기는 '장막 · 가림막'의 뜻으로 굳어졌다. 현재의 자형은 예서[蓋]에서 비롯되었다. 부사로 활용되는 경우 '대체로, 대략, 모두'의 뜻이다. '뚜껑, 덮개' 이외에 '뛰어나다, 숭상하다, 해치다, (자루가 굽은) 부채, 그래서, 어찌, 문짝' 따위의 뜻이 파생되었다.

연(然)은 원래 '불타다, 굽다'의 뜻을 가진 글자였다. 금문[然]을 보면, 불[灬] 위에 고기[肉]와 개[犬]가 그려져 있다. 소전[然]에 대해 《설문해자》에서 '태우다'라고 풀이했다.[8] 파자(破子)하면, '개고기를 굽다'라는 뜻이 된다. '고기 굽는 냄새에 달려든 개'를 형상화한 글자인 셈이다. 먹거리가 부족하였을 시기에 키우던 개를 잡아먹거나, 냄새에 예민한 개에게 고기 냄새는 참을 수 없는 것이다. '然'(연)은 이후 '당연하다, 그럴듯하다'라는 뜻으로 굳어지게 되었다. 원래 '불타다, 굽다, 불에 익히다'라는 글자는 '燃'(연)으로 대체되었다. 개연성(蓋然性)은 '실제로 일어날 법한 성질'을 의미하게 되었다. 대체로 불길함이나 부정적인 추측에 사용하며, 확실한 느낌이나 아마 그렇게 되리라 의심하는 경우에 사용하는 말이다.

◇ 규칙적인 운동은 심장 질환을 줄일 **가능성(可能性)**이 높다.

◇ 오래도록 만난 친구라면 헤어져도 다시 연락할 **가능성(可能性)**이 있다.

---

8) 然, 燒也. 從火, 肰聲. 䕼, 或從艸, 難.

◇ 특정 시간대마다 담배를 피우거나 흡연량이 많을수록 금연에 실패할 **가능성(可能性)**이 높다는 연구결과가 나왔다.

◇ 남을 모함하는 가짜 뉴스는 여론의 역공을 당할 **개연성(蓋然性)**이 매우 높다.

◇ 이 작품은 인물과 사건이 역사적 사실과 부합되지 않으나 **개연성(蓋然性)**을 갖춘 성공작이다.

◇ 사건 현장에서 범인이 붙잡힐 **개연성(蓋然性)**이 없다.

## ◀ 가정(家庭)-가족(家族)

| 가정(家庭) | 가까운 혈연관계에 있는 사람들의 생활 공동체 | 공간 |
|---|---|---|
| 가족(家族) | 주로 부부를 중심으로 한 친족 관계에 있는 집단 | 혈연 |

돼지는 동이(東夷) 민족과 밀접한 관련이 있는 가축이다. 사람이 모여 사는 집이나 가족에 돼지 '豕'(시)를 덧붙여 놓았다. 이것은 한자(漢字)를 창제한 민족이 동이족임을 방증한다. 고대 역사서에서 동호(東胡)라고 부르는데, 황하(黃河) 유역의 고토(古土)를 회복하기 위한 중원 전쟁이 빈번하고 치열했기 때문에 붙여진 폄칭(貶稱)이다. '가정(家庭)'은 공간적 개념으로 한 가족이 함께 생활하는 집을 의미하며, '가족(家族)'은 인간관계에 의한 개념으로 부부, 부모, 자녀와 같이 혈연관계가 있고, 입양이나 의형제처럼 공동체 구성원으로서 인적관계가 포함된다. '가정'은 사회를 구성하는 기본적인 단위라면, '가족'은 삶 또는 생활을 공유하는 집단인 셈이다.

(A) 이번 세미나는 한 자녀 <u>가정</u>의 문제점에 관한 것이다.

(B) 아파트 주민 중에는 맞벌이 <u>가족</u>이 많은 편이다.

예문(A)에서 자녀가 1명이 있는 '가정'은 거주하는 공간적 개념이다. 이 경우 '가족'으로 교체할 수 없다. 예문(B)에서 부부가 직장을 다녀야 하는 생활 방식이므로 혈연적 '가족'을 사용하는 것이 자연스럽다. 이 경우 '가정'으로 교체하면 사회적 단위를 강조한 표현이 된다. 특히 '가족'의 범위는 민법(民法)에서 나를 중심으로 배우자나 직계혈족, 형제자매로 국한하고 있다.

가(家)는 '집, 집안'이라는 뜻을 가진 글자이다. 갑골[]을 보면, 지붕[∩(宀)]과 돼지[(豕)]를 결합한 회의문자이다. 본래 집안에 돼지를 키우는 동이족의 '집 또는 집안'의 뜻이었다. 고대 살아있는 돼지[豕]와 죽은 돼지의 고기는 돈(豚)을 사용했다. 가(家)는 초기 갑골문에 등장하는 글자로서 한자가 동이 민족의 글자임을 방증하고 있다. 《설문해자》에서는 가(家)를 사람이 사는 곳이라 했다.[9] 사람이 거주하는 집에 돼지를 표시한 이유에 대해서는 언급하지 않았다. 현재 중국 언어학자들은 제사용 고기에 초점을 두고 가(家)를 풀이한다. 즉 양(羊)을 제물로 바치는 귀족과 돼지(猪)를 제사에 사용하는 일반 서민으로 구분했다. 집을 형상화한 문자에는 당연히 대중적인 풍습이 반영되어야 하므로 돼지[豕]를 포함한 것이라 보았다. 중국학자들의 궁색한 설명을 근거로 보면, 가(家)는 조상신을 모시는 사당(祠堂)에 사람이 생활했다는 말이 된다. 종(宗)·묘(廟)·궁(宮)·묘(庿)·사(祠)·제실(齋室) 등 무수히 많은 사당을 의미하는 문자들이 파생될 이유가 없다. 심지어 시(豕)를 설명하면서 수컷

9) 家, 居也. 從宀, 豭省聲. 豭, 牡豕也. 집(家)은 사는 곳이다. 지붕 면(宀)을 뜻으로 삼고, 가(豭)를 축약하여 발음으로 삼았다. 가(豭)는 수컷 돼지이다.

돼지의 거세 또는 피부 털을 기준으로 돈(豚)과 구분하는 견해까지 제시되었다. 돼지를 뜻하는 저(猪:豬)·체(彘)·치(豸)·해(亥:12번째지지) 등이 있다. 가(家)는 '집, 집안' 이외에 '문벌, 학자, 살림살이, 마나님' 따위의 뜻으로 파생되었다.

정(庭)은 '뜰, 마당'이라는 뜻을 가진 글자이다. 금문[庭:庭]을 보면, 건물[宀]과 듣다[聽(聽)]를 결합한 회의문자이다. 본래 식구들이 이야기를 주고받는 '대청, 안방'의 뜻이었다. 현재의 자형은 건물[广]과 조정[廷]을 결합한 형성문자이다. 조정[廷]의 금문[廷:廷:廷]을 보면, 토담이나 계단 앞에서 허리를 숙인 사람을 형상화했다. 토담이나 계단이 있는 큰 저택, 또는 임금이 머무는 궁전 아래에서 신하가 조회하는 모습이다. 이에 궁궐 가운데 있는 '조정(朝廷)'을 뜻했다. '庭'에 포함된 '廷'의 형태가 달라진 것은 소전[庭]에 와서 변모한 것이다. 전국시대까지 관청[廳]과 조정[庭]이 '庭'[庭]으로 통용되었고, 진대(秦代)에 두 가지 글자로 분리되었음을 알 수 있다. 《설문해자》에서 '궁중'이라고 풀이했다.10) 소전[庭]의 구성은 건물[广]과 아뢰다[廷]를 결합하여 '조정'의 뜻을 내포하고 있다. 즉 임금이 신하의 보고를 받는 장소인 셈이다. '조정' 이외에 '안채, 뜰, 마당, 장소, 사냥터, 동떨어지다' 따위의 뜻이 파생되었다. 가정(家庭)은 '큰 주택의 뜰, 마당, 정원'의 뜻으로 사람이 거주하는 공간적 개념으로서 '집'이다.

족(族)은 '겨레, 무리'라는 뜻을 가진 글자이다. 갑골문[族]과 금문[族]을 보면, 나부끼는 깃발[㫃]과 화살[矢]이 결합한 회의문자이다. 본래 공적인 목표를 가진 사람들이 모인 '군대' 내지는 '집단'을 형상화한 것으로 보인다. 소전[族]에 대해 《설문해자》에서 '화살촉'이라고 풀이했다.11)

---

10) 庭, 宮中也. 從广, 廷聲.

허신(許愼)은 화살 다발을 형상화한 글자로 인식했다. 고대 씨족 사회에서 생성된 글자이므로 공동체의 인간관계 내지는 혈연관계를 나타낸 글자인 셈이다. 광의의 개념으로 '겨레, 종족'의 뜻으로 사용되며, 협의의 개념으로 '가족, 일족, 무리'의 뜻을 갖게 된 것이다. 일반적으로 가족(家族)은 혈통 관계에 있는 사람 즉 친족을 지칭하는 공동체를 뜻한다. 대체로 가정을 구성하는 식구를 일컫는 단어이고, 공동의 목표를 가진 가까운 인간관계를 표시하는 조직이나 집단을 강조하는 단어인 셈이다.

◇ 세계화 흐름 속에 우리나라는 **다문화가정(多文化家庭)**이 증가하는 추세를 보여주고 있다.

◇ 부모님은 어려운 **가정(家庭)** 형편에도 더 어려운 사람을 돕는 일을 좋아하셨다.

◇ 저출생으로 인해서 새로운 **가족(家族)** 형태가 생겨나고 있다.

◇ 분단국가는 **이산가족(離散家族)** 상봉과 물자 교류를 중요한 정책으로 삼고 있다.

◇ 경쟁이 치열한 경제환경으로 말미암아 우리나라에는 100년 이상 장수하는 **가족기업(家族企業)**이 드물다.

◇ 사회 변화에 따라 다양한 **가정(家庭)**의 형태가 생겨난 만큼 좁은 의미의 **가족(家族)**의 개념을 확대할 필요가 있다.

---

11) 族, 矢鋒也. 束之族族也. 从㫃, 从矢.

## ◀ 갈취(喝取)-착취(搾取)

| 갈취(喝取) | 남의 것을 강제로 빼앗다. | 불법 |
|---|---|---|
| 착취(搾取) | 남의 권리나 성과를 무상으로 취득하다. | 합법 |

부당한 방법으로 타인의 소유를 자기 것으로 획득하는 행위를 갈취(喝取)와 착취(搾取)라는 단어가 있다. '갈취'는 불법적이고 무력에 의해 상대의 소유권을 빼앗는 행위이다. '착취'는 합법적인 방식으로 무상으로 상대의 노동이나 임금을 빼앗는 행위이다. '갈취'는 권력이나 권한을 악용하여 상대를 위협하는 강탈이다. '착취'는 상대보다 비교 우위의 조건이나 상대의 허점을 악용하여 빼앗는 것이라 할 수 있다.

(A) 노점상을 '<u>갈취</u>'해온 조폭이 붙잡혔다.

(B) 유통업체가 농수산물의 수익을 '<u>착취</u>'하는 구조이다.

예문(A)에서 '갈취'는 조폭이 불법적으로 노점상의 이익을 뺏어온 것을 표현한 것이다. 예문(B)에서 '착취'는 유통업자들이 농수산물 가격을 합법적으로 조정하여 이익을 취한 것을 표현한 것이다. 두 문장에서 '갈취'와 '착취'를 교체할 수 없다. '갈취'는 약탈(掠奪), 강탈(强奪)의 한자어와 의미가 비슷하다. '착취(搾取)'는 한자의 의미를 억지스럽게 조합한 일본식 한자어이므로 수탈(收奪)을 사용하는 것이 바람직하다.

갈(喝)은 소전[[illegible]]에 처음 등장하는 글자이며, 말하다[口]와 목이 잠긴 소리[曷/[illegible]]의 결합으로 '큰 소리로 으르다'라는 뜻이었다. 목에 잠긴 소리[曷(갈)]의 글자형태를 보면, 전달하다[曰]와 요구하다[[illegible]=丐]를 결합한 회의문자이다. 즉 '구걸하다, 청구하다'라는 뜻이다. '喝'(갈)은 여기에 주장[口]을 더하면서 '꾸짖다, 나무라다, 고함치다, 협박하다'라는 의미를 지니게 되었다. 일갈(一喝)은 큰소리로 한바탕 꾸짖는 뜻이다. 소전[[illegible]]

에 대해 《설문해자》에서 '입을 크게 벌리고 마시다'라고 풀이했다.[12] 갈채(喝采)는 기쁜 소리로 크게 외치고 힘껏 박수를 보내며 칭찬하거나 환영하는 뜻이다. 대체로 큰소리로 상대를 나무라거나 칭찬할 때 사용하는 글자이다.

취(取)는 '가지다, 취득하다'라는 뜻을 가진 글자이다. 갑골[ ]과 금문[ ]을 보면, 귀[耳]와 거두다[ (手)]를 결합한 회의문자이다. 본래 고대 전쟁에서 죽인 적의 왼쪽 귀를 자르던 풍습에서 유래한 것이다. 처음에는 적의 머리를 잘라 그 수치에 따라 포상을 받았지만, 부피를 줄이기 위해 적의 귀로 승리의 공훈을 따졌다. 소전[ ]에 대해 《설문해자》에서 '포획하다'라고 풀이했다.[13] '가지다, 취득하다' 이외에 '손에 들다, 돕다, 의지하다, 채용하다, 받아들이다, 이기다, 다스리다, 멸망시키다, 장가들다' 따위의 뜻이 파생되었다. 갈취(喝取)는 협박하여 취득하는 행위를 일컫는다.

착(搾)은 '짜다, 거르다'라는 뜻을 가진 글자이다. 술이나 즙을 짜내는 도구인 자(榨)의 오류이며, 일본에서 사용되는 한자이다. 글자의 형태로 보면, 손[扌]과 좁다[窄]가 결합한 것이다. 술주자의 모양처럼 '짜내다, 쥐어짜다'라는 뜻을 형상화한 글자이다. '窄'(착)의 본음은 '책'이며, 금문[ ]을 보면, 동굴[穴]에서 작업[乍]하는 모습이다. '寬'(관-넓다)의 반의어로 사용되는 글자이다. '搾'(착)은 아마 법률에 저촉되지 않는 교묘한 방식으로 '상대의 허점을 악용하다'라는 뜻임을 알 수 있다. 착취(搾取)는 법률적으로는 위반하지 않으면서, 타인의 사물이나 노력을 무상으로 취득하는 행위를 일컫는다.

---

12) 喝, 渴也. 從口, 曷聲.

13) 取, 捕取也. 從又, 耳. 《周禮》:獲者取左耳. 《司馬法》曰:載獻聝. 聝者, 耳也.

◇ 사채업자는 공갈쳐서 금품을 **갈취(喝取)**한 혐의로 구속되었다.

◇ A씨는 최근 보험상담사로 가장한 사기꾼에게 수백만 원을 **갈취(喝取)**당했다.

◇ 일본강점기에 총독부는 대한민국의 지하자원과 노동력을 무자비하게 **착취(搾取)**하였다.

◇ 대기업은 하청기업의 근로 계층의 임금을 **착취(搾取)**하여 비용을 절감하는 협업구조를 선호하고 있다.

◇ 농민들의 저항 운동은 농가 수익을 **수탈(收奪)**하는 유통과 물류 시스템의 불합리성에 원인이 있다.

## ◀ 강점(强點)-장점(長點)

| 강점(强點) | 남보다 뛰어나거나 유리한 것 | 비교 |
|---|---|---|
| 장점(長點) | 남달리 잘하거나 좋고 뛰어난 것 | 능력 |

누구나 선천적으로 타고난 재능은 사람마다 다르다. 강점(强點)과 장점(長點)은 우수한 능력, 수준 등을 강조하는 단어이다. '강점'은 상대우위의 비교급을 표현하는 단어이고, '장점'은 어떤 성질이 뛰어난 능력을 소지하고 있음을 일컫는다.

(A) 경력에 비해 노련한 <u>강점</u>을 지녔다.

(B) 그림을 잘 그리는 <u>장점</u>을 살렸다.

예문(A)에서 '강점'은 기술적으로 상대방을 압도하는 능력이 있음을 표현한 것이다. '장점'으로 교체하면 기술 습득 능력이 뛰어난 특성을 강조하게 된다. 예문(B)에서 '장점'은 그리는 재주를 가졌음을 강조한 것이다. '강점'으로 교체하면 남과 비교하여 더 잘 그린다는 뜻이 된다. 화용론 측면에서, 두 단어는 능력이 있고 재주가 뛰어나다는 뜻으로 동의어이지만, 표현의 방식에 따라 다르게 적용되므로 주의할 필요가 있다. 즉 상대적 비교를 나타낼 때는 '강점'을 사용하는 것이 자연스럽고, 재능이 뛰어난 개별성을 강조할 때는 '장점'을 사용하는 것이 바람직하다.

강(强)은 '굳세다, 강하다, 단단하다'라는 뜻으로 비교 대상이 전제된 경우에 사용하는 글자이다. '强'(강)은 본자(本字)가 '彊'(강)이고, '強'(강)의 속자(俗字)였다. 본래 '彊'(강)은 '화살을 잘 쏘다'라는 뜻이었으나, '强'(강)으로 자형이 변하면서 벌레 충(虫)과 결합했는데, 한대(漢代) 《설문해자》 이후 '바구미 벌레[[illegible]], 쌀벌레[強]'의 뜻과 혼동하여 활용되었다.[14] 그러나 강(彊)은 지금의 강(强)으로 모양만 바뀌었을 뿐, 단단한 활을 쏠 수 있는 강력한 힘을 가진 능력을 의미하며, 주로 '굳세다, 뛰어나다'라는 뜻의 글자로 사용하고 있다. 이외에 '힘쓰다, 억지로 하게 하다, 거스르다, 세차다, 성하다, 권하다, 세력이 있다, 포대기, 마흔 살' 따위의 뜻이 파생되었다.

점(點)은 검은색[黑]과 점괘[占]가 결합한 형성문자이며, 점을 친 결과로 검은 문양의 '얼룩, 점, 징표'를 뜻한다. 검은색[黑]의 갑골[:]을 보면, 불을 사르고 연기가 굴뚝을 통해 솟는 모양이다. 금문[:]에서 불꽃과 굴뚝의 그을음을 강조하여 '검다'라는 뜻이다. 본음은 '흑'이었다.[15] 점(占)은 거북의 배나 소의 뼈에 구멍을 내고 불을 가열하여 갈라지는 '부분, 문양'을 나타낸 글자이다. 따라서 점(點)은 불을 가열하거나 불쏘시개를 사용하여 검은색 '얼룩, 부분'을 형상화한 글자이다. 강점(强點)은 '남보다 뛰어난 부분'의 뜻으로 상대와 비교하여 뛰어난 능력이다.

14) 彊, 蚚也. 從虫, 弘聲. (벌레라는 뜻이고 강으로 발음한다.)
15) 《說文解字》:黑, 火所熏之色. 從炎上出囪. 囪古窗字. 凡黑之屬皆從黑.

장(長)은 '길다'라는 뜻을 가진 글자이다. 본래 긴 머리를 기른 노인을 형상화한 글자였다. 장(長)의 갑골[[illegible]]과 금문[[illegible]]을 보면, 머리카락이 길게 자란 모습을 본뜬 글자이다. 오랜 기간 기술을 터득한 노련함을 형상화한 글자이다. 전국시대까지 통용된 고문자[[illegible]:[illegible]]를 거쳐 소전[[illegible]]의 자형으로 변모했다. 《설문해자》는 '오래되다, 멀다'라고 풀이했다. 우뚝서다[兀]와 변화하다[匕]에서 뜻을 취하고, [illegible](亡을 뒤집은 모양=止)에서 음을 취했다.[16] 오랜 기간 숙련을 통해 능력을 갖추게 되었음을 설명했다. 대체로 '어른, 우두머리'의 명사 또는 접미사로 사용하거나, '길다, 오래다'라는 술어적 용법으로 활용한다. 장점(長點)은 '노련한 능력'이라는 뜻으로 숙달되고 뛰어난 재주를 가진 개성을 일컫는다.

강점(强點)은 비교 우위의 능력을 말하며, 장점(長點)은 보통 우위의 수준을 말한다. 전자는 비교 대상보다 뛰어난 상대적 경쟁력을 강조한 것이고, 후자는 성격, 태도 등 개별적 수준 평가에 사용된다. 따라서 두 단어의 반의어는 강점↔약점(弱點)과 강점↔단점(短點)이다.

◇ 이 제품은 가성비를 **강점(强點)**으로 절찬리에 판매되고 있다.

◇ 노장 배우들은 자신의 나이에 걸맞은 성숙함을 **강점(强點)**으로 많은 감독에게 높은 평가를 받는다.

◇ 얼핏 보기에는 개성이나 **강점(强點)**이 없는데도 묘하게 사람의 마음을 사로잡는 사람들이 있다.

◇ 현대 사회에서 스마트폰은 생활을 더욱 편리하게 해주는 **장점(長點)**을 갖추고 있다.

---

16) [illegible], 久遠也. 從兀從匕. [illegible]聲.

◇ 한국인의 근면성은 선진국 진입에 매우 중요한 **장점(長點)**이라고 할 수 있다.

◇ 셰어 하우스에 사는 사람들이 '함께 공유하는 삶'의 **장점(長點)**을 적극적으로 부각하여 실제적 인간관계 형성과 넓은 의미의 가족화를 포괄하는 새로운 주거 개념의 특징을 보여주고 있다.

## ◀ 개량(改良)-개선(改善)

| 개량(改良) | 나쁜 점을 보완하여 더 좋게 고치다. | 외형 |
|---|---|---|
| 개선(改善) | 잘못된 것이나 부족한 것을 고쳐 더 좋게 만들다. | 내부 |

개량(改良)과 개선(改善)은 모두 미흡한 부분을 고쳐서 더 나은 상태로 바꾼다는 뜻이다. 다만 바꾸는 형태와 부분에 따라 쓰임이 다르다. '개량'은 기계나 물체의 외형을 새롭게 바꾸는 것이고, '개선'은 제도나 조건 등 내부를 새롭게 바꾸는 것이다. '개량'은 사물이나 물체의 결점이나 부족한 점을 바로잡는 것을 뜻하고, '개선'은 불합리한 제도나 불충분한 조건을 수정하여 합당하고 만족스럽게 바꾸는 것이다.

(A) 전통 한복을 현대식으로 <u>개량</u>했다.

(B) 성적 위주의 입시제도를 <u>개선</u>했다.

예문(A)에서 한복의 외형을 바꾸었으므로 '개량'이 적절하며, '개선'으로 교체하면 낡은 한복을 새것으로 수선했다는 뜻으로 변한다. 예문(B)에서 성적만으로 능력을 평가하는 입시제도의 문제점을 바꾸었으므로 '개선'이 적절하다. 만약 '개량'으로 교체하면 필기시험이 아닌 다른 형태로 실시한다는 뜻으로 변한다. 두 단어는 어떤 형태나 성질이냐에 따라 적절하게 사용하는 데 유의해야 한다. '개량'의 반의어는 불량(不良)이며, '개선'의 반의어는 개악(改惡)이다.

개(改)는 '바꾸다'라는 뜻을 가진 글자이다. 갑골[ ]과 금문[ ]을 보면, 아이[ ]와 매질[ ]이 결합한 회의문자이다. 본래 '아이를 훈육하다'라는 뜻이었다. 개(改)의 앞부분 기(己)는 사(巳)의 변형이며, 미숙한 아이를 본뜬 모양을 그린 것이다. 서툴고 모자란 아이에게 회초리를 때려서 올바르게 바로잡는 장면을 형상화한 글자인 셈이다. '바꾸다' 이외에 '고치다, 만들다, 다시, 따로, 새삼스럽다' 따위의 뜻이 파생되었다. 여기서 개(改)는 '잘못을 바로잡다, 고치다, 바꾸다'라는 뜻이다.

량(良)의 '좋다'라는 뜻을 가진 글자이다. 갑골[ ]과 금문[ ]을 보면, 건물에 연결된 회랑을 본뜬 상형문자이다. 본래 '회랑'을 뜻했지만, 소전[ ] 이후 차츰 '廊'(랑)으로 교체되었다. 《설문해자》를 보면, '좋다, 훌륭하다'라는 뜻으로 풀이했다.[17] 한대(漢代) 예서[ ]와 해서[ ]에서 '좋다'는 뜻 이외에 '어질다'라는 뜻이 파생되었고, 현재의 자형이 비롯되었다. 건물과 건물을 건너가며 '아름답고, 훌륭한' 풍경을 구경하게 되므로, 그 회랑에서 기분전환을 느낄 수 있고 '멋지고 좋은 감정'을 강조하여 '훌륭하다'라는 뜻이 파생되었다. 개량(改良)은 외형을 바꾸어 더 좋게 기능을 바꾸거나 새로운 형태로 변모한 것을 일컫는다.

선(善)은 '좋다, 착하다, 옳다' 등 다양한 의미를 내포하는 글자이다. 갑골[ ]을 보면, 양(羊)과 눈[目]의 결합으로, 양의 눈망울을 본뜬 것임을 알 수 있다. 이것은 상대를 바라보는 시선이 부드럽고 순수한 것을 말한다. 주대(周代) 음식물을 담는 그릇에 그려져 있었다. 금문[ ]을 보면, 양(羊)과 대화[ ]의 결합으로, 온순한 양처럼 조곤조곤 대화를 나누는 것임을 알 수 있다. 이것은 전국시대에 다양한 형태로 변모하지만, 상대에게 친절하고 존중하는 마음을 강조하여 '착하다, 상냥하다'라

17) [ ], 善也. 從畗省, 亾聲. (좋다, 훌륭하다는 뜻이며, 복을 생략한 형태라고 보았다. 발음을 망(亾)이라 풀이한 것은 오류로 보인다.)

는 뜻이었다. 소전[譱]에 대해 《설문해자》에서 '길하다'라고 풀이했다.[18] '좋다, 착하다, 옳다' 이외에 '사이좋다, 훌륭하다, 소중히 여기다, 잘하다, 기리다, 넉넉하다, 씻다, 올바르다, 알맞다' 따위의 뜻이 파생되었다. 개선(改善)은 '좋게 바꾸다'라는 뜻으로 바람직한 상태나 훌륭한 상태로 조건을 변화시키는 것을 일컫는다.

◇ 남원시는 10월 한복문화주간에 한복 공연과 **개량(改良)** 한복을 체험할 수 있는 다양한 행사를 열 방침이다.

◇ 지리산 국립공원 화엄사 진입도로가 5년여간의 **개량(改良)** 공사를 마치고 개통되었다.

◇ 현재 시중에 유통되고 있는 흑돼지들은 외래종을 개량(改良)한 종자와 재래종을 **개량(改良)**한 종자 두 가지가 있다.

◇ 한·일관계 **개선(改善)**을 위해 일본 자위대의 한반도 진입을 허용하는 실수를 자초하지 않아야 한다.

◇ 구글은 시각·청각·언어장애가 있는 사람을 위해 접근성이 **개선(改善)**된 앱을 개발하였다.

◇ 주·정차 단속체계 변경 정책 결정이 제대로 된 의견 수렴 없이 졸속으로 처리됐다며 **개선(改善)**을 요구했다.

18) 譱, 吉也. 從誩, 從羊. 此與義, 美同意. 善, 篆文善, 从言.

### ◀ 개발(開發)-계발(啓發)

| | | |
|---|---|---|
| 개발(開發) | ① 토지나 천연자원 따위를 유용하게 만들다. (물질)<br>② 지식이나 재능 따위를 발달하게 하다. (정신)<br>③ 산업이나 경제 따위를 발전하게 하다. (체제)<br>④ 새로운 물건을 만들거나 생각을 내어놓다. (발명) | 물질 |
| 계발(啓發) | 슬기나 재능, 사상 따위를 일깨워 주다. (정신) | 정신 |

어떤 상태에서 더 나아지는 과정을 개발(開發)과 계발(啓發)로 표현한다. 다만 '계발'은 인간의 잠재적 능력을 일깨워 더 나은 수준으로 만든다는 뜻이다. '개발'은 물질, 체제, 발명 등의 범주에서 가시적이고 구체적인 사물의 수준 향상에 초점을 둔 단어이다.

(A) 인구 과밀현상으로 신도시 <u>개발</u>과 교통망의 증설이 필요하다.

(B) 프로그래머는 자아 <u>계발</u>과 도전의식이 있어야 한다.

예문(A)에서 '개발'은 새로운 도시환경을 조성하는 것이다. 예문(B)에서 '계발'은 자신의 능력을 더 발휘하는 노력을 강조한 것이다. 두 단어는 발음만 유사할 뿐 의미는 전혀 다르므로 활용에 유의할 필요가 있다.

개(開)는 '열다, 시작하다'의 뜻으로 사용되는 글자인데, 갑골문과 금문의 형태는 아직 발견되지 않았다. 다만 《설문해자》의 자형[閞]을 보면, 대문을 두 손으로 밀고 있는 모양이다. 글자의 형태는 대문[門]과 빗장[一]과 양손[廾]을 결합한 것이므로 '문을 열다'라는 의미를 형상화한 것임을 알 수 있다.[19] '열다' 이외에 '시작하다, 출발하다, (꽃이) 피다, 놓아주다, 끓다, 개진하다, 깨우치다' 따위의 뜻이 파생하였다.

발(發)의 '일어나다, 발생하다'라는 뜻을 가진 글자이다. 갑골[[illegible]]을

19) 開, 張也. 從門, 從幵. 閞, 古文.

보면, 활[ ]과 몽둥이[ ]를 본뜬 회의문자이다. 본래 무력으로 적을 물리치는 뜻이었다. 글자의 구성을 보면, '활을 쏘다, 물리치다, 내치다' 따위의 뜻이 내포되어 있다. 금문[ ]을 보면, 활[ ]과 몽둥이[ ]에 도망가다[ ]를 결합하여 '내쫓다'라는 뜻을 좀 더 구체적으로 형상화했다. 소전[發]을 보면, 등지다[癶]와 활[弓]과 몽둥이[殳(수)]를 결합한 형성문자이다. 적이나 짐승의 발자취를 뒤쫓아 추격하는 장면을 형상화했다. 소전[發]에 대해 《설문해자》에서 '발사하다'라고 풀이했다.[20] '내쫓다, 물리치다' 이외에 '일어나다, 발생하다, 나타나다, 들추다, 밝히다, 베풀다' 따위의 뜻이 파생하였다. 따라서 개발(開發)은 어떤 목적을 갖고 쓸모 있도록 더 새롭게 변모시키는 행위이다.

계(啓)는 '열다, 깨우치다, 알리다'의 뜻이다. 계(啓)의 갑골[ ]을 보면, 문[戶]과 손[又]을 결합하여 '문을 두드리다'를 형상화하였다. 금문[ ]을 보면, 문[戶]과 손[又]에 말하다[口]를 추가로 결합한 형태를 보인다. 소전[启]에 대해 《설문해자》에서 '문을 열다'라고 풀이했다.[21] 이는 어떤 사실을 상대에게 알려주기 위해 문을 두드리는 의미를 표시한 것이다. '문을 열다' 이외에 ' 일깨워주다, 보도하다, 책상다리를 하다, 안내하다, 인도하다' 따위의 뜻이 파생되었다. 따라서 계발(啓發)은 사람의 잠재의식을 일깨우거나 인식하게 하는 행위이다.

개발(開發)은 정신이든 물질이든 어떤 상태에서 더 나은 상태로 변화시키는 과정을 포괄하는 단어이다. 이에 반해 계발(啓發)은 사람의 인지능력, 잠재의식을 더 나은 수준으로 변화시키는 과정에만 사용된다. 이것은 물질, 체제, 창조의 범주에서 사용할 수 없는 단어라는 점에서 유의할 필요가 있다.

---

20) 發, 射發也. 從弓, 癹聲.
21) 启, 開也. 從戶, 從口.

◇ 각 지방정부는 신도시 **개발(開發)**과 관련된 주민설명회를 개최하였다.

◇ 여성가족부는 청소년의 진로 **개발(開發)**을 위한 다양한 프로그램을 진행하고 있다.

◇ 차세대 약물로 꼽히는 '엑소좀'을 활용한 치료제 **개발(開發)**에 국내 제약·바이오 기업들이 뛰어들고 있다.

◇ 올해부터는 문화 예술의 영역까지 수업 종목을 확대해 재능 발굴과 **계발(啓發)**의 기회를 폭넓게 제공하게 되었다.

◇ 뛰어난 지능을 타고났다 하더라도 후천적으로 지식을 연마하고 수양해야 이를 **계발(啓發)**할 수 있는 것이다.

◇ 교육청에서는 교육공무직원들에게 공감과 소통의 장을 마련하고 **자기계발(自己啓發)**을 할 수 있도록 학습동아리를 지원했다.

## ◀ 거만(倨慢)-교만(驕慢)-오만(傲慢)

| 거만(倨慢) | 잘난 체하며 남을 업신여기는 데가 있다. | 태도 |
|---|---|---|
| 교만(驕慢) | 잘난 체하며 뽐내고 건방지다. | 심리 |
| 오만(傲慢) | 태도나 행동이 건방지거나 거만한 태도나 행동 | 동작 |

상대를 배려하지 않고 격식에 따르지 않는 사람에게 거만, 교만, 오만의 단어를 사용한다. 이러한 단어의 차이는 한자의 뜻에서 구별된다. '거만'은 겉으로 드러난 거친 태도이며 남을 업신여기는 언행이다. '교만'은 잘난 체하거나 뽐내는 심리적 상태이다. '오만'은 태도나 행동이 거칠고 거리낌이 없어 '거만'과 '교만'에서 우러나온 동작이다.

(A) 팔자걸음으로 거만을 부리며 걷는다.

(B) 장갑을 낀 채 교만을 부리며 악수를 청했다.

(C) 그의 <u>오만</u>한 행동으로 친구들이 불편했다.

예문(A)에서 상대를 업신여기는 팔자걸음은 '거만'한 태도이다. 예문(B)에서 영국 여왕을 흉내를 내며 장갑을 낀 채 악수를 청했다면 엄청난 결례이고 '교만'한 인사법이다. 예문(C)에서 격식을 따지 않고 제멋대로 '오만'한 행동을 하면 주변 사람들이 불편을 느끼기 마련이다.

세 단어에 공통으로 사용된 만(慢)은 '게으르다, 느리다, 업신여기다'라는 뜻을 가진 글자이다. 소전[]에 처음 보이며, 갑골문과 금문의 자형은 아직 발견되지 않았다. 글자의 구성을 보면, 마음[忄]·모자[冃]·눈[罒]·손[又]으로 구성되어 있고, 마음[忄]과 늑장[曼]을 결합한 형성문자이다. 《설문해자》에서는 '게으름'의 뜻으로 풀이하면서 일설에는 두려워하지 않는 행동이라고 했다.[22] 뒷부분에 놓인 만(曼)의 갑골[ : ]을 보면, 두 손으로 눈을 크게 벌리는 모습이다. 눈을 크게 뜨고 바라보며 '시간을 끄는' 태도를 형상화했다. 금문[]에서 윗부분의 손을 모자로 교체했고, 소전[]에서 모자를 눌러쓰고 눈을 당기는 모습이다. '慢(만)은 심리[忄]를 추가하여, 게으른 마음을 강조했다. 눈은 생체의 일부이므로 굳이 손으로 당기지 않아도 사물을 볼 수 있다. 그럼에도 불구하고 모자를 쓴 채 눈을 잡아당겨서 사물을 보는 '게으름, 업신여김'을 표현한 것이다. 이외에도 '거칠다, 방종하다, 방자하다, 느슨하다, 느리다, 더디다' 따위의 뜻이 파생되었다.

거(倨)는 '거만하다'라는 뜻을 가진 글자이다. 소전[]에 처음 보이며, 갑골문과 금문의 자형은 존재하지 않는다. 글자의 구성은 사람[人]과 버티다[居]를 결합한 형성문자이다. 본래 '무턱대고 버티는' 뜻이었다. 《설

---

22) , 惰也. 從心, 曼聲. 一曰慢, 不畏也.

문해자》에서 '불손하다'라고 풀이했다.[23] '머무르다'의 거(居)는 걸터앉거나 양반다리를 취하는 자세이며, 여기서는 다른 사람의 말에 귀를 기울이지 않고 고집을 피우는 태도를 형상화했다. 즉 무관심하거나 아무 생각이 없는 태도인 셈이다. 거만(倨慢)은 '사람을 무시하고 업신여기는 마음'의 뜻이 내포된 건방진 태도를 일컫는다.

교(驕)는 '교만하다'라는 뜻을 가진 글자이다. 전국시대[驕]에 처음 보이며, 소전[驕]을 보면 말[馬]과 높다[喬]를 결합한 형성문자이다. 본래 키가 큰 말의 뜻이었다. 《설문해자》에서 키가 180㎝가량 되는 말이며, 야생마라고 밝혔다.[24] 즉 길들이기 쉽지 않은 말을 지칭한 것이며, 본분을 잊고 경거망동하는 모습을 빗대어 표현하는 단어이다. 대체로 상황을 판단하지 못하는 어리석은 사람이나 예법에 따르지 않고 거칠게 행동하는 사람을 지칭한다. '교만하다' 이외에 '경시하다, 오만하다, 길들여지지 않다, (馬)굳세다, 씩씩하다, 속이다, 기만하다, 총애하다, 제멋대로 하다, 사냥개' 따위의 뜻이 파생되었다. 교만(驕慢)의 의미는 '교만하다, 제멋대로 하다, 거칠다'라는 뜻이 내포된 심리적인 표현이다.

오(傲)는 '건방지다'라는 뜻을 가진 글자이다. 소전[傲]에 처음 보이며, 사람[人]과 놀다[敖]가 결합한 형성문자이다. 본래 거리낌 없는 행동을 뜻했다. 오(敖)의 금문[敖]을 보면, 머리에 깃털을 꽂고 손에 악기를 다루며 노는 모습을 본뜬 글자이다. 소전[傲]에서 사람[亻]이 덧붙여 사람의 행실이 건방진 것을 뜻하게 되었다. 이것은 전국시대에 전쟁에 의한 인적, 물적 교류가 허용되면서 다양한 관습과 풍습도 혼합되는 과정을 밟았기 때문이다. 오(傲)는 지역마다 격식이 다르고 행사마다 예법이 다른데, 이러한 격

---

23) 倨, 不遜也. 從人, 居聲.
24) 驕, 馬高六尺爲驕. 從馬, 喬聲. 《詩》曰: 我馬唯驕. 一曰野馬.

에 맞지 않는 행동을 제멋대로 자행하는 사람을 지칭한 것이다. 즉 '마음 내키는 대로 즐기는 건방진 행동'의 뜻이다. 오만(傲慢)의 의미는 태도의 범주에서 거만(倨慢)과 상통하며, 심리의 범주에서 교만(驕慢)과 상통한다. 겸손(謙遜)은 거만과 오만의 반의어이고, 겸허(謙虛)는 교만의 반의어다.

◇ 면접 심사원은 **거만(倨慢)**한 태도로 앉아서 신입사원 지원자에게 질문하였다.

◇ 그 배우는 하늘 높은 줄 모르고 **거만(倨慢)**하게 행동하더니 동료 배우들의 이탈이 발생하자 콧대를 낮추었다.

◇ 정치인은 민심과 여론에서 멀어질수록 **교만(驕慢)**한 실수에 대해 거짓말하는 버릇이 있다.

◇ 저 교회의 목사는 지나치게 부유한 생활뿐만 아니라, 언행이 **교만(驕慢)**하여 신도들이 떠나고 있다.

◇ 법정에서 공방을 펼칠 가능성이 큰 이번 사태는 글로벌 플랫폼 기업의 횡포와 **오만(傲慢)**에 원인이 있다.

◇ 간신히 이긴 대선임에도 국민 절반이 반대하는 대통령 집무실 이전을 강행한 **오만(傲慢)**의 결과는 뻔하다.

## ◀ 거부(拒否)-거절(拒絶)

| 거부(拒否) | 요구나 제의 따위를 받아들이지 않고 물리치다. | 공개적 |
|---|---|---|
| 거절(拒絶) | 상대편의 요구나 부탁을 받아들이지 않고 물리치다. | 개인적 |

거부(拒否)와 거절(拒絶)은 상대의 요구나 부탁을 받아들이지 않는 것을 말한다. 차이점을 보면, 거부는 공식적으로 선언하는 경우에 사용되며, 거절은 사사로이 반감을 표시하는 것이다.

(A) 코로나 검사 결과서가 없어서 입국을 <u>거부</u>당했다.

(B) 오후 면담이 <u>거절</u>되었다.

예문(A)에서 공적인 입국요건에 맞지 않음을 표현한 것이다. 예문(B)에서 개인적인 이유로 면담을 할 수 없었다는 뜻이다. '거부'는 예외적인 조항이 없는 경우이며, '거절'은 선택적으로 결정되는 경우이다. '거절'은 반대하거나 부정하는 선언이고, '거절'은 반대하거나 부정하는 심리이다. 《훈민정음 사전》에 의하면, '거부'는 주로 개인과 집단, 집단과 집단의 관계 하에서 상대의 뜻에 동조하지 않거나 찬성하지 않음을 나타낸다. 만약 개인적 관계에 '거부'를 사용한다면, 상대방의 요구나 부탁을 완강하게 동의하지 않음을 강조한 것이다. 이에 반해 '거절'은 개인과 개인의 사이에서 상대의 뜻을 물리치는 뜻이다.

거(拒)는 '막다, 거부하다'라는 뜻을 가진 글자이다. 《설문해자》에 수록되지 않았으며, 이체자의 소전[歫]를 보면, 크다[巨]의 앞에 발짓[止]을 결합한 형성문자이다. 본래 '발로 가로막다'라는 뜻이었다. 다른 이체자[拒]와 예서[拒]에서는 손짓[扌]으로 자형이 변모했다. 크다[巨]의 금문[巨]과 소전[巨]을 보면, 나무의 높이를 재는 매우 길고 큰 자를 본뜬 상형문자이다. 거(拒)는 처음에는 발짓으로 허락하지 않는 거부의 뜻을 표현했지만, 점차 손짓으로 '불허, 금지'를 표시하는 뜻으로 변하였다. '물리치다, 방어하다' 이외에 '막다, 겨루다'라는 뜻이 파생되었다.

부(否)는 '아니다, 부정하다'라는 뜻을 가진 글자이다. 금문[ : : ]을 보면, 아니다[ ]와 말하다[ ]을 결합한 형성문자이다. 《설문해자》를 해설한 서개(徐鍇)는 '아니라고 말하다'라는 뜻이라 풀이했다.[25] '不'(불)은 싹을 피우지 못한 초목을 본뜬 글자이며, '못하다, 하지 않다'라는 의지를 부정하는 뜻이고, 부(否)는 '옳지 않다, 잘못된 것이다'라는 반대하는 발언을 강조한 것이다. 따라서 거부(拒否)는 '공개적으로 상대방의 요구나 부탁을 받아들이지 않는다'라는 뜻이다.

절(絶)은 '끊다'라는 뜻을 가진 글자이다. 글자의 구성을 보면, 실타래[糸]와 칼[刀]과 무릎 꿇다[卩=㔾]를 결합한 회의문자이다. 《설문해자》에서 '실을 자르다'라는 뜻이라 풀이했다.[26] 갑골[ ]과 금문[ ]을 보면, 실타래를 자르는 칼을 본뜬 글자였다. 소전[ ]에 와서 앉다[卩=㔾]가 결합하여 뜻을 유추하기 어렵게 되었다. 절(絶)의 의미는 '끊다' 이외에 '자르다, 다하다, 막히다, 끝나다, 건너다, 죽다, 막다르다, 기발하다, 매우, 몹시, 결코' 등으로 파생되었다. 따라서 거절(拒絶)은 상대방의 요구나 부탁을 개인적인 처지에서 받아들이지 않을 때 사용되는 단어이다.

◇ 우크라이나는 민간인 대피를 위해 24시간 휴전하자는 제안을 했으나 러시아는 **거부(拒否)**했다.

◇ 음주 측정을 **거부(拒否)**하고 도주하면서 경찰관을 다치게 한 혐의로 30대 남성이 긴급 체포됐다.

---

25) 否, 不也. 從口, 從不, 不亦聲. 徐鍇曰: 不可之意見於言, 故從口.
26) 絶, 斷絲也. 從刀,糸,卩聲. [ ], 古文絶. 象不連體, 絶二絲.

◇ 대통령직인수위원회가 일부 언론사의 출입을 **거부(拒否)**한 것은 공정과 상식에 부합하지 않는다.

◇ 정부의 고위직을 사퇴한 후 로펌이나 회계법인의 제의들을 모두 **거절(拒絶)**하는 것이 바람직하다.

◇ 손연재는 은퇴 후 국가대표팀 코치 제안을 **거절(拒絶)**하고 리듬 체조 대중화를 위해 꿈나무를 육성하는 길을 택했다.

◇ 새로 시작한 사업을 성공시키기 위해 동분서주하며 가족과 친구의 전화조차 **거절(拒絶)**했다.

## ◀ 결여(缺如)-결핍(缺乏)-부족(不足)

| 결여(缺如) | 마땅히 있어야 할 것이 빠져서 없거나 모자라다. | 추상적 |
|---|---|---|
| 결핍(缺乏) | 있어야 할 것이 없어지거나 모자라다. | 구체적 |
| 부족(不足) | 필요한 양이나 기준에 미치지 못해 충분하지 않다. | 불만족 |

전체에서 어떤 일부분이 부족하거나 없는 경우, 결여(缺如), 결핍(缺乏), 부족(不足) 중 하나를 사용한다. '결여'와 '결핍'은 완전체에서 미흡한 측면이 생겨났음을 의미하고, '부족'은 특정한 기준에 미치지 못함을 표현하는 단어이다. 세 단어는 모두 '마땅히 있어야 할 것이 모자라다'라는 공통된 뜻을 지니고 있다. 그 쓰임은 매우 비슷하여 혼동하기 쉽고, 실제 혼용하여 사용되고 있다. 엄밀하게 구별하자면, '결여'는 도덕성, 국가관, 처세술, 수완 따위의 추상적 개념과 함께 사용하는 편이다.

(A) 해외여행 중 애국심이 결여된 행동에 유의해야 한다.

'결핍'은 진실, 면역, 애정, 열정, 영양, 능력 따위의 추상적 개념과 식량, 물자, 야채 따위의 구체적 개념과도 함께 사용하는 편이다.

(B-1) 가족의 사랑이 결핍할수록 폭력적인 사람이 된다.

(B-2) 신체에 철분이 결핍하면 빈혈증세가 나타난다.

예문(B-1)에서 '결핍'은 추상적인 대상에 대한 불충분이다. 예문(B-2)에서 '결핍'은 구체적인 성분에 대한 불충분이다. '부족'은 만족할 만한 기준이나 한도가 전제된 경우에 충분치 못함을 일컫는다.

(C) 불면증으로 수면 부족에 시달린다.

예문(C)에서 '불만'은 하루에 수면을 충분히 취하지 못하는 불만을 표현한 것이다. 화용론 측면에서 세 단어를 혼용해서 사용해도 무방하지만, 한자의 의미는 그 개념 차이를 분명히 내포하고 있으므로 정확하게 한국어를 구사할 필요가 있다.

결(缺)은 '빠지다'라는 뜻을 가진 글자이다. 소전[缺]에 처음 보이며, 항아리[缶]와 손잡이가 떨어져 나가다[夬]을 결합한 형성문자이다. 《설문해자》에서 '깨진 그릇'이라 풀이했다.[27] '缶'(부)는 고대 액체를 담는 질그릇으로 대략 16되 정도 담는 큰 항아리였다. '夬'(쾌)는 한쪽 귀퉁이나 손잡이 등이 떨어져 나간 모양을 본뜬 글자이다. 무거운 항아리를 옮기는데 필요한 손잡이가 떨어져 제구실하지 못하게 되었음을 표현한 것이다. '缺'에서 '夬'는 음을 나타낸 부분으로 '決'(결)의 축약으로 사용되었다. 뜻은 '온전하지 못하다'이다. '모자라다' 이외에 '이지러지다, 없어지다, 부족하다, (할 일을) 빠뜨리다, 비다, 아니하다, 깨지다, 나오지 않다' 따위의 뜻이 파생되었다.

27) 缺, 器破也. 從缶, 決省聲.

여(如)는 '같다'라는 뜻을 가진 글자이다. 갑골[ : : : ]을 보면, 여자[女]와 말하다[口]를 결합한 회의문자이다. 말하다[口]의 위치가 좌·우·상·하 고정되지 않아서 본래의 뜻을 알기 어렵다. 금문[ ]과 전국시대의 고문자[ ]에서도 마찬가지 위치가 불안정하다. 다만 전국시대 자료에 의하면 '승낙하다'의 '諾'과 통용되었던 것으로 추정된다. 《설문해자》에서 '따르다, 순종하다'라고 풀이했다.[28] 이를 해설한 서개(徐鍇)는 부모의 교훈과 남편의 명령에 항상 따르는 여자라고 풀이했다.[29] 그러나 모계사회에서 생겨난 글자라면, 여자의 '말솜씨, 말다툼, 잔소리' 따위의 뜻과 관련이 있을 것이다. 주대(周代) 이후 부계사회가 형성되면서 '따르다, 순종하다, 같게 하다'라는 뜻으로 풀이하게 되었다. 이외에도 '좇다, 가다, 이르다, 미치다, 닿다, 맞서다, 비슷하다, 어찌, 가령, -보다, -처럼, -와 함께' 따위의 뜻이 파생되었다. 결여(缺如)는 '이지러진 모양'의 뜻으로 온전하지 못한 상태이다.

핍(乏)은 '모자라다'라는 뜻을 가진 글자이다. 금문[ : ]과 전국시대의 고문자[ ]를 보면, 무슨 모양인지 무슨 뜻인지 불분명하다. 《설문해자》에 수록된 자형은, 소전[ ]에서 '바르다'의 '正'을 뒤집어 놓은 형태인 '𤴓'이다. 균형이 잡히지 않는 사물이나 반듯하지 않은 물건을 빗대어 형상화한 것이다. 사람이 휘청거리거나 물구나무를 선 모양으로 유추할 수 있다. 정상적이지 않은 상태를 표현한 글자인 셈이다. '모자라다' 이외에 '가난하다, 떨어지다, 비다, 없다, 폐하다, (힘이) 없다, 피곤하다' 따위의 뜻이 파생되었다. 결핍(缺乏)은 '불완전한 모양'의 뜻으로 정상적이지 않거나 온전하지 않은 형태이다.

---

28) , 從隨也. 從女, 從口. (회의문자로 풀이함)
29) 女子從父之教, 從夫之命. 故從口會意.

**부족(不足)은 불만족(不滿足)을 줄인 단어이다. 어떤 기준이나 규격에 부합하지 않거나 미흡하여 마음에 내키지 않음을 말한다. 따라서 부족(不足)은 '불만족스럽다, 미흡하다, 모자라다'의 뜻이다.**

◇ 경기 전 기자회견을 가진 대표팀감독은 출전 선수들에게 프로정신이 **결여(缺如)**될까 봐 염려하였다.

◇ 민주적 감시와 통제가 **결여(缺如)**된 수사기관을 비판하였다.

◇ 예술은 거울과도 같다. 거짓말은 다 보이고 결국 그 거짓말로 인해 예술에서 가장 중요하게 생각하는 진실이 **결핍(缺乏)**된다.

◇ 제목은 <연애 **결핍(缺乏)** 시대의 증언>, 부제는 '이 시대 청춘의 사랑은 불황기의 구직과 닮았다'라고 붙였다.

◇ 정부는 전기가 **부족(不足)**할 것이라는 정보를 너무 늦게 알려줘 국민의 불편이 가중됐다.

◇ 내장 지방이 지나치게 많아지는 원인으로는 과도한 음식 섭취, 신체 활동량 **부족(不足)** 등을 꼽을 수 있다.

## ◀ 결재(決裁)-결제(決濟)

| | | |
|---|---|---|
| 결재(決裁) | 결정할 권한이 있는 상관이 부하가 제출한 안건을 검토하여 허가하거나 승인하다. | 서류 허가 |
| 결제(決濟) | [경제] 증권 또는 대금을 주고받아 매매 당사자 사이의 거래 관계를 끝맺는 일 | 돈 마무리 |

**'결재'와 '결제'는 발음이 비슷하여 혼동하는 단어이다. 특히 결재(決裁)는 일본식 한자어이기 때문에 《표준국어대사전》에서 재가(裁可)를 사**

용할 것을 권고하고 있다. 그러나 이미 한국 사회에 널리 통용되는 용어로 굳어져 변경하기 쉽지 않다. '결재'는 서류상의 결정이고, '결제(決濟)'는 금전상의 처리이다.

(A) 공문은 관청의 __결재__를 받게 되어 있다.

(B) 가족에게 줄 선물들을 신용카드로 __결제__했다.

예문(A)에서 '결재'는 해당 관청의 장이 허락한 서류를 말한다. 예문(B)에서 '결재'는 금융상의 거래에 신용카드를 사용했다는 뜻이다. '결재'와 '결제'는 서로 전혀 다른 뜻이므로 발음에 유의할 필요가 있다.

결(決)은 '결정하다, 결단하다'라는 뜻을 가진 글자이다. 전국시대[[illegible]:[illegible]]에 처음 보이며, 소전[[illegible]]의 구조를 보면 물[氵]과 트다[夬(결)]를 결합한 형성문자이다. 《설문해자》에서 '하류'라고 풀이했다.[30] 상류나 저수지에 고인 물의 제방을 트게 되면 물줄기가 세차게 흐른다. 고대 왕조들은 치수(治水)를 매우 중시했는데, 큰 강이 자주 범람하여 백성들의 삶을 위협했기 때문이다. 특히 장강(長江)과 황하(黃河)를 비롯하여 큰 강의 지류들은 물줄기가 수없이 변할 정도로 주변 지역의 경계가 바뀌었다. 하류에 거주하는 백성을 위해 상류의 제방들을 관리하지 않을 수 없었다. 제방의 설치와 치수는 관청의 중대한 결정 사항이었을 것이다. 결(決)은 '판단하다, 절단하다, 무너지다, 끝내다' 등 다양한 의미로 파생되었다.

재(裁)는 '마르다, 자르다'의 뜻을 가진 글자이다. 소전[[illegible]]에 처음 보이며, 옷감[衣]과 재단 칼[𢦏(재)]이 결합한 형성문자이다. 《설문해자》에서 옷의 치수에 맞추어 자른다는 뜻으로 풀이했다.[31] 옷을 짓는 일은

30) 決, 下流也. 從水, 夬聲. 廬江有決水, 出於大別山.
31) 裁, 制衣也. 從衣, 𢦏聲.

정확하게 신체를 가늠해야 하듯이, 옷감 위에 매우 치밀한 계산과 표시가 중요하다. '재단하다' 이외에 '분별하다, 헤아리다, 깎다, 절제하다' 등의 뜻으로 파생되었다. 따라서 결재(決裁)는 '어떤 항목이나 안건을 결정하거나 허락하다'라는 뜻이며, 대체로 서류상의 결정을 일컫는다.

제(濟)는 '건너다, 구제하다'의 글자이다. 글자의 구조를 보면, 물[氵]과 잔잔한 모양[齊]를 결합한 것이다. 수영하거나 항해할 때 헤쳐나간 곳의 가지런한 물결 모양[[illegible]]을 반영했다. 산동성(山東省)으로 흐르는 황하의 물결은 파고가 높지 않아 건너기가 쉬운 편이다. 현재 제남(濟南)을 굽이쳐 흐르는 황하의 하류 강 이름으로 사용된 글자인 셈이다. 제(濟)는 '건너다, 구제하다' 이외에 '성공하다, 돕다, 쓸모가 있다' 등의 뜻으로 파생되었다. 결제(決濟)는 '거래를 끝내다, 대금을 지급하다, 계산을 마치다'는 뜻이다.

◇ 요즘 회사에서도 전자 **결재(決裁)**를 도입하면서 종이 없는 업무 시스템이 확대되고 있다.

◇ 대기업은 업무 효율성 차원에서 10명 안팎의 스타트-업 벤처기업처럼 각각의 사업팀을 구성하여 팀장이 **결재(決裁)**한다.

◇ 김 차장은 최 부장을 건너뛰고 상무에게 직접 보고하고 **결재(決裁)**까지 받으며 일을 진행했다.

◇ 상생 소비 지원금을 받은 뒤 카드**결제(決濟)**를 취소한 사람들이 지원금을 반환하게 됐다.

◇ 이르면 올해 상반기부터 인천공항 일부 식음료 매장에서 얼굴만으로도 **결제(決濟)**가 가능할 전망이다.

◇ 경기도는 '비접촉 버스요금 **결제(決濟)** 서비스'를 경기도 내 전 지역의 공공버스로 확대했다.

### ◀ 결점(缺點)-단점(短點)-약점(弱點)

| 결점(缺點) | 잘못되거나 부족하여 완전하지 못한 점 | 불완전 |
|---|---|---|
| 단점(短點) | 못되고 모자라는 점 | 무능 |
| 약점(弱點) | 모자라서 남에게 뒤떨어지거나 떳떳하지 못한 점 | 비교 |

결점(缺點), 단점(短點), 약점(弱點)은 '만족하지 못하는 것'을 표현하는 단어이다. 그 쓰임에 있어서 미묘한 차이가 있다. '결점'은 완전하지 못한 상태를 뜻한다. '단점'은 어떤 일을 할 수 없거나 하지 못하는 것을 뜻한다. '약점'은 비교급 표현으로 남에게 뒤진다는 뜻이다.

(A) 그는 마무리를 짓지 못하는 결점이 있다.

(B) 나의 단점을 이해하는 좋은 친구이다.

(C) 상대 후보의 약점을 공략했다.

예문(A)에서 '결점'은 일을 매듭짓지 못하는 성격을 지적한 것이다. 예문(B)에서 '단점'은 해결할 수 없는 능력의 한계를 표현한 것이다. 예문(C)에서 '약점'은 본인보다 떳떳하지 못한 측면을 표현한 것이다. '결점'은 전체 중에서 부족한 점이다. '단점'은 어떤 분야에 능력이 없는 점이다. '약점'은 남들보다 뒤떨어지는 점이다. 화용론 측면에서 세 단어는 서로 교체해도 크게 어색하지 않은데, 모두 '만족스럽지 못한 능력'을 표현하는 단어들이기 때문이다. 즉 어떤 소질이 완전하지 못하면 무능하다거나 부끄러운 사람이라 생각하기 마련이다.

결(缺)은 '온전하지 못하다'라는 뜻을 가진 글자이다. '결여-결핍-부족'에서 설명한 바 있다.

점(點)은 '부분'을 뜻하는 글자이다. '강점-장점'에서 설명한 바 있다. 결점(缺點)은 '마땅히 있어야 할 무엇이 없는 것'이다.

단(短)은 '짧다, 가깝다'라는 뜻을 가진 글자이다. 전국시대[短]에 처음 보이며, 소전[短]의 구성을 보면, 화살[矢]과 작은 콩[豆]을 결합한 회의문자이다. 《설문해자》에서 길고 짧은 길이가 있는데, 화살로써 짧은 길이를 바로 잡았음을 풀이했다.[32] 본래 '짧은 화살'을 본뜬 것으로 '짧다'라는 뜻이었다. 단(短)의 유래는 두 종류가 있다. 첫째, 고대 길이를 재는 기준이 화살[矢]과 땅콩[豆]이었다는 것이다. 긴 것은 화살로 길이를 재고, 짤막한 것은 땅콩을 이용하여 거리를 쟀다고 한다. 둘째, 투호(投壺; 화살 던지기) 놀이에서 유래했다는 견해이다. 화살을 쏘는 거리보다 화살을 통에 던져 넣은 거리가 짧았기 때문에, '짧다'라는 뜻을 가지게 되었다고 주장한다. 현재 기준으로 보면 후자의 뜻풀이가 설득력을 갖춘 견해로 보인다. '짧다, 가깝다' 이외에 '작다, (숨이) 가깝다, 오래되지 않다, 저가, 부족하다, 뒤떨어지다, 어리석다, 헐뜯다, 흉보다, 모자라다' 따위의 뜻이 파생되었다. 단점(短點)은 어떤 일을 처리할 능력이 없거나 그런 능력이 모자라는 것이다.

약(弱)은 '굽은 모양'을 본뜬 글자이다. 전국시대[弱:弱]에 처음 보이며, 소전[弱]의 구성을 보면, 굽다[弓]와 잔털[彡]을 결합한 회의문자이다. 《설문해자》에서 위는 약하게 굽은 모양이고, 터럭 삼(彡)은 가는 털이 구부려서 약하게 된 모양을 나타낸다. 약한 물건을 강조하여 두 개의 '𢏽'을 나란히 했다.[33] 예서[弱:弱]에서 가는 털[彡]과 잔털[冫]을 모두 사용했지만, 해서(楷書)에서 현재의 자형 약(弱)으로 통일되었다. 일설에는 활[弓]의 시위가 느슨한 것을 본뜬 글자로 보기도 한다. 약(弱)은 '약하다, 느슨하다' 이외에 '쇠해지다, 잃다, 패하다, 날씬하다' 등 파생된 뜻으로

32) 短, 有所長短, 以矢爲正. 從矢, 豆聲.
33) 弱, 橈也. 上象橈曲, 彡象毛氂橈弱也. 弱物幷, 故從二𢏽.

**쓰인다. 약점(弱點)은 상대편과 비교하여 '뒤떨어지는 것, 부족한 것'을 표현하는 단어이다.**

◇ 그는 다른 사람의 **결점(缺點)**을 들추어내는 나쁜 버릇이 있다.

◇ 자신의 **결점(缺點)**을 의식하는 사람은 그 결점을 잣대 삼아 세상을 본다. 키 작은 사람 눈엔 사람들 키가 보이고, 탈모인 눈엔 머리숱부터 보이는 법이다.

◇ 청순 미모를 가진 모델은 클로즈업 사진에도 불구하고 **결점(缺點)** 없는 피부와 뚜렷한 이목구비가 눈길을 끌었다.

◇ 업계에서는 갤럭시Z 플립3 카메라가 갤럭시S 시리즈와 달리 망원 카메라가 없는 점을 **단점(短點)**으로 꼽고 있다.

◇ BMW가 국내 출시한 브랜드 최초의 순수 전기 그란 쿠페 'i4'는 전기차의 **단점(短點)**을 완벽하게 보완했다.

◇ 선수 면면을 보면 포르투갈의 **약점(弱點)**은 거의 없다. 하지만 경기 외적인 면에서 포르투갈은 분명 **약점**을 지니고 있다.

◇ 우리, 서로의 **약점(弱點)**과 **단점(短點)**을 보완해 주면서 그렇게 예쁘게 사랑하기로 해요.

◇ 우리 팀의 경기 운영 방식에 많은 **허점(虛點)**과 문제점이 노출된 것은 유감스러운 일이다.

### ◀ 경향(傾向)-동향(動向)

| | | |
|---|---|---|
| 경향(傾向) | ① 현상이나 사상, 행동 따위가 어떤 방향으로 기울다.<br>② [심리] 일정한 자극에 대하여 일정한 반응을 보이는 유기체의 소질(素質), 또는 어떤 방향을 향한 긴장 상태 | 정적 |
| 동향(動向) | ① 사람들의 사고, 사상, 활동이나 일의 형세 따위가 움직여 가는 방향<br>② 어떤 특정한 사람이나 사물의 낱낱의 움직임 | 동적 |

어느 한쪽으로 치우친 생각과 행동의 반응을 경향(傾向) 또는 동향(動向)이라고 한다. 그 차이는 일정한 방향으로 치우쳐 있는 것을 '경향'이라 하고, 형세나 활동이 상황에 따라 유기적으로 변화하는 것을 '동향'이라 한다. 성향(性向)은 정적인 방향성을 나타내는 '경향'과 흡사하며, 좀 더 습관화되고 고착된 상태일 경우에 사용한다. 추세(趨勢)는 동적인 흐름을 나타내는 '동향'과 유사하며, 더욱 유동적이고 복합적인 요인에 따라 변하는 움직임이다.

(A) 한국 사람은 흰색을 선호하는 경향이 있다.

(B) 최근 주가의 동향이 심상치 않다.

예문(A)에서 '경향'은 흰색을 좋아하는 고착된 선호도가 있다는 의미이다. '동향'으로 교체하면 어색하다. 예문(B)에서 '동향'은 경제환경에 따라 수시로 변하는 주가의 추이를 반영한 것이다. '경향'은 장기간 유지되는 정적인 반응이라면, '동향'은 상황에 따라 변하는 동적인 반응이다.

경(傾)은 '기울다, 비스듬하다'라는 뜻을 가진 글자이다. 소전[[illegible]]에 처음 보이며, 사람[亻]과 기울어짐[頃]을 결합한 형성문자이다. 《설문해자》에서 '삐딱하다'라고 풀이했다.[34] '頃(경)'의 고문자[[illegible]]를 보면, 머리를 향하는 도구를 본뜬 글자임을 알 수 있다. 이것은 '순식간'에 머리를

34) 傾, 仄也. 從人, 從頃, 頃亦聲.

피하는 반작용을 표현한 것이고, '잠깐, 잠시, 찰라, 즈음' 등 짧은 시간의 뜻으로 사용했다. 여기에 사람[亻]을 덧붙여 '삐딱하다, 비스듬하다, 바르지 않다, 기울다'의 뜻으로 경(頃)과 분리했다. 이외에 '(귀를) 기울이다, 다투다, 경쟁하다, 다치다, 죽다, 위태하다, 감탄하다, 토로하다, 내쫓다, 순종시키다, 녹다' 따위의 뜻이 파생되었다.

향(向)은 '방향'이라는 뜻을 가진 글자이다. 갑골[ ]과 금문[ ]을 보면, 집[ ]과 창문[ ]을 결합한 회의문자이다. 고대 풍수에 따라 집을 남향으로 지었는데, 《설문해자》에서 북쪽을 향하도록 설치한 창문이라고 풀이했다.35) 본래 '북쪽 창문'이란 뜻이었으나, 차츰 '북쪽 방향'을 지칭하는 글자로 사용되었고, 급기야 '방향'을 일컫는 글자가 되었다. 현재의 자형은 소전[ ]에서 비롯되었다. '방향' 이외에 '향하다, 바라보다, 길잡다, 대하다, 대접을 받다, 누리다, 권하다, 메아리치다, 제사를 지내다' 따위의 뜻이 파생되었다. 경향(傾向)은 '기울어진 방향, 비스듬한 상태, 삐딱한 반응'이란 뜻으로 한쪽으로 치우친 생각이나 현상이다.

동(動)은 '움직이다'라는 뜻을 가진 글자이다. 소전[ ]에 처음 보이며, 무겁다[重]와 힘쓰다[力]를 결합한 회의문자이다. 《설문해자》에서 '일하다'라고 풀이했다.36) 전국시대의 고문자[ : ]에서는 무거운 짐을 옮기는 장면을 형상화한 글자였다. '重'(중)의 고문[ ]과 금문[ ]을 보면, 무거운 보따리를 걸머진 모습을 형상화한 것임을 알 수 있다. '動'(동)은 무거운 짐을 메고 힘들게 '옮기는' 장면을 표현한 글자이다. '움직이다, 옮기다' 이외에 '흔들리다, 놀라다, 미혹하다, 느끼다, 출세하다, 사용하다, 바뀌다, 일어나다, 살아나다, 겨루다, 어지럽히다' 따위의 뜻이 파생

35) 向, 北出牖也. 從宀, 從口. 《詩》曰:塞向墐戶.
36) 動, 作也. 從力, 重聲.

**되었다. 동향(動向)은 '움직이는 방향, 의도를 가진 언행'의 뜻이며, 어떤 흐름이 수시로 바뀌는 변화의 움직임을 표현하는 단어이다.**

◇ 요즈음 아이들은 인스턴트 식품에 길들어서 전통 음식을 별로 좋아하지 않는 **경향(傾向)**이 있다.

◇ 한국의 안티 페미니즘 **경향(傾向)**은 이해할 수 없는 일이다. 성별 임금 격차가 31.5%나 되며, 상장사 여성 임원 비율은 5%밖에 안 되는 나라에서 생겨난 기이한 현상이다.

◇ 우리는 교육자의 정치 참여를 회의적으로 보는 **경향(傾向)**이 있다.

◇ 정부는 국가안전보장회의(NSC)를 열고 최근 북한의 미사일 발사 **동향(動向)**을 점검했다.

◇ 최근 경제 **동향(動向)**에 관련한 신문 기사 스크랩북은 취업 준비에 큰 도움이 된다.

◇ 벤처기업은 젊은 감각과 순발력으로 시장 **동향(動向)**을 빠르게 파악해 소비자들의 구매욕을 불러일으키고 있다.

## ◀ 경험(經驗)-체험(體驗)

| 경험(經驗) | ① 자신이 실제로 해 보거나 겪어 봄, 또는 거기서 얻은 지식이나 기능<br>② [철학] 객관적 대상에 대한 감각이나 지각 작용에 의해 깨닫게 되는 내용 | 과정 |
|---|---|---|
| 체험(體驗) | ① 자기가 몸소 겪음, 또는 그런 경험<br>② [심리] 유기체가 직접 경험한 심적 과정. 경험과는 달리 지성·언어·습관에 의한 구성이 섞이지 않은 근원적인 것을 이른다.<br>③ [철학] 주관과 객관으로 나누기 전의 개인의 주관 속에 직접적으로 볼 수 있는 생생한 의식 과정이나 내용 | 참여 |

사람이 어떤 일을 겪게 되는 것을 경험(經驗)과 체험(體驗)이라고 한다. '체험'은 직접 참여하거나 몸소 겪은 것을 강조하고, '경험'은 정신적인 것까지 포함하여 겪은 과정 전체를 통칭하는 개념이다. '경험'은 감각적인 지각 작용으로 깨닫게 되는 내용이다. '체험'은 직접 몸으로 느끼는 과정을 통해 체득하는 내용이다.

(A) 실패는 성공을 위한 <u>경험</u>이다.

(B) 사람은 죽음을 <u>체험</u>할 수 없다.

예문(A)에서 실패와 성공의 결과에 대한 과정으로서 '경험'을 설명한 표현이다. '체험'으로 교체하면 부자연스럽고 어색하다. 예문(B)에서 사람은 죽음을 '체험'할 수 없다는 사실을 표현했다. '경험'으로 교체해도 무방하다. '경험'은 겪게 되는 과정 전체이므로 '체험'을 포함하는 개념이다. '체험'은 어떤 일에 참여하여 겪는 과정만을 일컫는다.

험(驗)은 '시험하다, 증험하다'라는 뜻을 가진 글자이다. 소전[驗]에 처음 보이며, 말[馬]과 검증하다[僉]를 결합한 형성문자이다. 본래 '말타기를 검증하다'라는 뜻이었다. 《설문해자》에서 '말의 명칭'37)이라고 하

37) 驗, 馬名. 從馬, 僉聲.

였으나 구체적으로 어떤 말인지 알려진 바 없다. 뒷부분의 '僉'(첨)의 고문자[僉]를 보면, 화려하게 장식한 칼에 자신의 소유를 표시한 것이며 멋진 칼[劍]의 본자(本字)가 되었다. 소전[僉]을 보면, 여러 사람[人,人,人]과 평가[一]와 엄격하다[吅]를 결합하여, 여러 사람 앞에서 '면밀하게 검증하는' 장면을 형상화한 것이다. 일설에는 고대 훌륭한 전사를 선발할 때 기마 능력을 측정하는 절차라고 보고, '시험, 증험'의 뜻을 가지게 되었다고 주장한다. 일설에는 말을 거래할 때 신체조건을 갖추고 있는지 꼼꼼하게 따지기 때문에 '시험하다, 검증하다'라는 것이다. 이외에 '효력, 효과, 증거, 보람, 검사하다, 조사하다, 영험하다' 따위의 뜻이 파생되었다.

경(經)은 '과정'을 뜻하는 글자이다. 금문[巠:經:經]에 처음 보이며, 베틀의 세로 실을 본뜬 상형문자와 실[糸]을 추가한 형태의 회의문자가 있다. 금문[巠(巠)] 중에서 '베틀'의 뜻을 나타냈지만, '물줄기'의 뜻으로 가차되었다. 소전[經]에서는 실[糸]를 추가하여 실을 '짜다'라는 뜻을 명확하게 했다. 《설문해자》에서 베틀의 세로 날실이라고 풀이했다.[38] 이것은 실을 엮어 베를 짜는 '과정'으로 삼았고, 어떤 일을 이루어 나가는 의미에서 '겪다, 법규, 따르다, 책, 훌륭한 글, 다스리다, 경영하다, 경계'라는 뜻이 파생되었다. 따라서 경험(經驗)은 실제로 겪게 된 과정 전체를 표현하며, 거기서 얻은 지식과 기능을 포괄하는 단어이다.

체(體)는 '몸'이나 '신체'의 뜻을 가진 글자이다. 글자의 구성을 보면, 뼈[骨]와 살[豊]이 결합한 것이다. 뒷부분 풍(豊)의 갑골[豊]과 금문[豊]을 보면, 제기에 가득 담긴 음식을 본뜬 글자[豊]이다. 고대 신에게 바치는 제물은 예법에 따라 정성을 다해 그릇에 담았다. 체(體)에서는 뼈

---

38) 經, 織從絲也. 從糸, 巠聲. (※베틀의 가로 씨줄은 '위(緯)'이다.)

를 둘러싼 각 부위 목, 팔, 다리, 가슴 등 완전체를 뜻한다. 그 의미는 '물체, 물질, 형체, 격식, 체제' 등으로 파생되었다. 따라서 체험(體驗)은 직접 참여하거나 몸소 겪은 것이며, 심리학에서는 잠재적으로 축적된 지성 · 언어 · 습관을 제외한 직접적인 행동을 일컫는다.

◇ 각자 고유한 세상 **경험(經驗)**에 대해 느끼는 본인 감정에 자신감을 가지고 표현하라.

◇ 흔히 청년세대를 가리켜 **경험(經驗)**이 없다고 하지만, 기성세대 역시 자기 후대의 생애사적 경험에 대해 무지하다.

◇ 어렸을 때 숲이나 자연의 **경험(經驗)**이 성인이 된 후에도 여가와 휴양 활동의 선택이나 자연에 대한 감상에 지대한 영향을 준다.

◇ 대형마트업계가 2030 세대와 가족 고객을 붙잡을 **체험(體驗)** 콘텐츠 확대에 초점을 두고 매장 분위기를 바꾸고 있다.

◇ 학생들은 이번 방학 중에 몸소 **체험(體驗)**할 수 있는 박물관 견학, 탁본, 현장 답사 등을 해 볼 계획이다.

◇ 조종사는 고공과 똑같은 상태로 만든 감압실에서 저산소증을 **체험(體驗)**하고 대비하는 훈련을 받는다.

### ◀ 고민(苦悶)-고뇌(苦惱)-번민(煩悶)

| 고민(苦悶) | 마음속으로 괴로워하고 애를 태우다. | 잡사 |
|---|---|---|
| 고뇌(苦惱) | 괴로워하고 번뇌하다. | 철학 |
| 번민(煩悶) | 마음이 번거롭고 답답하여 괴로워하다. | 고통 |

위 세 단어는 마음이 편하지 않아 괴로움을 느끼는 경우 사용하는 단어들이다. 《훈민정음 사전》을 보면, '고민(苦悶)'은 구체적이고 특정한 문제에 대해서 애를 태우는 것이고, '번민(煩悶)'은 이런저런 삶의 문제를 풀지 못하여 답답해하며 괴로워하는 것을 가리키며, '고뇌(苦惱)'는 삶의 근원적인 문제에 대해 깊은 성찰과 철학적인 의식을 가지고 해결하려고 애를 쓴다는 것이다. '고민'은 현실적이고 사적인 문제로 인해서 발생하고, '고뇌'는 철학적이고 근원적인 난제에 대한 것이다.

(A) 여름 휴가 행선지를 <u>고민</u>하고 있다.

(B) 환경운동가의 <u>고뇌</u>를 느낄 수 있었다.

(C) 대형 산불로 이재민의 <u>번민</u>이 깊어지고 있다.

예문(A)에서 '고민'은 사적이고 가벼운 선택에 대한 갈등이다. '고뇌'와 '번민'으로 교체하면 어색하고 매우 부자연스럽다. 예문(B)에서 '고뇌'는 환경문제에 대한 심각한 위기감을 느꼈다는 표현이다. '고민'으로 교체하면 환경문제에 대한 해결보다는 개인적인 문제에 대해 생각하게 되었다는 뜻이 된다. '번민'으로 교체하면 환경문제의 심각성을 느꼈다는 뜻이 된다. 표현하고자 하는 내용에 알맞은 단어의 선택이 중요하다. 예문(C)에서 '번민'은 정신적인 고충이 심각함을 표현한 것이다. '고민'은 주변 잡사에 대한 불안감이고, '고뇌'는 뚜렷한 명제에 대한 깊은 사유이고, '번민'은 정신적 고통을 반영한 단어이다.

고(苦)는 '힘겹다'라는 뜻을 가진 글자이다. 소전[𦬎]에 처음 보이며, 약초[++]와 오래[古]를 결합한 형성문자이다. 본래 '맛이 쓰다, 힘겹다'라는 뜻이다. 《설문해자》에서 아주 쓴 씀바귀'라고 풀이했다.[39] '古'(고)의 구성은 10(十)과 세대(口)의 결합인데, 한 세대가 30년이므로 '300년의 오랜 기간'을 나타낸 회의문자이다. '苦'의 윗부분 풀[++]은 약초 같은 식물을 표시하며, 너무 오래되어 먹을 수 없을 정도로 '입에 쓴 음식'을 형상화했다.

민(悶)은 '답답하다'라는 뜻을 가진 글자이다. 전국시대의 고문자[𢘕]에 처음 보이며, 소전[悶]의 구성을 보면, 문[門]과 마음[心]을 결합한 형성문자이다. 《설문해자》에서 '마음이 복잡하다'라고 풀이했다.[40] 마음에 사무친 괴로움으로 가슴이 답답함을 형상화한 것이다. 이것은 현대인들이 느끼는 스트레스처럼 항상 '마음을 짓누르는 듯한 느낌'의 뜻이다. 한자어로는 고민(苦悶), 번민(煩悶), 울민(鬱悶), 초민(焦悶), 우민(憂悶) 등이 있다. '고민'은 마음이 아픈 상태에 빠져있으므로, '괴롭다, 깨닫지 못하다, (사리에) 어둡다, 뒤섞이다, 혼미하다, (마음이) 불편하다, 견디기 어렵다' 따위의 뜻으로 파생되었다.

뇌(惱)는 '괴로워하다'라는 뜻을 가진 글자이다. 《설문해자》에 수록된 자형은 '女'부수의 뇌[㛴]이다. 해서[惱]에 이르러 마음[忄]과 두뇌[㐫=腦]가 결합하여 사상적인 고뇌를 표현하기 시작했다. 한대(漢代) 이후 음양오행설(陰陽五行說)·참위설(讖緯說)·재이설(災異說) 등 우주의 변화를 비롯하여 인간과 자연의 관계를 규명하려는 철학적 흐름이 생겨났다. 그 당시 학자들은 자연주의와 신비주의 사상에 심취했다. 절대왕권

---

39) 苦, 大苦, 苓也. 從艸, 古聲.
40) 悶, 懣也. 從心, 門聲.

에 대한 신뢰감 붕괴와 자연현상에 대한 해명 등 근원적이고 다각적인 물음이 제기되었다. 이 시기에 인간은 누구인가? 자연은 누가 지배하는가? 인간과 신의 관계는 무엇인가? 따위의 근원적 질문에 답하려는 신선사상(神仙思想)과 도가사상(道家思想)이 대두되었다. 위진시기(魏晉時期) 죽림칠현(竹林七賢)을 비롯한 선종(禪宗) 계열의 현자(賢者)들이 등장하여 활동했다. 고뇌(苦惱)는 이 시기를 전후하여 삶과 직결된 문제에 대해 '진지하게 생각하고 고심하다'라는 의미로 널리 사용되었다. '괴로워하다' 이외에 '번뇌하다, 화내다, 성내다, 원망하다' 따위의 뜻이 파생되었다.

번(煩)은 '머리가 아프다'를 본뜬 글자이다. 전국시대[煩]부터 등장하였는데, 구성을 보면 열나다[火]와 머리[頁]의 결합이다. 이것은 단순히 '생리적인 두통'이 아니라 정돈할 수 없는 일 때문에 '생각이 뒤숭숭하다'는 뜻인 셈이다. 이에 '성가시다, 번거롭다, 귀찮다, 어지럽다' 등으로 많은 뜻이 파생되었다. '번뇌'는 골치 아픈 일로 인해 마음이 아픈 상태를 일컫는다. '고뇌'는 생활 주변의 잡다한 쉽게 풀 수 없는 일들에 대한 '심적 고통'이라면, '번뇌'는 그러한 일로 인한 심리적 갈등이 가중된 '고민거리'를 강조한 단어이다. 이에 스스로 해소하지 못하는 문제에 대해서는 '고뇌'와 '번뇌' 어느 것을 써도 무방하며 정신적 고통의 무게감을 강조하는 단어이다.

◇ 이번에 새로 출시된 휴대전화로 교체하려는데, 어느 것을 선택할지 **고민(苦悶)**하는 중이다.

◇ 그들은 극심한 식성 차이 때문에 이별까지 **고민(苦悶)**하는 단계에 이르렀다.

◇ 그의 예술적 **고뇌(苦惱)**와 성공 뒤에는 파렴치한 여성 편력이 문제가 되고 있다.

◇ 테레사 수녀는 평생 빈곤 문제를 **고뇌(苦惱)**하며 겪은 신앙적 갈등을 세상에 알렸다.

◇ 이루어질 수 없다는 것을 알면서도 나는 그녀를 다시 만나고 싶다는 갈등과 **번민(煩悶)**에 휩싸였다.

◇ 오페라 작곡가 베르디는 초인적이고 완벽한 인간이 아니라, **고뇌(苦惱)**하고 **번민(煩悶)**하는 보통의 인간들을 조명했다.

## ◀ 공동(共同)-공통(共通)

| | | |
|---|---|---|
| 공동(共同) | 둘 이상의 사람이나 단체가 함께 일을 하거나, 같은 자격으로 관계를 갖다. | 외향 |
| 공통(共通) | 둘 또는 그 이상의 여러 사이에서 두루 통하고 관계되다. | 내향 |

둘 이상의 사건이나 사안에 대해 서로 같음을 가리키는 단어는 공동(共同)과 공통(共通)이 있다. '공동'은 함께 행동하는 데 초점이 있고, 대외적인 성격을 보여주는 것이다. '공통'은 대등한 관계나 일치된 견해를 유지하는 동질성이며, 대내적인 성격을 지니게 되는 것이다.

(A) 발명품의 상업화에 <u>공동</u> 투자하기로 했다.

(B) 평화는 세계 각국의 <u>공통</u>된 목표이다.

예문(A)에서 '공동'은 투자를 대외적으로 알렸다는 뜻이다. '공통'으로 바꿀 수 없다. 예문(B)에서 '공통'은 모든 국가의 목표 가운데 동질성이 있음을 뜻한다. '공동'으로 교체하면 연합 또는 합동의 형태로 함께 행동하는 선언적 의미가 된다. 화용론의 측면에서 두 단어는 구별이 쉽지 않다. 예를 들어, 서로 관련이 있는 무엇을 함께 공유하고자 한다면, '공동 목적' 또는 '공동 관심사'는 '공통 목적'이나 '공통 관심사'로 써도 그 뜻이 변하지 않는다. 다만 '공동'은 행위의 대외적 선언이고, '공통'은 같은 성질이나 특성의 대내적 묶음임에 유의할 필요가 있다.

공(共)의 '함께, 모두'라는 뜻을 가진 글자이다. 갑골[ ]과 금문[ ]을 보면, 사물[口]이나 옹기그릇[廾]을 두 손[ ]으로 떠받든 모양을 본뜬 형성문자이다. 본래 '받들다'라는 뜻이었다. 소전[共]에 대해 《설문해자》에서 '함께'라고 풀이했다.[41] 전국시대의 기록에서 '받들다'의 글자로 '共'이 사용되었지만, 점차 '供'(공)이 출현하여 통용되었다. 후한(後漢) 시기에 '共'은 '함께, 같이, 모두'의 뜻으로 굳어졌고, '供'은 '받들다, 정중하다, 바치다, 제공하다, 이바지하다'의 뜻으로 분리되었다. '供'의 고문자는 발견되지 않았고 전서체[ ]부터 통용되었다. '共'에는 '함께, 다 같이, 모두' 이외에 '받들다, 바치다, 정중하다, 제공하다, 이바지하다, 기여하다' 따위의 뜻이 사용되었다.

동(同)은 '함께 하다'라는 뜻을 가진 글자이다. 갑골[ ]과 금문[ ]을 보면, 구령[口]과 큰 그릇[凡]을 결합한 회의문자이다. 본래 사방에서 물건을 맞들고 '구령하다'라는 뜻이었다. 넓적한 대야를 4명이 구령에 맞춰 옮기고 있는 장면을 형상화한 형태이다. 큰 물건을 본뜬 부분[凡]은 '凡'(모두 범)의 고문자와 형태가 같다. 《설문해자》에서 '모이다'라고 풀이했는데,[42] 즉 '하나가 되다'는 의미이다. '同'이 결합한 단어에 '함께, 같다, 한데'의 의미가 내포되어 있다. 일설에는 소전[同]을 근거로 멀다[冂]와 한결같다[一]와 말하다[口]의 결합으로 보고, 여러 사람의 말이 서로 일치하는 것이라 잘못 풀이한다. 소전은 문자통일의 변형된 자형이고, 《설문해자》는 사용된 선례의 결과일 뿐이다. 특히 소전 이전에 통용된 자형은

---

41) 共, 同也. 從廿, 廾. 凡共之屬皆從共. 𢍏, 古文共.

42) 同, 合會也. 從冃, 從口. [徐鍇注] 臣鉉等曰: 同, 爵名也. 《周書》曰: 太保受同嚌, 故從口. 史籀亦從口. 李陽冰云: 從口. 非是.

예전의 갑골문과 금문의 형태에서 원형의 의미를 찾아내야 한다. 공동(共同)은 '여러 사람이 함께 행동하는 동작이나 행위'를 표현한 단어이다.

통(通)은 '급히 알리다'는 뜻을 가진 글자이다. 갑골[illegible]과 금문[illegible: illegible]을 보면, 큰길을 가다[illegible : illegible]와 종을 치다[illegible]를 결합한 회의문자이다. 본래 '알리다'의 뜻이었다. 《설문해자》에서 '도달하다'라고 풀이했는데,[43] 일부 통용되는 뜻만 강조한 오류이다. '通'은 중요하고 긴박한 일을 전달할 때 경고하는 종을 울리며 길을 열어 빠르게 나아가는 모습이다. 글자의 구성은 길을 가다[辶]와 종[甬]으로 이루어져 있다. 다른 사람이 길을 가로막지 못하도록 경고하는 '종소리'에도 의미를 부여해야 한다. 일설에는 종(鐘)은 속이 비어있으므로 뚫려있는 길을 수월하게 가는 것이라 해설하기도 한다. '알리다' 이외에 '통과하다, 내왕하다, 정을 통하다, (편지의 단위) 통' 따위의 뜻이 파생되었다. 공통(共通)은 둘 이상의 관계나 항목이 서로 '관련이 있다'라는 뜻을 나타내는 단어이다.

◇ 이번 과제는 두 사람이 **공동(共同)** 작업으로 완성하는 것이다.

◇ 국내에서 구하기 어려운 제품을 **공동(共同)** 구매하기로 했다.

◇ 미국 제너럴모터스(GM)와 일본 혼다기연공업(HONDA)이 차세대 기술, 얼티엄(Ultium) 배터리를 사용하는 새로운 전기차를 **공동(共同)**으로 개발하기로 했다.

◇ LG전자에서는 신형 노트북 각각 제품별로 **공통(共通)** 적용되는 디자인 콘셉트를 발표했다.

43) 通, 達也. 從辵, 甬聲.

◇ 코로나19 사태는 바이러스가 박쥐에서 다른 동물을 거쳐 사람에게 옮겨오면서 시작됐다는 것이 이 부분을 추적해온 연구자들의 **공통(共通)**된 견해다.

◇ 서예는 동아시아를 대표하는 **공통(共通)**된 문화 콘텐츠이다.

## ◀ 관습(慣習)-풍습(風習)

| 관습(慣習) | 어떤 사회에서 오랫동안 지켜 내려와 그 사회 성원들이 널리 인정하는 질서나 풍습 | 인적 |
|---|---|---|
| 풍습(風習) | 풍속(風俗)과 습관(習慣)을 아울러 이르는 말 | 자연적 |

관습(慣習)과 풍습(風習)은 어떤 사회에 널리 보편적으로 고착된 습관을 지칭하는 단어이다. 그러나 그 습관이 현재 기준으로 계승된 경우 '관습'을 사용하고, 자연환경을 극복하며 오랜 기간 축적되어 온 과거 기준으로 강조할 경우는 '풍습'을 사용한다. '전통(傳統)'은 어떤 집단이나 공동체를 대표하는 관습이며, 시대를 뛰어넘어 이어져 오는 계통을 이룬 것이다. 특히 사상·음식·복식 따위의 양식은 '전통'에 해당하며, '관습'이나 '풍습'보다 상위개념이다. '관습'은 사회적 특성에 맞춰진 인적 습관이고, '풍습'은 자연적 여건에 맞춰진 자연적 습관이다.

(A) 한국은 명절 제사를 지내는 <u>관습</u>이 있다.

(B) 시골 인심도 예전의 <u>풍속</u>이라 말하는 사람이 많아졌다.

예문(A)에서 '관습'은 한국인 중에 제사를 신봉하는 사람이 있다는 표현이다. '풍습'과 교체해도 무방하다. 예문(B)에서 '풍습'은 과거에 시골 인심이 좋았지만, 지금은 그렇지 않다는 표현이다. '관습'과 교체해도 무방하다. ‘관습’과 ‘풍습’은 반드시 준수해야 하는 필수조건이 아니고 선택조건이다. 한때 수도 이전 관련한 헌법재판소의 어처구니가 없는 판결이 있었다. 관습법에 따라 수도를 다른 곳으로 이전할 수 없다는 것이다. 우리나라는 출세 지향의 악습 때문에 사회 기득권이 철저하게 보수화되었고, 사리사욕에 혈안이 된 출세 지향의 세력이 한국 사회를 지배하고 있다. 수도 이전을 반대한 헌법재판소의 판사에 의해 미래를 개척할 수 없는 판례를 만든 비극적인 나라가 되었다. 국정농단·사법농단·검찰공화국 등 파행되었던 한국 민주주의는 부끄러운 역사이다. ‘관습’과 ‘풍습’은 국민과 나라를 보위하는 헌법 위에 군림할 수 없으며, 언제든지 바꿀 수 있는 선택적 습관이다.

관(慣)은 ‘습관’이라는 뜻을 가진 글자이다. 해서체 이전의 자형은 발견되지 않았다. 《설문해자》에는 ‘다니다’의 ‘遦’이 수록되어 소전[遦]의 자형이 ‘익숙하다’의 ‘慣’을 대신해 왔다.44) 오랫동안 축적된 습관으로 쉽게 바꿀 수 없는 ‘습관’의 뜻으로 ‘遦’이 통용되었다. 갑골문과 금문의 형태는 아직 발견된 바 없다. 글자의 구성을 보면, 마음[忄]과 꿰다[貫]를 결합한 형성문자이다. 소전[遦]은 길[辵]과 꿰다[貫]의 결합이며, 항상 다니는 ‘익숙한 길’의 뜻이었다. ‘貫’(관)의 고문자를 보면, 갑골[毌]과 금문[毌]은 고정하기 위해 꽂고 꿰뚫은 모양이다. 이후 소전[貫]에 와서 화폐[貝]를 덧붙였다. 고대 마노 조개류는 화폐로서 가치를 지녔기 때문에, 조개를 서로 ‘꿰다’라는 뜻이었다. 현재의 자형(字形)은 해서체[遦:慣]에 이르러 분리되었다. ‘익숙하다, 습관’ 이외에 ‘버릇, 방임하다, 꿰뚫다, 관례’ 따위의 뜻이 파생되었다.

---

44) 遦, 習也. 從辵, 貫聲.

습(習)은 '익히다, 배우다'는 뜻을 가진 글자이다. 갑골[]과 금문[]을 보면, 날짐승이 둥지에서 날개 치는 모양을 본뜬 것이다. 어린 새가 둥지를 떠나기 전에 공중을 나는 연습을 반복한다. 본래 의미는 나무 위의 둥지에서 하늘을 날기 위해 '익숙하도록 반복하다'라는 뜻이다. 소전[]에서 아랫부분이 해[日]에서 말하다[白]로 변하지만, 높은 곳 또는 빈 곳을 형상화한 형태소이다. 이후 '익히다, 익숙하다, 배우다, 연습하다, 복습하다, 반복하다, 버릇' 등의 뜻으로 파생되었다. 관습(慣習)은 '현재 통용되는 사회적 질서나 풍속'을 일컫는다.

풍(風)은 '바람'의 뜻을 가진 글자이다. 고문자의 변천을 보면, 갑골[]은 '큰 그릇, 대야'를 본뜬 글자였고, 금문[]은 '큰 새의 날갯짓'을 본뜬 글자였다. 소전[]에서 벌레[虫]의 형태로 변했고, 예서[]에서 현재의 형태를 취하게 되었다. 본래 풍(風)은 봉황을 본뜬 모양[]에서 유래한 글자이다. 봉황은 전설상의 동물로 알려져 있고, 상상 속에 존재하는 큰 새로서 고대 여러 서적에 언급되어 있다. 봉황이 한번 날면 구만리를 날아다니는 신묘한 능력을 갖추었다. 이에 봉황은 '바람'을 일으키는 동물로 인식했다. '바람'은 초목을 움직이게 하므로, 막강한 영향력을 갖춘 군주(君主)에 빗대어 백성과 민심을 '바람(風)'으로 비유했다. 따라서 풍습(風習)은 '각 지방의 풍속(風俗)과 습관(習慣)을 통칭'하는 단어인 셈이다. '습관'은 어떤 행위를 오랫동안 되풀이하는 과정에서 저절로 익혀진 행동 방식, 즉 개인적인 행위를 말한다. 이에 비하면 '관습'은 사회 성원 전체에 유지되는 질서나 행동 방식, 즉 사회적인 행위라고 할 수 있다.

◇ 고장마다 나라마다 그곳 사람들이 살면서 지켜 온 **관습(慣習)**과 **풍속(風俗)**이 있다.

◇ 만 나이 적용은 바람직하지만 이미 한국 사회에 뿌리 깊이 박혀 있는 **관습(慣習)**을 바꾸려면, 제정 이후에도 꾸준한 홍보가 필요하고 예외를 최소한으로 적용해야 한단 목소리가 있습니다.

◇ 디아스포라(Diaspora)는 타국에서 자신들의 규범과 **관습(慣習)**을 유지하며 살아가는 공동체 집단이나 거주지를 말한다.

◇ '파친코' 드라마를 보면, 한복은 서구 복식이 도입되기 전까지 한국의 **관습적(慣習的)**인 일상복이었음을 알려준다.

◇ 고사리를 봄에 충분히 꺾어 확보하는 일은 제주 도민들의 오랜 **풍습(風習)**이다.

◇ 안산 외국인 거리를 가면 한국 속에서 그들의 다양한 문화적 **풍습(風習)**을 느낄 수 있다.

◇ 한식에는 성묘하기와 불 피우지 않기 등의 **풍습(風習)**이 있다.

## ◀ 구별(區別)-구분(區分)

| 구별(區別) | 성질이나 종류에 따라 차이가 나거나 갈라놓다. | 개별 |
|---|---|---|
| 구분(區分) | 일정한 기준에 따라 전체를 몇 개로 나누다. | 전체 |

구별(區別)과 구분(區分)은 '대상을 나누다'라는 비슷한 뜻을 가진 단어이다. 다만, '구별'은 낱낱의 차이와 차별을 강조한 개별적인 다름이고, '구분'은 특정한 기준에 따라 전체를 나누거나 분류한 부분이다. 일반적으로 대립이나 양립의 개념을 가진, '옳은 것과 그른 것', '공(公)과 사(私)', '남과 여', '주인과 손님' 따위에서는 '구분'을 사용

하는 것이 바람직하다. 양립하는 개념의 단어에 '구별'을 쓸 수 없는 것은 아니다. 문맥에 따라 적절하게 통용할 필요가 있다. 화용론 측면에서 혼용할지라도 오해하거나 이해하지 못할 정도의 차이는 없다.

(A) 공공시설에 화장실은 남녀 구분(구별)이 있다.

(B) 누구의 글씨인지 구별하기 쉽지 않다.

(C) 품질에 따라 상·중·하의 세 등급으로 구분한다.

예문(A)에서 '구분'과 '구별'은 모두 사용이 가능하다. 예문(B)에서 글씨의 차이점이므로 '구별'을 써야 한다. 예문(C)에서 전체 제품을 세 등급으로 나누었으므로 '구분'을 써야 한다. '구별'은 비교 대상의 차이점이 강조되고, '구분'은 전체 중에서 나눈 기준이 강조된다. 화용론적 측면에서, '구별'은 차이점을 강조하여 '분별(分別)·식별(識別)·차별(差別)'의 단어들과 상통한다. '구분'은 전체의 구성요소를 강조하여 '분류(分類)·성분(成分)·구획(區劃)'의 단어들과 유사하다.

구(區)는 '구역'이라는 뜻을 가진 글자이다. 갑골[區]을 보면, 일정한 공간에 작은 사발들을 진열한 모양을 본뜬 회의문자이다. 금문[區]에서는 '匸'의 형태와 사발들[品]을 가지런히 놓아두는 구역의 지사문자이다. 본래 '區'의 뜻풀이에는 두 종류가 있는데, '작은 그릇'과 '구역'으로 보는 두 견해가 있다. 소전[區]에 대해 《설문해자》에서 '자질구레한 것을 숨기다'라고 뜻을 풀이하며, 여러 종류를 모아두는 곳이라고 설명했다.[45] '작은 사발'을 뜻하는 '甌'(구)가 파생되면서, 점차 그릇을 놓아두는 '구역, 영역, 범위'의 뜻으로 변했다. '區'(구)의 글자 구성을 보면, 영역[匸(감출 혜)]과 작은 물건[品]을 결합한 형태이다. 이것은 자잘한 물건들을 한곳으로 정리한 모양인데, 종류별로 나누어 관리하는 장면을 형상

45) 區, 踦區, 藏匿也. 從品在匸中. 品, 衆也.

화한 글자로 보는 것이 합당하다. '구역' 이외에 '구분하다, 숨기다, 자잘하다, 지역, 범위, 굽다, 거처' 따위의 뜻이 파생되었다.

별(別)은 '따로 나누다, 헤어지다'라는 뜻을 가진 글자이다. 갑골[ ]을 보면, 칼[ ]과 뼈[ ]로 이루어져 있다. 금문[ ]과 소전[ ]의 변천을 거쳐 현재의 형태[別]를 갖추었다. 글자 구성을 보면, 동물의 뼈를 발라내다[另]와 칼[刂]을 결합한 회의문자이다. 《설문해자》에서 '분해하다'라고 풀이했다.46) 앞부분 '另'(령)은 본래 과(冎)에서 유래한 형태임을 알 수 있다. 이것은 '칼로 뼈와 살을 발라내는' 뜻을 형상화한 것이다. '別'(별)에는 '나누다, 가르다, 헤어지다, 떠나다, 죽다'라는 뜻이 파생되었다. 구별(區別)은 여럿 가운데서 일정한 성질이나 종류에 따라서 골라내어 차이를 밝힌 것이며 '나누어 가려내다'라는 뜻이다.

분(分)은 칼로 물건을 '가르다, 쪼개다'의 뜻을 나타낸 글자이다. 갑골[ ]과 금문[ ]을 보면, 하나의 물체를 양분(兩分)한 모양을 띠고 있다. 하나의 물체가 두 개로 쪼개지면, 한 사람의 소유물은 두 사람에게 '나누어' 줄 수 있게 되듯이, '나누다, 나누어 주다'의 뜻이 파생되었다. 분리(分離)·분담(分擔)·분권(分權)·부분(部分)·신분(身分)·덕분(德分) 등의 한자어에 쓰인다. 그리고 온전한 형태에서는 내부를 알 수 없지만, 반으로 가른 뒤에는 내부에 숨겨졌던 것이 드러난다. 이에 감춰진 사실과 진상이 밝혀지듯이, '밝히다, 알다'의 뜻이 파생되었다. 분별(分別)·분간(分揀)·분명(分明)·분류(分類) 등으로 활용한다. 구분(區分)은 일정한 기준에 따라 전체를 나눈 것이므로 '골라서 나누다'의 뜻이다.

46) 別, 分解也. 從冎, 從刀.

◇ 종이로 만든 꽃이 감쪽같아서 진짜와 **구별(區別)**하기가 어렵다.

◇ 빛이 없는 곳에서 다양한 파장의 적외선과 AI 알고리즘을 사용해 색깔을 **구별(區別)**하는 기술을 개발했다.

◇ 2020년부터 등장한 유튜버 '루이'는 AI 딥러닝 기술을 이용해 만든 가상 얼굴인데 실제 인간과 **구별(區別)**하기 힘들 정도이다.

◇ 사이버 중독자들은 현실 세계와 가상 세계를 **구분(區分)**하지 못해 다양한 사회적 문제를 일으키고 있다.

◇ 국내 대학 중 처음으로 성공회대학교는 남녀 **구분(區分)**을 하지 않는 '모두의 화장실'을 설치했다.

◇ 한국의 사관학교는 현재 우선선발과 종합선발로 **구분(區分)**해 학생을 선발하고 있다.

## ◀ 구성(構成)-구조(構造)

| | | |
|---|---|---|
| 구성(構成) | ① 몇 가지 부분이나 요소들을 모아서 일정한 전체를 짜 이룬 결과<br>② [문학] 문학 작품에서 형상화를 위한 여러 요소들을 유기적으로 배열하거나 서술하는 일<br>③ [예체능] 색채와 형태 따위의 요소를 조화롭게 조합하는 일 | 결합 |
| 구조(構造) | ① 부분이나 요소가 어떤 전체를 짜 이루어진 뼈대<br>② 일정한 설계에 따라 여러 가지 재료를 얽어서 만든 시설물<br>③ [수학] 집합과 그것이 가지고 있는 집합론적 대상으로 얽어진 것 | 체제 |

구성(構成)과 구조(構造)는 낱개의 요소를 '얽어 짜다'는 뜻을 가진 단어이다. 나무와 숲의 관계처럼, 같은 성질을 가진 비슷한 뜻을 나타내지만, 개념이 전혀 다른 단어인 셈이다. 하나의 물체에서 특정한 부분을

가리키는 '나무'는 구성에 속하며, 전체를 아우르는 부분을 가리키는 '숲'은 구조에 해당한다.

(A) 나무는 뿌리 · 줄기 · 잎을 갖추고 있다.(구성)

(B) 숲은 다양한 나무들이 모여서 이루어진다.(구조)

문학적인 표현을 보면, 여러 가지 요소들이 유기적으로 결합하며 서술되어 있다. 이것을 '작품의 구성'이라고 한다. 수학에서는 수의 집합이나 그 집합의 대상을 일정한 체제에 따라 배열하면 '수의 구조'라고 한다. 여기에서는 '구성'과 '구조'의 낱말에 내포된 본래의 의미를 살펴보고자 한다.

구(構)는 '얽어 짜다'라는 뜻을 가진 글자이다. 소전[構]에 처음 보이며, 나무[木]와 짝짓기[冓]를 결합한 형성문자이다. 짝짓기[冓]의 갑골[illegible]과 금문[illegible]을 보면, 물고기 두 마리가 입을 맞추고 있는 모양이다. 그 의미는 '짝짓다, 어긋매끼다, 맞붙이다, 교미하다' 등 두 물체의 교합 상태이다. 앞부분에 나무[木]을 더하여 목조 건축에서 나무의 연결을 뜻하는 '얽다, 짜다, 얽어 짜다, 서까래'의 뜻을 나타냈다. 《설문해자》에서는 '지붕'이라고 풀이했고, '서까래'를 지칭한 것이라 설명했다.[47] '서까래'의 '構'(구)는 목조 건물에서 도리와 도리를 엮어서 목재끼리 서로 단단하게 고착하는 형태이다. '서까래' 이외에 '얽다, 얽어 짜다, 만들다, (집을) 짓다, 이루다, 꾸며대다, 맺다' 따위의 뜻이 파생되었다. 대체로 구축(構築) · 구상(構想) · 허구(虛構) 등의 단어에 뜻이 내포되어 있다.

성(成)은 '이루다, 갖추다'라는 뜻을 가진 글자이다. 갑골[illegible]과 금문[illegible]을 보면, 살상 무기[illegible:illegible]와 무두못[丨]을 결합한 형태이다. 무두못[丨]은 소전[illegible]에서 대못[丁]의 형태로 변했다. 이로 미루어 보아 성(成)

47) 構, 蓋也. 從木, 冓聲. 杜林以爲椽桷字.

의 본래 의미는 '완전히 물리치다'라는 뜻이었다. 《설문해자》에서 '나아가다'라고 풀이했고, 서개(徐鍇)는 중앙으로 나아가는 것이라고 설명했다.[48] 이것은 갑골과 금문에서 무기와 못을 형상화한 이유를 이해하지 못한 오류이다. '成'은 어떤 상대나 사물에 대해 분명하게 제압하는 일을 형상화한 것이다. 건축의 경우에도 부속품을 결합하기 전에는 완전한 형태를 알 수 없지만, 각 부분을 짜 맞추어 고정하고 난 후라야 완성품으로 사용할 수 있다. '이루다, 갖추다' 이외에 '다스리다, 끝나다, 가지런하다, 완성하다, 성숙하다, 고르게 하다, 살찌다, 성인이 되다' 따위의 뜻이 파생되었다. 구성(構成)은 규격이나 기준에 맞추어 일정한 형태를 이루는 것이다. 특히 기능과 역할을 하기 위한 조합체이다.

조(造)는 '만들다'의 뜻을 가진 글자인데, 글자의 구성을 보면 천천히 걷다[辶]와 아뢰다[告]가 결합하여 뜻을 유추하기가 쉽지 않다. 그러나 금문[[illegible]]과 고문자[𦨶]를 보면, 작업 공간[宀] · 배[舟] · 손[手] · 오랜 시간[古] 등이 결합한 회의문자이다. 본래 배를 오랫동안 손수 만드는 과정을 형상화한 글자였다. 소전[造]에서 배[舟]를 빼버린 현재의 자형(字形)이 굳어졌고, 본래의 뜻을 알 수 없게 된 것이다. 《설문해자》에서 '나아가다'라고 풀이했으며, '승진하다'라고 주장하는 담장(譚長)의 견해를 덧붙였다.[49] 이것은 금문과 고문자에서 배[舟]를 만드는 과정을 형상화한 글자의 의미를 이해하지 못한 오류이다. '造'(조)는 어떤 사물을 만드는 데 시간이 오래 걸리며, 힘들게 다듬는 작업을 의미한다. 혹자는 '告'(고)의 부분을 강조하여 '신에게 아뢰어 일을 이루다'라는 근거 없는 해설을 하기도 한다. '만들다' 이외에 '저술하다, 이룩하다, 비롯하다, 다

---

48) 成, 就也. 從戊, 丁聲. 𢦩, 古文成, 從午. 徐鍇曰: 戊, 中宮成於中也.
49) 造, 就也. 從辵, 告聲. 譚長說: 造, 上士也. 𦨶, 古文造, 從舟.

**다르다, (학업이) 나아가다, 알리다, 벌여놓다, 부뚜막, (운수) 팔자, 근심스런 모양' 따위의 뜻이 파생되었다. 구조(構造)는 완성체를 이루는 '뼈대' 또는 그 완성체의 '핵심 요소'를 가리키는 단어이다.**

◇ 이 사건을 조사하기 위해 특별 위원회를 **구성(構成)**했다.

◇ 월드컵 후에 각국의 최고 선수를 선발하여 2개의 드림팀을 **구성(構成)**하여 시합하기로 했다.

◇ 일반 대중은 실험 예술의 기호 체계와 **구성(構成)** 방식에 익숙하지 못한 터라 그러한 작품들을 보면 난해하다고 말한다.

◇ 이 아파트의 **구조(構造)**는 매우 튼튼하게 설계되어 있다.

◇ 요즘 학령인구 감소로 인해서 모든 대학에서 **구조(構造)** 조정이 진행되고 있다.

◇ 디지털 패러다임 변화에 맞춘 증권업 비즈니스 수익 **구조(構造)**의 전환이 필요하다.

## ◀ 국민(國民)-인민(人民)-시민(市民)

| 국민(國民) | 국가를 구성하는 사람, 또는 그 국적을 가진 사람 | 자격 |
|---|---|---|
| 인민(人民) | ① 국가나 사회를 구성하고 있는 사람<br>-대체로 지배자에 대한 피지배자를 이른다.<br>② [법률] 국가를 구성하고 있는 자연인 | 통치 |
| 시민(市民) | ① 시(市)에 사는 사람<br>② 국가 사회의 일원으로서 그 나라 헌법에 의한 모든 권리와 의무를 가지는 자유민 =공민(公民) | 권리 |

독립된 영토에서 주권을 가진 국가를 구성하는 사람을 국민(國民)·인민(人民)·시민(市民)·공민(公民) 등으로 부른다. 이러한 단어들은 쓰임에 따라 그 의미가 조금씩 다르다. '국민'은 국가에 영주할 수 있는 자격을 갖춘 사람을 말한다. '인민'은 국가의 구성원을 법률적으로 정의하는 용어이다. 주로 중국과 북한에서 사용하며, 정치적 피지배계층을 지칭한다. '시민'과 '공민'은 헌법에 규정된 권리와 의무를 행하는 사람을 일컫는다.

(A) 모든 권력은 <u>국민</u>으로부터 나온다.

(B) 중국은 <u>인민</u>대표대회를 개최했다.

(C) 도심의 공원은 <u>시민</u>의 휴식처이다.

예문(A)에서 '국민'은 국가권력을 선출하는 투표권을 가진 주체이다. 예문(B)에서 '인민'은 사회주의 국가를 형성하는 핵심 구성원이다. 예문(C)에서 '시민'은 그 사회에 대해서 권리와 의무를 갖는 주체이다. 예문 중에 개념의 차이 때문에 '국민'·'인민'·'시민'을 서로 교체할 수 없다.

국(國)은 '지역, 지방, 영역'의 뜻에서 '나라, 국가'를 의미하게 된 글자이다. 갑골[[illegible]]과 금문[[illegible]:[illegible]]을 보면, 지역[口]과 줄서다[二]와 창[戈]의 결합이다. 즉 무기를 들고 나란히 줄지어 영토를 방어하는 모양을 본뜬 글자임을 알 수 있다. 소전[國]에 대해 《설문해자》에서 '나라'라고 풀이했다.[50] 자형이 변하는 과정에서 보면, 혹(或)가 '지역 방어' 또는 '나라'의 뜻을 가진 글자였으나, 외부의 적들이 언제 쳐들어올지 모르는 두려움을 뜻하게 되면서 '혹시, 어쩌면'의 뜻이 되었다. 이에 '나라, 국가'의 글자는 큰 입구 위(囗)를 보태어 국(國)이 파생되었다. 따라서 국민(國民)은 '영토 안에 거주하는 모든 사람' 또는 '영토에 살아갈 수 있는 자격을 갖춘 사람'이란 단어가 되었다.

민(民)은 '백성, 사람'의 뜻을 가진 글자이다. 그러나 고대에는 '노예, 포로'의 뜻을 형상화한 글자였다. 갑골[民]과 금문[民]을 보면, 눈 아래쪽에 노예 신분을 표시한 형태이다. 고대에 전쟁을 통해 붙잡은 포로나 그 영토 안에 거주하는 노예들에게 부역시키기 위해 한쪽 눈 아랫쪽에 문양을 표시했다. 즉 지배계층과 구별하여 피지배 백성에 대해 통제하거나 판별하기 위한 풍습으로 보인다. 소전[民]에서는 혈통[氏]의 의미를 덧붙여 지금의 자형(字形)을 갖추었다. 《설문해자》에서 '뭇사람의 싹'으로 풀이했다. 단옥재(段玉裁)는 고문의 모양에서 뜻으로 삼았고, '民' 부수 글자는 모두 '뭇사람의 싹'이란 뜻이라고 설명했다.[51] 이것은 전국시대 고문자[民]에 천착한 주장일 뿐이다. 갑골과 금문에 그려진 눈 아래쪽 문양을 살피지 못한 오류이다. 춘추시대를 전후하여 이러한 잔인한 신분식별 풍속은 범법자에게만 적용하게 되면서 '백성'을 지칭하였다. 혹자는 갑골[民]을 시선[目]과 많다[十]의 결합으로 풀이하면서, 수많은 백성의 시선으로 설명했다. '백성' 이외에 '사람, 직업인, 나(자신), 민심, 어리석다' 따위의 뜻이 파생되었다.

---

50) 國, 邦也. 從囗, 從或.
51) 民, 衆萌也. 從古文之象. 凡民之屬皆從民. 民, 古文民.

인(人)은 '사람'의 옆모습을 본뜬 상형문자이다. 인민(人民)은 유물론 세계관을 믿는 사회주의 국가의 구성원을 뜻한다. 즉 영토 안에 거주하는 사람이지만, 지배를 받는 객체로서의 사람을 일컫는다. 우리나라에서는 법률적 용어로만 사용되고, 일상적 문서나 구어에 사용하지 않는다.

시(市)는 '시장, 저자'의 뜻을 가진 글자이다. 생필품이나 물건을 팔고 사는 곳에는 언제나 많은 사람이 붐비는 '도시'이다. 자형의 구성은 머리[亠]와 두건[巾]이지만, 글자의 유래와 무관한 것이다. 지금의 자형은 예서[市]에서 비롯되었으므로, 금문과 소전에서 본래의 뜻을 찾아야 한다. 금문[[illegible]]과 소전[[illegible]]을 보면, 나아가다[㞢]와 시끄럽다[兮]가 결합한 모양이다. 길거리로 나와서 물건을 파는 사람이 물건 가격을 크게 외치는 소리를 본뜬 글자인 셈이다. 《설문해자》에서 '물건을 사고파는 곳'으로 풀이했다. 단옥재(段玉裁)는 시장 구역에서 물건을 견주어 본다고 설명했다.[52] 대체로 '도시, 시장, 거래'의 뜻으로 사용된다. 시민(市民)은 '권리와 의무를 행하는 사람'이란 뜻이다. ≒공민(公民)

◇ 민주주의는 **국민(國民)**을 위해 봉사하는 정치 이념이다.

◇ 독재 정권은 온갖 유언비어를 퍼뜨리며 **국민(國民)**의 눈과 귀를 막으려고 언론을 장악했다.

◇ 대통령직인위원회가 오는 5월 10일 청와대 개방 공식 홈페이지인 '청와대, **국민(國民)** 품으로'를 개설했다고 14일 밝혔다.

◇ 김정은 북한 조선노동당 총비서는 **인민(人民)**의 일체감을 강조하는 용어를 많이 사용했다.

---

52) 市, 買賣所之也. 市有垣, 從冂, 從乁 , 象物相及也. 乁, 古文及字, 㞢省聲.

◇ 선량한 **시민(市民)**들이 보이스피싱의 피해를 받지 않도록 각별한 조치가 필요하다.

◇ 감사원에서 **시민단체(市民團體)**의 회계 집행 전반에 대한 관리 감독을 시행하고 있다.

### ◀ 근본(根本)-근원(根源)

| 근본(根本) | 사물의 본질이나 본바탕 | 연계성 |
|---|---|---|
| 근원(根源) | 사물이 비롯되는 근본이나 원인 | 인과성 |

사물마다 본래부터 지닌 바탕이 있는데, 현재까지 연계되는 것을 '근본(根本)'이라 하고, 시작 시점이 현재에 이르게 되는 인과적 유래를 '근원(根源)'이라 한다. '근본'은 가문(家門)이나 혈통(血統)과 같이 내재하고 있는 본질을 말한다. 이에 비해 '근원'은 본래의 모습이나 형태와 같이 회귀하는 근본이다. '근본'은 '근원'을 포함하는 상위개념이고, '근원'은 그 하위개념이다.

(A) 모임의 <u>근본</u>을 망각하는 행위이다.

(B) 이상한 소문의 <u>근원</u>을 찾아보려고 조사했다.

예문(A)에서 '근본'은 모임의 취지에 상응하는 말이다. 예문(B)에서 '근원'은 소문의 원인에 상응하는 말이다. 예문에서 '근본'과 '근원'을 각각 교체할 수 없는데, 예문(A)에서 '근원'으로 교체하면 '모임이 생겨난 원인을 망각하는 행위'라는 비문(非文)이 된다. 그러나 예문(B)에서 '근본'으로 교체해도 의미상의 차이가 없다.

근(根)은 '뿌리'라는 뜻을 가진 글자이다. 대체로 '뿌리'의 뜻으로 사용되지만, 고문자[𣒚]를 보면 머리를 돌려 사물을 살펴보는 모양이다. 현재 자형의 구성은 나무[木]와 어긋나다[艮]이며, 본래 의미를 도무지 유추할 수 없다. 소전[根]을 보면, 나무[木]가 아니라 환하게 빛나는 모양[木]을 형상화한 것이다. 글자의 앞부분이 나무[木]로 와전되어 본래의 뜻을 알기 어렵다. 《설문해자》는 '나무 그루터기'라고 풀이했고, '艮'을 발음으로 삼는다고 설명했다.[53] 이것은 고문자[根]를 해독하지 못하고 소전[根]조차 그 의미를 잘못 풀이한 결과이다. 소전[根]의 뒷부분은 '뒤돌아보는(살펴보다)' 모양[見]이다. 눈[目]과 아래쪽을 바라보는 사람[儿]을 무시하고 '艮'(간)으로 잘못 파악했다. 근(根)의 본래 의미는 나무의 그루터기 또는 뿌리를 표현한 것이 아니라, 어떤 사물을 자세히 '살펴보다'라는 뜻을 형상화한 것이다. 이후 '뿌리, 근본, 밑동, 능력, 마음, 생식기, (망울진) 근, 뿌리 내리다, 근거하다, 뽑아 없애다' 따위의 뜻이 파생되었다.

본(本)은 '뿌리'를 부호화한 지사문자(指事文字)이다. '本'(본)의 금문[本:本:本]에 대한 견해는 크게 세 가지가 통용되었다. 첫째[本]는 아랫부분에 3개의 점을 찍은 것인데, 하늘의 변화를 세 방향에서 관측하는 모양이다. 그 뜻은 변화를 예측하는 것으로 유추해 볼 수 있다. 둘째[本]는 아랫부분에 1개의 점을 찍은 것인데, 대상을 측량한 결과를 표시한 모양이다. 그 뜻은 사물의 속성을 예측하는 것으로 유추해 볼 수 있다. 셋째[本]는 아랫부분에 선을 그은 모양이다. 그 뜻은 둘째와 비슷해 보인다. 그러나 소전[本]에서 나무[木]와 아랫부분[一]을 결합한 형태로 변하였다. 《설문해자》에서 '나무의 뿌리'라 풀이했고, 서개(徐鍇)는 /本/末/朱/처럼 나무를 기준으로 의미를 부여한 부호라고 설명했다.[54] 본래 불

---

53) 根, 木株也. 從木, 艮聲.

54) 本, 木下曰本. 從木, 一在其下. 徐鍇曰: 一, 記其處也. 本,末,朱皆同義. 𣎵, 古文.

확실한 대상을 '추정하다'라는 뜻이었지만 차츰 '나무의 뿌리'라는 뜻으로 와전된 글자가 되었던 것 같다. 근본(根本)은 '사물의 본바탕을 살펴보다'라는 뜻이다.

원(源)은 '근원, 원천, 원류'의 뜻으로 사용되는 글자이다. 원(源)의 본래 글자는 금문(金文)의 원(原)이며, 원(原)의 본래 글자는 갑골문(甲骨文)의 천(泉)이다. 이것은 원(源)의 본래 의미가 '샘[泉]'에서 비롯되었음을 말한다. 천(泉)의 갑골[[illegible]]과 금문[[illegible]]을 보면, 동굴에서 물줄기가 흘러나오는 모양을 본뜬 글자이다. 소전[[illegible]]에서 동굴[穴]과 물[水]의 모양을 간략한 획으로 형상화했다. 원(原)의 금문[[illegible]]에서 보듯이 언덕[厂]을 추가하여 암석과 산기슭을 굽이쳐서 아래로 흐르는 물줄기를 형상화했다. 이것은 동굴과 산기슭의 물줄기를 모두 표시하여 천(泉)을 대신하는 글자가 되었음을 말한 것이다. 원(源)은 앞부분에 물[氵]을 덧붙여 '원류'를 명확하게 표시한 것이다. 따라서 근원(根源)은 어떤 사물이나 대상이 '처음 생겨난 바탕과 원인'을 나타낸 단어이다.

◇ 모든 종교는 사랑이라는 개념을 **근본(根本)**으로 삼고 있다.

◇ 새 정부 장관들의 범법과 비리는 민주주의 국가의 **근본(根本)**을 뒤흔드는 혼란만 가중될 뿐이다.

◇ 그 회사는 이탈 직원이 많아서 아르바이트 인력을 충원하고 있지만, **근본적(根本的)** 대책 없이는 이탈은 계속될 것이다.

◇ 사람들은 만병의 **근원(根源)**인 스트레스로 인해 극심한 정신적 황폐함을 느끼기도 합니다.

◇ 연상호 감독의 '돼지의 왕'(2011)에서는 강자와 약자로 대결하는 세상을 폭력의 **근원(根源)**임을 강조했다.

◇ 고위공직자들이 정경유착으로 부정부패에 눈감고 사익을 추구하는 것이야말로 민주사회를 파괴하는 **근원(根源)**이다.

### ◀ 기술(記述)-서술(敍述)

| 기술(記述) | 대상이나 과정의 내용과 특징을 있는 그대로 열거하거나 기록하여 서술하다. | 내용 |
|---|---|---|
| 서술(敍述) | 사건이나 생각 따위를 차례대로 말하거나 적는다. | 순서 |

어떤 사실과 생각을 기록하는 글을 기술(記述)과 서술(敍述)이라고 한다. '기술'은 어떠한 내용을 객관적이고 학문적인 관점에서 설명하는 것이다. 이에 비해 '서술'은 어떠한 일을 말하듯이 풀어가는 방식으로 주관적인 생각을 적는 것이다. 논문·보고서·설명서처럼 사실관계와 정보를 밝힌 글은 '기술'에 가깝다. 불확실하고 해석상의 차이가 있는 사건·감상·기행문처럼 주관적 감성과 느낌을 밝힌 글은 '서술'에 가깝다.

(A) 우주선의 왕복 시스템을 흥미롭게 기술했다.

(B) 어떻게 사고를 당하게 되었는지 서술해 주세요.

예문(A)에서 '기술'은 논리적이고 과학적인 전개 방식이다. '서술'로 교체할 수 없다. 예문(B)에서 '서술'은 주관적인 경험의 순서이다. '기술'은 사실의 내용이고, '서술'은 시간적 순서이다. 시험문제 중에 주관식 문항에 '기술하세요' 또는 '서술하세요'라는 표현은 객관적 사실 또는 주관적 지식을 묻는 출제 방식이다.

술(述)은 '펴다, 짓다'의 뜻을 가진 글자이다. 글자의 구성은 나아가다[辶]와 손재주[朮]를 결합한 형태이다. '述'(술)의 금문[]을 보면, 손[又]의 사방에 4개의 점이 찍혀있다. 이것은 빠르게 필사하는 모양으로 '솜씨'를 형상화했다. 즉, 마음속의 생각을 겉으로 드러내는 글 쓰는 재주

를 말한다. 앞부분에 '진행하다, 나아가다'라는 의미의 책받침[⻌]을 덧붙였는데, 시간적 순서에 따라 글을 차례대로 나열하거나 써나가는 행위를 말한다. 소전[illegible]을 풀이한 《설문해자》에서 '따르다, 좇다'라고 풀이했는데, 단옥재(段玉裁)는 '朮(출)'을 발음 요소로 파악했다.55) '朮'을 찹쌀처럼 달라붙는 '秫'(출)의 의미로 설명했다. '朮'(출)은 손동작을 강조한 의미 요소임을 간과한 것이다. '述'(술)은 '지어내다, 짓다, 글을 쓰다, 말하다, 따르다, 잇다, 닦다, 밝히다, 기록' 따위의 뜻이 파생되었다.

기(記)는 '쓰다, 기록하다'의 뜻을 가진 글자이다. 글자의 구성을 보면, 말하다[言]와 몸·자신[己]를 결합한 형태이다. 몸[己]은 하늘의 별자리나 변화를 새끼줄로 위치를 재현한 형태를 본뜬 것이다. 즉, 어떤 대상이나 현상을 보고 듣고 느낀 바를 객관화하기 위해 그려낸 모양[己]이다. 여기에서 중요한 점은 사물이나 현상에 대해 새끼줄의 묶음과 매듭을 연결하여 구불구불 표시함으로써 머릿속으로 '기억하다, 외우다'의 뜻이 파생되었다. 《설문해자》에서 '통하다'라 풀이했는데, 단옥재(段玉裁)는 분석하여 알리는 '疏'(소)라고 설명했다.56) 이것은 고문자[𢀳]에 대한 잘못된 풀이에서 비롯된 것이다. '己'(기)를 '구불구불하고 복잡한 중앙'57)이라고 설명했는데, '記'(기)에는 '바로잡다, 펼치다'라는 의미 요소가 포함되지 않았다. 중국의 언어학자들이 갑골[illegible]과 금문[illegible]에서 모양과 방향이 제각각 다른 이유에 대해 생각하지 못한 오류를 범한 것이다. '쓰다, 기록하다' 이외에 '외우다, 암송하다, 표지하다, 경서의 주해, 도장, 인장, 문장의 일종' 따위의 뜻이 파생되었다. 기술(記述)은 본래 사물의 속성이나 현상을 도해(圖解)하거나 암송(暗誦)하기 위해 문자

55) 述, 循也. 從辵, 朮聲. [illegible], 籒文從秫.
56) 記, 疋也. 從言, 己聲. 段注: 疋, 今字作疏, 謂分疏而識之也.
57) 己, 中宮也. 象萬物辟藏詘形也. 己承戊, 象人腹. 凡己之屬皆從己. 𢀳,古文己.

로 '그려내다, 기록하다'의 뜻이었다. 사전적 의미는 '어떤 내용을 객관적으로 설명하는 글을 쓰다'는 뜻이다.

서(敍)는 '순서, 차례'의 뜻을 가진 글자이다. 본래 글자는 서(敘)이며, 초가집을 지을 때 말뚝을 박고 지붕을 얹은 모양이다. 갑골[𢽀]과 금문[𣁋]을 보면, 손[又]과 지붕[亼]과 말뚝[木]을 결합하여 이루어졌다. 왼쪽에 있던 손[又]의 위치가 오른쪽으로 변했으며, 소전[敘]에서 짓다[攵:攴]의 형태로 변모했다. 《설문해자》에서 '차례'라고 풀이했는데,[58] 집의 건축공정은 기초부터 지붕까지 '차례대로' 축조해야 튼튼한 건축물이 된다. '敍'(서)는 초가집의 구조에 따라 절차와 순서에 맞추어 '차례대로' 만들어가는 장면을 형상화한 글자이다. '순서, 차례' 이외에 '펴다, 늘어서다, 주다, 진술하다, 베풀다, 실 끝' 따위의 뜻이 파생되었다. 서술(敍述)은 어떤 사건이나 생각을 차례대로 기록하는 뜻이다.

◇ 이 책은 혼동하기 쉬운 한자 단어들을 선별하여 그 의미 차이를 명쾌하게 **기술(記述)**했다.

◇ 사회학자는 그 사회의 현상、구조、변동 따위에 대하여 적합한 **기술(記述)**을 할 수 있어야 한다.

◇ 설명서를 보면 제품의 사용법과 유의사항이 자세하게 **기술(記述)** 되어 있으니 참조하세요.

◇ 취미로 글을 쓰는 사람들의 글에서는 현장감 있고 체험적인 **서술(敍述)**을 발견할 수 있다.

◇ 민속사의 시대 구분은 단선적인 교체의 역사에서 복선적인 축적의 역사임을 고려하여 민속사를 **서술(敍述)**해야 할 것이다.

---

58) 敍, 次弟也. 從攴, 余聲.

◇ 최근 일본 교과서에서는 한국이 독도를 불법으로 점유하고 있다 고 **서술(敍述)**하여 독도의 영유권을 왜곡했다.

### ◀ 기피(忌避)-회피(回避)

| 기피(忌避) | 꺼리거나 싫어하여 피하다. | 적극적 |
|---|---|---|
| 회피(回避) | ① 몸을 숨기고 만나지 아니하다.<br>② 꾀를 부려 마땅히 져야 할 책임을 지지 아니하다. | 소극적 |

인간은 존재 이유를 스스로 묻고 해답을 찾는 동물이다. 사회 활동 속에 주관적인 생각은 매우 중요한 판단과 행위의 근거이다. 무엇인가 행하기 싫어하는 태도를 기피(忌避)와 회피(回避)라고 한다. '기피'는 경험 근거에 따라 그 대상이나 일을 모면하는 경우에 쓰이며, '회피'는 정면으로 부딪치기 싫어서 그 대상이나 일을 모면하는 경우에 쓰인다. 즉 적극적인 방어로서의 태도를 '기피'라고 하며, 소극적인 방어로서의 태도를 '회피'라고 한다. 비슷한 뜻의 '제척(除斥)'은 법률에서 정한 특수한 관계가 있는 법관과 법원 사무관을 그 업무에서 배제하는 법률적 용어이다.

(A) 사법 농단에 가담했던 판사라서 기피 신청했다.

(B) 정치인은 책임을 회피하는 듯한 발언에 유의해야 한다.

예문(A)에서 '기피'는 공평한 재판이 기대하기 어려울 때 그 판사의 판결을 피한 것이다. 법률 용어이므로 '회피'로 교체할 수 없다. 예문(B)에서 '회피'는 책임지지 않겠다고 피하는 것이다. '기피'는 적극적인 자기방어로써 사용되며, '회피'는 소극적인 자기변명이다.

피(避)는 '피하다'라는 뜻을 가진 글자이다. 소전[避]에 처음 보이며,

본래 형태는 '辟'(피)에서 비롯되었다. '避'(피)의 구성을 보면, 길을 가다[辶]와 피하다[辟]를 결합한 형성문자이다. 본래 '돌아가다'라는 뜻이며, 지름길로 가지 않고 돌아가는 장면을 형상화한 글자이다. 《설문해자》에서 '맴돌다'라고 풀이했다.[59] '피하다'의 '辟'(피)의 갑골[]과 금문[]을 보면, 명령을 내리는 사람[]과 형벌[]이 결합한 모양이다. 고대 구체적인 형사법이 완비되지 않았고, 죄와 벌은 지배자 군주와 관청에서 전담했다. 사람들은 범행의 의심을 받지 않고 형벌을 받지 않기 위해 관청으로 끌려가는 일에 대해 '피하는' 심리를 지녔다. 이 글자는 앞부분[]을 강조하여 '군주'의 뜻으로 '벽'이라 발음한다. 뒷부분[]은 주로 몸이나 얼굴에 문신을 새겼기 때문에 '괴롭다, 맵다'의 뜻으로 '신'이라 발음한다. '辟'(피)는 피지배계층 노예나 죄수를 처벌하는 곳이다. 그런 곳은 일반 백성들이 피하거나 조심할 수밖에 없다. 조선 시대 종로 궁궐 근처에는 관료들이 말을 타고 다니는 대로가 있었는데, 서민들은 머리 조아리고 엎드림이 번거로워서 주로 골목길을 다녔다고 한다. 그 골목길에는 유명한 주막과 음식점이 생겨났고 '피맛골[避馬골]'이라 불렀다. '辟'[임금의 거처]에 길을 가다[辶]를 추가했고, '避'에 '피하는' 뜻을 명확하게 했다. '피하다' 이외에 '숨기다, 감추다, 벗어나다, 회피하다, 떠나다, 물러나다, 꺼리다' 따위의 뜻이 파생되었다.

기(忌)는 '꺼리다, 싫어하다'라는 뜻을 가진 글자이다. 금문[[]]의 구성을 보면, 묶다/매다[己]와 마음[心]을 결합한 형성문자이다. 《설문해자》에서 '싫어하다'라고 풀이했다.[60] 기(己)는 새끼줄에 일정한 매듭을 묶거나 표시하여 어떤 일이나 일정에 대한 기억의 보조 역할로 삼았다. 그

59) 避, 回也. 從辵, 辟聲.
60) 忌, 憎惡也. 從心, 己聲.

쓰임 중 '자기(自已)'는 타인에 대한 반의어이며 스스로 정체성을 가진 존재임을 가리키는 단어이다. 일종의 개성(個性)과 아집(我執)을 내포하는 주체적인 존재를 의미한다고 볼 수 있다. '己'(기)에 마음[心]을 덧붙여, 마음에 맺힌 한을 형상화했다. 가령 잊을 수 없는 일을 당하게 되면, 의도적으로 마음속에 오래도록 묻어두고 기억하게 된다. 또 주기적으로 발생하는 불행한 일을 기억하고 싶을 때 메모하듯이 어떤 표식을 남겨둔다. 이러한 한스러운 마음[忌]을 형상화한 글자인 '忌'(기)가 유래한 것이다. '꺼리다, 싫어하다' 이외에 '삼가다, 질투하다, 시기하다, 미워하다, 원망하다, 경계하다, 공경하다, 생각(뜻)' 따위의 뜻이 파생되었다. 기피(忌避)는 꺼리거나 싫어하여 피하는 적극적인 행동 방식이다.

회(回)는 '돌다, 돌아오다'라는 뜻을 가진 글자이다. 갑골[回]과 금문[回]을 보면, 회오리바람처럼 뱅뱅 맴도는 것을 본뜬 상형문자이다. 《설문해자》에서 '회전하다'라고 풀이했다.61) 돌고 돌아 제자리로 돌아오는 현상을 형상화한 글자이다. 같은 뜻을 가진 '廻'(회:迴)는 소용돌이 물결이나 회오리바람처럼 그 움직임을 강조한 글자이다. 어떤 대상이나 본질에 직면하지 않고 에둘러 주변을 돌아가는 태도이다. 중국의 회족(回族)은 유목민족으로서 자연환경을 찾아 고향을 떠나 여러 지역을 떠돌다가 다시 고향 땅으로 되돌아오는 풍습이 있었기 때문에 붙여진 민족 명칭이다. '돌다, 돌아오다' 이외에 '돌이키다, 피하다, 어기다, 굽히다, 간사하다, 횟수' 따위 뜻이 파생되었다. 회피(回避)는 이런저런 핑계를 대며 책임과 의무를 다하지 않은 소극적인 대응방식이다.

61) 回, 轉也. 從口, 中象回轉之形. 回, 古文.

◇ 그 후보는 허위사실을 유포하여 당선되었고 병역의무를 **기피(忌避)**한 의심도 받고 있다.

◇ 정부 측의 만성적인 진료비 체불로 인해 병원 단체들의 의료 보험 **기피(忌避)** 현상이 발생하고 있다.

◇ 그는 범죄사실이 담긴 핸드폰의 비번 공개를 **기피(忌避)**하여 결국 무혐의 처분을 받았다.

◇ 국민의 의혹에 대해 답변을 **회피(回避)**하지만 말고 실제적인 해결책을 제시해 주시기 바랍니다.

◇ 책임을 **회피(回避)**하려는 것은 아니라고 하지만 그의 미온적 태도는 현재로서는 방관자와 다름없다.

◇ 중국 국가통계국에 따르면 출생신고를 **회피(回避)**한 인구수가 1천 160만 명으로 집계됐다.

### ◀ 기호(記號)-부호(符號)

| 기호(記號) | 어떠한 뜻을 나타내기 위하여 쓰이는 부호, 문자, 표기 따위를 통틀어 이르는 말 | 약속 |
|---|---|---|
| 부호(符號) | 일정한 뜻을 나타내는 기호 ※ 기호 〉 부호 | 그림 |

일정한 뜻을 대신하는 문자나 문양을 기호(記號)와 부호(符號)라고 한다. '기호'는 그 뜻을 대체하는 문자와 표기뿐 아니라 '부호'까지 포함한다. 다만 '부호'는 그림 형태를 띠며 무늬나 문양을 일컫는다. 도로표지판의 경우는 '부호'이지만 '기호'라고 해도 무방하다. 문장부호 '!·?·……·《·〈·[' 등등, 날씨부호 '☀·☂·☁·☃' 등등 관습적으로 '부호'라고 하고, 음표 '♪·♩·𝄞·𝄢·𝄇' 등등, 수학 연산자 '$\Sigma$·∈·∩·√' 등등 일정한 뜻을 함축적으로 대체한 경우를 '기호'라고 한다. 엄격하게

구분하자면, '기호'는 문맥을 수반하는 문자·표시·부호 등을 말하고, 그 가운데 단순히 개념이나 행위를 대신하는 무늬나 문양을 '부호'라고 구분한다. '기호'는 상위개념이고, '부호'는 하위개념이다.

기(記)는 '그려내다, 기록하다'의 뜻을 가진 글자이다. '기술-서술' 부분에서 설명한 바 있다.

호(號)는 '부르다'라는 뜻을 가진 글자이다. 전국시대에 처음 사용되었으며, 고문자[號]의 형태로 보아 호랑이 흉내를 내는 소리를 형상화한 형성문자이다. 앞부분[号]은 동물의 뿔이나 대롱을 본뜬 관악기 종류이다. '숨을 내쉬다'의 '丂'(교)는 뿔이나 악기의 꺾어진 형태를 형상화했다. 뒷부분 '虎'(호)는 발음의 역할과 함께 우렁찬 큰소리를 나타냈다. 소전[號]에 대해서 《설문해자》에서는 '부르짖다'라고 풀이했다.[62] '큰 소리로 부르다'라는 뜻을 가진 글자가 되었다. 멀리 있거나 알림을 전달할 경우, 사람의 이름이나 의성어로써 어떤 대상을 부르게 된다. '부르다' 이외에 '이름, 별칭, 차례, 번호, 명령, 고하다, 일컫다, (동물이) 울다, (바람이) 세차게 불다, 통곡하다' 따위의 뜻이 파생되었다. 기호(記號)는 어떤 대상이나 현상에 대해 가장 축약된 문자·표시·부호 따위로 그 뜻을 대체하는 것이다.

부(符)는 '증표, 부적'의 뜻을 가진 글자이다. 금문[符]을 보면, 대나무[竹]와 전달해 주다[付]를 결합한 형성문자이다. 소전[符]에 대해서 《설문해자》에서는 '믿다'라고 풀이하면서, 18센티가량의 대나무 신표(信標)를 예로 들었다.[63] '증표, 부적' 이외에 '부호, 예언서, 도장(圖章), 부절(符節), 조짐, 규율, 껍질, 명령하다, 들어맞다' 따위의 뜻이 파생되었다.

62) 號, 嘑也. 從号, 從虎.
63) 符, 信也. 漢制以竹長六寸, 分而相合. 從竹, 付聲.

'전달해 주다'라는 '付'(부)의 금문[]를 보면, 뒷사람이 앞에 가는 사람에 무엇을 전달하거나 손목에 진맥하는 모양새를 본뜬 글자이다. '符'(부)는 한대(漢代)에 임금이나 상급기관의 비밀스러운 명령은 이러한 부적(符籍)을 사용했다. 예를 들어 부역이나 병력이동 등 국가의 중대한 일에 대한 메시지 전달할 때, 여러 문자 또는 그림 문양을 그린 대나무를 반으로 쪼개어 교신의 신표(信標)로 사용했다. 여기에 사용된 표식을 부호(符號)라고 불렀고, 암행어사의 마패(馬牌)처럼 주로 그림의 형태도 이용했다.

◇ 따옴표는 인용이나 특별한 어구임을 나타내는 **기호(記號)**이다.

◇ 수학에서 양수 표시는 '+' **기호(記號)**를 생략해도 되지만 음수 표시는 반드시 '-' **기호(記號)**를 숫자 앞에 붙여야 한다.

◇ 국회 의석수가 가장 많은 ○○당 후보가 1번, 다음 ○○당 후보가 2번, ○○당 후보가 3번 **기호(記號)**를 부여받았다.

◇ 시민들은 새롭게 제기된 의혹에 대해 의문 **부호(符號)**를 달고 그 해답을 요구하고 있다.

◇ 전신은 보낼 내용을 몇 개의 약정된 **부호(符號)**로 바꾸어 다른 지역에 전달하는 것이다.

◇ 과거 군 복무 시절 모스(Morse) **부호(符號)**를 해독했던 기억을 되살려 잠금장치의 비밀번호를 풀었다.

## ◀ 기획(企劃)-계획(計劃)

| 기획(企劃) | 일을 꾀하여 계획하다. | 창의적 |
|---|---|---|
| 계획(計劃) | 앞으로 할 일의 절차, 방법, 규모 따위를 미리 헤아려 작정하다. ※ 계획 〉 기획 | 실천적 |

기획(企劃)과 계획(計劃)은 앞으로 이루어 나갈 일을 표현하는 단어이다. '기획'은 아직 확정되지 않은 일을 만들어나가는 것이고, '계획'은 확정된 일을 앞으로 실천하는 것을 가리킨다. '기획'은 어떤 목표를 설정하고 창의적인 고안을 추구하며 완성하는 과정이다. '계획'은 일정표나 확정된 절차에 따라 미리 계산해보고 꾸려나가는 과정이다.

(A) 시골 아이들의 작품 전시회를 <u>기획</u>하고 있다.

(B) 사업 <u>계획</u>을 갑자기 변경하기로 했다.

예문(A)에서 '기획'은 향후 추진할 예정이다. '계획'으로 바꾸면 이미 예정되어 있음을 말한다. 예문(B)에서 '계획'은 이미 결정된 일이며, 그 일을 변경하겠다는 표현이다. '기획'으로 바꾸면 미정의 사업이 되며, 사업의 방향을 변경한다는 표현이 된다. 넓은 의미에서 보면, '기획'은 '계획'의 일부에 속하지만, 만약 전례가 없는 사업 구상이나 큰 규모의 업무는 '기획'이라 일컫는다.

기(企)는 '꾀하다, 발돋움하다'라는 뜻을 가진 글자이다. 글자의 구성은 사람[人]과 발[止]을 결합한 회의문자이다. 갑골[[illegible]]과 금문[[illegible]]을 보면, 멀리뛰기를 하려는 자세를 취한 사람의 옆모습을 본뜬 모양이다. 발을 치켜세운 것을 강조한 것을 미루어 보아 먼 곳을 향해서 발돋움하기 위함이다. 소전[[illegible]]에 대해서 《설문해자》에서 '발꿈치를 들다'라 풀이하면서 고문자 '[illegible]'를 소개했다.64) '企'(기)의 본래 의미를 멀리뛰기 또는 발돋움의 동작으로 인식한 것이다. 이후 '기대하다, 도모하다, 계획하다, 시도하다' 등 무엇인가 목표를 세우고 시도하는 의미가 내포되어 있다.

획(劃)은 '그리다, 긋다'라는 뜻을 가진 글자이다. 글자의 구성을 보면, 그리다[畵]와 칼[刂]이 결합한 회의문자이다. 그러나 고문자[]를 보면 칼[刀]의 모양을 본뜬 것이 아니라 허리를 굽힌 사람을 형상화했다. 소전[]에서 칼[刀]의 형태로 변한 것으로 미루어 보아 전국시대 말기에 자형을 바꾼 것이다. 《설문해자》에서 '작은 칼로 그리다'라고 풀이하면서 형성문자라고 했다.[65] 후한(後漢) 채륜(蔡倫)의 종이가 개발되었으나, 죽간(竹簡)에 칼로 글을 기록하는 관습을 반영한 글자이다. '그리다'라는 '畵'(화=)는 칼 붓[聿]과 땅[田]과 구역[一]을 결합한 회의문자이다. 갑골[]과 금문[]을 보면, 바닥에 문양을 표시하는 장면을 형상화한 것이다. '畵'(화)는 '그림, 긋다, 구분하다'라는 뜻이 파생되었다. 따라서 '劃'(획)은 본래 땅의 경계를 그리거나 대상을 선으로 문양을 그리는 장면을 형상화한 글자이다. '그리다, 긋다' 이외에 '꾀하다, 구획하다, 쪼개다, 나누다, 구별하다, 개벽하다, 갑자기, 문득' 따위의 뜻이 파생되었다. 기획(企劃)은 어떠한 형태로 창의적인 생각을 고안하거나 일을 만들어 내는 계략을 뜻하는 단어이다.

계(計)는 '세다, 계산하다'라는 뜻을 가진 글자이다. 전국시대[]에 처음 보이며, 소전[]의 구성을 보면, 말하다[言]와 10[十]을 결합한 회의문자이다. 《설문해자》에서 '산가지로 계산하다'라고 풀이했다.[66] 이것은 10개씩 묶음씩 수를 헤아리는 10진법을 형상화한 글자이다. 일설에는 '十'(십)은 묶음 숫자가 아니고 긴 자의 눈금 표시라고 주장하는 견해도

---

64) 企, 擧踵也. 從人, 止聲. , 古文企, 從足.
65) 劃, 錐刀畫曰劃. 從刀, 從畫, 畫亦聲.
66) 計, 會也. 筭也. 從言, 從十.

있다. 어떤 물체의 수를 말로 세는 행위에서 '셈하다, 헤아리다'라는 뜻이 생겨났다. '세다, 계산하다' 이외에 '헤아리다, 꾀하다, 계획하다, 결산하다, 예측하다, 살피다, 고찰하다, (성적을) 매기다, 회계, 산수, 장부, 실림살이' 따위의 뜻이 파생되었다. 계획(計劃)은 일정한 목표를 세우고 하나하나 실천해 가는 것이다.

◇ 이번 전시회 **기획(企劃)**은 학생들의 의견이 많이 반영되었다.

◇ 저희 극단에서는 지금껏 보지 못했던 획기적인 연극을 **기획(企劃)**하고 있습니다.

◇ 언론 세무 사찰 및 공정위 조사는 철저한 **기획(企劃)** 하에 진행되었고 일종의 언론 길들이기 정치공작이다.

◇ 여름방학 중에 몸소 체험할 수 있는 박물관 견학, 탁본, 현장 답사 등을 해 볼 **계획(計劃)**이다.

◇ 러시아는 동유럽 전역을 정치적·경제적 지배하에 두려는 **계획(計劃)**을 노골적으로 드러냈다.

◇ 국방부는 국민의 반대에도 불구하고 우리나라와 일본이 참여하는 육해공군의 합동군사훈련을 **계획(計劃)**하고 있다.

# ㄴ

## ◀ 내용(內容)-내역(內譯)

| | | |
|---|---|---|
| 내용(內容) | ① 그릇이나 포장 따위의 안에 든 것<br>② 사물의 속내를 이루는 것<br>③ 말, 글, 그림, 연출 따위의 모든 표현 매체 속에 들어 있는 것<br>④ 어떤 일의 내막 | 내부 |
| 내역(內譯) | 물품이나 금액 따위의 내용 | 항목 |

모든 사물은 겉과 속을 가지고 있는데, 속에 해당하는 단어가 내용(內容)과 내역(內譯)이다. 물론 국립국어원에서는 '내역'을 '명세(明細)'로 바꿔 쓰기를 권하지만 이미 '내역'이 보편적으로 통용되고 있어서 쉽지 않다. 외부로 드러난 형태나 포장만으로 '내용'을 알 수 없다. '내용'은 그 안에 들어있는 것을 일컫는다. '내역'은 안에 포함된 항목별 액수를 말한다.

(A) 노조는 합의 내용에 대해 찬성과 반대 의견이 엇갈렸다.

(B) 잔액이 의심스러워 지출 내역을 확인했다.

예문(A)에서 '내용'은 합의한 사항의 성격이다. 물품이나 금액이 아니므로 '내역'으로 바꿀 수 없다. 예문(B)에서 '내역'은 지출된 항목에 대한 금액이다. '내용'으로 바꾸어도 무방하다. '내용'은 외부에 대한 반의어인 내부에 포함된 모든 것이며, 사건의 내막을 지칭할 때도 있다. '내역'은 낱개의 구체적인 항목이고, 주로 물품(物品)의 숫자와 금액(金額) 따위를 적는다.

내(內)는 '안, 속'의 뜻을 가진 글자이다. 갑골[內]을 보면, 건물 구조에서 마룻보를 받치는 대공과 비스듬한 서까래를 형상화한 모양이다. 즉 건물을 받치는 내부 구조를 표현한 것이다. 금문[內]에는 건물 내부에 사람이 들어간 모양이다. 소전[內]을 보면, 지붕과 내부 구조물을 그린 것이다. 사람이 생활하는 구조물의 내부를 본뜬 글자이므로 그 안으로 들어가는 것임을 알 수 있다. 또는 어떤 범위 안에 놓이게 된 상황을 표현한 것이다.

용(容)은 '담다, 용량'이라는 뜻을 가진 글자이다. 갓을 쓴 얼굴의 모습과 비슷하여 '얼굴'이란 뜻도 가지고 있다. 갑골[ ]을 보면, 건물의 구조[ ] 안에 옹기[ ]를 추가한 회의문자이다. 건물 안에 물건을 '보관하는 곳'이란 뜻이다. 금문[ : ]의 자형은 두 종류가 있는데, 건축 구조[ ]와 얼굴 모양[ ]이다. 현재의 자형 '容'(용)은 전국시대의 고문자[ ]와 소전[ ]의 형태에서 비롯되었고, '용량'과 '용모'의 뜻으로 활용되었다. 《설문해자》에서 '담다'라고 풀이했고,67) '보관하다, 담아내다'의 뜻으로 설명했다. 일설에는 '얼굴, 맵시'의 뜻으로 가차된 글자라고 주장하지만, 주대(周代)의 금문[ ]에서부터 통용되던 의미이다. '담다' 이외에 '몸가짐, 속내, 나부끼다, 받아들이다, 용서하다, 치장하다, 느긋하다, 권하다, 손쉽다, 쉽다' 따위의 뜻으로 파생되었다. 내용(內容)은 그릇이나 포장된 물건의 안에 든 것이다. 또는 사물의 속내, 어떤 일의 내막을 가리키기도 한다. 그리고 말이나 글로 표현된 소재에 내재하는 것이다.

역(譯)은 '풀이하다'라는 뜻을 가진 글자이다. 《설문해자》에서는 '통역관'이라 풀이했다.68) 전국시대[ ]에 처음 보이며, 소전[ ]의 구성에 대해 두 가지 견해가 있다. 첫째, 보고하다[言]과 엿보다[睪]를 결합한 형성문자이다. 둘째 말하다[言]와 눈[目]과 다행스럽다[幸]를 결합한 회의문자이다. 첫째 구성의 의미는 '번역/통역하다'인데, 죄수를 감시하고 보고하는 간수의 역할을 강조한 것이다. 둘째 구성의 의미는 '살피다'인데,

---

67) 容, 盛也. 從宀, 從谷. 㝐, 古文容. 從公. 臣鉉等曰: 屋與谷皆所以盛受也.
68) 譯, 傳譯四夷之言者. 從言, 睪聲.

눈짓과 손짓을 사용하여 말하고자 하는 생각을 알아차린다는 의미를 지니고 있다. 낯선 지역에서 온 사람의 말이 통하지 않아서 그 사람의 어투와 행동을 잘 살펴보고 판단한다. ‘幸’(행)의 갑골[]과 금문[]을 보면, 수갑을 한 죄수의 팔을 본뜬 모양이다. 죄를 지었으나 죽음의 형벌을 모면하고 목숨을 구하게 되어 ‘다행스럽다’라는 뜻을 나타낸다. ‘睪’(역)의 금문[]으로 미루어 보아 ‘살피다’라는 의미에 가깝다. 말이 통하지 않는 사람끼리 눈짓과 손짓으로 소통하는 모습을 형상화한 것이다. ‘譯’은 ‘풀이하다’이므로 내역(內譯)은 항목별로 숫자와 액수를 표기하여 품명의 내용을 자세하게 밝힌 명세서이다. 즉 영수증이나 명세표에 표기된 품명과 금액이 ‘내역’의 항목이다.

◇ 보고서의 **내용(內容)**은 정확한 이해를 바탕으로 현대 사회의 문제점을 지적했다.

◇ 선거관리위원회에서 건전한 투표 의식을 강조하는 **내용(內容)**을 담은 유인물을 제작하여 배포했다.

◇ BTS는 가사 **내용(內容)**의 선한 영향력과 리듬감 있는 춤을 선보이며 세계 젊은 아미를 열광시켰다.

◇ 총학생회는 이번 대동제를 준비하면서 소요된 경비 명세서를 정리하여 지출 **내역(內譯)**을 공개했다.

◇ 그 영화에서 주인공은 통화 **내역(內譯)**이 감청될 수 있다고 공중전화를 이용하여 연락했다.

◇ 모바일 이용료는 데이터 사용량에 따라 부과되는데 부가서비스 이용 **내역(內譯)**에 따라 별도의 요금을 부과하기도 한다.

### ◀ 누설(漏泄)-유출(流出)

| | | |
|---|---|---|
| 누설(漏泄) | ① 기체나 액체 따위가 밖으로 새어 나가다.<br>② 비밀이 새어 나가다. = 누출(漏出) | 실수 |
| 유출(流出) | ① 밖으로 흘러 나가거나 흘려 내보내다.<br>② 귀중한 물품이나 정보 따위가 불법적으로 나라나 조직의 밖으로 나가 버리다. | 불법 |

내부에서 외부로 알려지거나 흘리는 일을 누설(漏泄)과 유출(流出)이라고 한다. 조직이나 기관에서 내부 정보는 매우 중요한 관리대상이며, 내용에 따라서 대외비 등급을 부여하여 철저하게 처리하기도 한다. 보관용기에서 기체나 액체가 새어 나가게 된다면 폐기 처분한다. '누설'과 '유출'은 사전적 의미에서 구별하는 개념을 가지고 있다. '누설'은 내부의 결함 또는 무의식적으로 원치 않게 외부로 새어 나가는 것이고, '유출'은 외부에서 고의적인 목적을 가지고 외부로 빠져나가는 것이다.

(A) 진료 기록이 대량으로 누설되어 인격권 침해가 우려된다.

(B) 국가고시의 문제 유출은 중죄에 해당한다.

예문(A)에서 '누설'은 진료 정보를 관리하는 체계의 허점에 의한 것이다. '유출'로 바꾸면 고의성으로 인해 불법 행위이다. 예문(B)에서 '유출'은 불법적인 방법으로 시험문제를 외부로 빼돌렸다는 뜻이다. '누설'과 교체할 수 없다. 화용론 측면에서 '누설'에 /-하다/어미를 사용하면 고의성이 내포된다. 이런 경우 '유출'과 동의어가 되며 혼용해도 무방하다. '누설'에 /-되다/어미를 사용하는 것이 바람직하다. '누설'은 실수 또는 결함에 의해 외부로 새어 나가는 것이다. '유출'은 고의성이 있고 불법적이거나 규정을 위반한 뜻이 내포되어 있다.

루(漏)는 '새다'라는 뜻을 가진 글자이다. 소전[屚:漏]에 처음 보이며,

본래 '屚'(루)를 사용하다가 나중에 '氵'(삼수변)이 덧붙었다. 자형의 구성을 보면, 물[氵]과 지붕[尸]과 비[雨] 등을 결합한 형성문자이다. 《설문해자》에서 '대야에 물을 받다'라고 풀이했는데, 단옥재(段玉裁)는 물시계를 의미한다고 설명했다.[69] 고대 물시계[漏水器]의 측량 방식을 생각하면, 일정한 시간에 새어 나온 분량을 기준으로 시간을 쟀음을 알 수 있다. 일반적으로 '漏'(루)는 지붕에서 비가 새는 것을 표현한 것이다. 틈으로 새는 빗물의 정도는 매우 적은 양일 것이다. '새다' 이외에 '틈이 나다, 구멍, 빠뜨리다' 따위의 뜻이 파생되었다.

설(泄)은 '새어 나가다'라는 뜻을 가진 글자이다. 소전[泄]에 처음 보이며, 물[氵]과 오랜 세월[世]를 결합한 회의문자이다. 본래 오랫동안 물이 고이다가 넘쳐서 밖으로 흐른다는 뜻을 형상화한 것이다. 《설문해자》에서 '물을 흘려 보내다'라고 풀이했고, 단옥재(段玉裁)는 구강(九江)의 흐름을 예로 삼았다.[70] '泄'(설=洩)은 대체로 고체상태에서 액체로 변하거나 오랜 시간이 지난 후 분산되어 새어 나가는 현상을 말한다. '泄'(설)은 현대 한국어에서 '누설' 이외에 '배설(排泄), 설사(泄瀉)' 등에 사용되며, 한방 의학에서 소화불량이나 위궤양 따위의 몸의 다양한 증세를 표현하는 용어로 사용된다. 뒷부분의 '世'의 금문[世]과 소전[世]을 보면, 새싹이 돋아난 잎을 형상화하여 '세월의 흐름'을 비유적으로 표현한 것이다. '세상(世上)'의 뜻에도 사람들이 태어나고 죽는 오랜 시간이 내포되어 있다. '泄'(설)은 천천히 묵거나 용해되면서 틈새로 새어 나가는 현상을 일컫는다. 누설(漏泄)은 주로 기체나 액체 형태가 외부로 새어 나가는 것을 말한다. 그리고 비밀과 밀약 따위의 은밀한 정보가 외부로

---

69) 漏, 以銅受水, 各節, 晝夜百節. 從水, 從漏, 取屚下之義, 屚亦聲.
70) 泄, 泄水. 受九江博安洵波, 北入氐. 從水, 世聲. (九江은 강서성 장강의 지류이며, 파양호(鄱陽湖) 및 공강(贛江)과 만나는 곳의 서쪽으로 흐른다.)

빠져나간다는 뜻도 있다.

유(流)는 '흐르다'의 뜻을 가진 글자이다. 금문[ ]과 소전[ ]을 보면, 강물[氵]과 떠내려가다[㐬]를 결합한 모양이다. 《설문해자》에서 '물이 흘러가다'라고 풀이했다.[71] 대전[ ]에서는 강물[沝]을 강조하여 물줄기 한가운데 떠내려가는 아이를 형상화했다. '떠내려가다'라는 '㐬'(류)의 구성에서, 윗부분[𠫓]은 아이[子]를 거꾸로 표현한 모양이며, 아랫부분[巛]은 하류로 흐르는 물줄기를 본뜬 모양이다. 즉 아이가 물줄기를 따라 떠내려가는 것을 형상화했다. 윗부분[𠫓]은 '기르다'의 '育'(육)과 '가득차다'의 '充'(충)에서도 '어린아이'의 뜻이 내포되어 있다. '流'에는 '흐르다' 이외에 '떠돌다, 방랑하다, 퍼지다' 따위의 뜻이 파생되었다. 물의 유속(流速)이 몸을 움직일 수 있는 정도면 유(流)를 사용하고, 감당하기 어려울 정도로 세찰 경우 곤(滾)을 사용했다.

출(出)은 '나가다, 떠나다, 시작하다'의 뜻을 가진 글자이다. 갑골[ ]·금문[ ]·소전[ ] 등을 보면, 움집이나 토굴의 입구[凵]로부터 발[止]이 밖으로 향하는 모양이다. 현재의 자형은 예서[出]에서 비롯되었다. 유출(流出)은 '외부로 흘리다'라는 뜻으로 의도적으로 빼돌리거나 불법적인 방법으로 외부로 빼낸 물품·정보·기술 따위를 말한다. 정보 유출(流出)은 일정한 목적을 가진 범죄 행위에 해당하지만, 정보 누출(漏出)은 속임수나 실수를 수반하며 이루어진 현상에 사용하므로, 두 단어의 의미를 고려하여 사용하는 것이 바람직하다.

---

71) 流, 水行也. 從沝, 㐬聲. 㐬, 突忽也. [ ], 篆文從水.

◇ 회사의 비밀이 **누설(漏泄)**되지 않도록 신경을 써야 한다.

◇ 산업단지가 밀집한 지역에서 하천으로 **누설(漏泄)**된 폐수가 오염의 주원인이었다.

◇ 정보 공개의 권한을 위임받지 않은 사람이 적법 절차를 밟지 않고 감사 정보를 **누설(漏泄)**했다는 죄목이 적용되었다.

◇ 신제품 개발 과정에서 특허 기술의 외부 **유출(流出)**을 막기 위하여 대책 마련해야 한다.

◇ 유조선 침몰로 **유출(流出)**된 기름이 남해안 어장을 오염시키는 사고를 일으켜 어민들을 시름에 잠기게 했다.

◇ 낯선 보험상담사와 처음 통화할 때는 항상 개인정보가 **유출(流出)**되지 않도록 유의할 필요가 있다.

# ㄷ

### ◀ 단어(單語)-어휘(語彙)

| 단어(單語) | 분리하여 자립적으로 쓸 수 있는 말 | 독립적 |
|---|---|---|
| 어휘(語彙) | ① 어떤 일정한 범위 안에서 쓰이는 단어의 수효<br>② [언어] 어떤 종류의 말을 간단한 설명을 붙여 순서대로 모아 적어 놓은 글 | 집합적 |

말이나 글에는 문법과 의미를 전달하는 형태소로 이루어진다. 즉 하나의 문장이나 한마디 말에는 여러 '단어(單語)'와 '어휘(語彙)'로 구성된다. '단어'는 문법적 기능을 가진 최소 단위이며 독립적 성격을 가진 형태소이다. '어휘'는 의미를 내포하는 말뭉치로서 구체적인 대상의 동작이나 상태를 표시하는 형태소이다. '단어'는 문법적 분류이고, '어휘'는 표현에 의한 말뭉치이다. 한글은 교착어로서 주격·목적격 따위의 조사를 '단어'로 분류한다. 그리고 다른 말에 기대어 쓰이는 의존명사 /것·바·데·뿐·자·따름/ 등 자립성 없이 문법적 기능만 가진 '단어'도 있다. 반면 한자는 고립어로서 하나의 형태소마다 하나의 뜻을 갖는 '단어'로서 문법과 의미를 동시에 지니는 언어이다. 본래 하나의 글자마다 하나의 발음이 있는 한자는 '단어'에 해당하는 단음절의 특징을 가지고 있다. 한국에서 사용하는 한자어들은 두 개 이상의 한자를 합쳐서 '어휘'에 해당하는 표현을 나타내는 다음절로 변모했다.

(A) 채팅창에 이해하기 어려운 단어들이 너무 많다.

(B) 시적인 어휘를 좋아한다면 감성적인 사람이다.

예문(A)에서 '단어'는 하나하나의 낱말이다. '어휘'로 교체하면 일정한 의미를 담고 있는 표현을 말한다. 예문(B)에서 '어휘'는 '단어'의 결합으로 이루어진 표현이다. '단어'로 교체하면 문법적인 기능에 초점을 둔 낱말을 말한다.

단(單)은 '홑, 혼자'라는 뜻을 가진 글자이다. 갑골[ : : ]을 보면 고대 'Y'자형 1인용 집게 모양의 무기를 본뜬 상형문자이다. 갑골문의 세 가지 형태는 방패나 갑옷의 모양이 추가되면서 차이가 있음을 알 수 있다. 금문[ ]의 형태를 보면, 손잡이를 추가한 현재의 자형[單]임을 알 수 있다. 이 글자는 개인용 무기를 형상화한 것이고, 각기 개인마다 소지하는 개별성을 강조하여 '혼자, 홑' 이외에 '하나, 오직, 다만, 단순함, 외로움' 따위의 뜻으로 파생되었다. 단(單)의 반의어는 '겹치다, 중복하다, 반복하다'의 복(複)이다. 단수(單數)와 복수(複數), 단순(單純)과 복잡(複雜), 단일(單一)과 복합(複合) 등등 상반된 낱말들이 있다.

어(語)는 '말하다, 말씀'의 뜻을 가진 글자이다. 고문자[ ]와 금문[ ]을 보면, 많은 말을 주고받는 장면을 형상화한 회의문자이다. 뒷부분[ : ]은 여러 사람이 대화를 나누는 모습이고, 말이 통하는 집단에 소속된 '나, 우리'의 뜻으로 가차했다. 한자에는 '말하다'라는 뜻을 가진 글자는 매우 많은데, 상황에 따라 구별해서 사용해야 한다. 언(言)은 말하는 얼굴을 본뜬 것으로 '질문하는 말'의 뜻을 내포하고 있다. 어(語)는 다른 사람과 대화를 나눈 것이므로 '대답하는 말'의 뜻을 내포하고 있다. 언어(言語)는 본래 '말을 주고받는' 행위를 의미한다. 위(謂)는 상대방에게 말을 '전달하다'라는 뜻이고, 설(說)은 주장이나 견해를 '설명하다'라는 뜻이다. 화(話)는 지역마다 특유의 '말투'를 지니고 있음을 나타낸 글자이다. 담(談)은 일정한 주제를 갖고 '이야기하다'라는 뜻이다. 단어(單語)는 전체 말 가운데 '한마디'를 뜻하며, '낱말'로 풀이할 수 있다.

휘(彙)는 '모으다, 무리, 종류'라는 뜻을 가진 글자이다. 소전[ ]에 처음 보이며, 머리[彑]과 움집[宀]과 번식[ ]을 결합한 형성문자이다. 《설문해자》에서 '모여 사는 동물'이라 풀이했고, 고슴도치보다 작은 동물을 예시했다.72) 본래 덩치가 작은 동물들이 집단생활을 하며 '끼리끼리 번식하다'라는 뜻이었다. 이와 유사한 한자에는 '부지런하다, 뭉치다'의 뜻을 유추할 수 있는 다양한 고문자들이 존재했다. 무리를 짓는 형태를 본뜬 고문자[[illegible]:[illegible]], 모여들고 있는 형태의 고문자[[illegible]:[illegible]], 두더지나 고슴도치를 연상할 수 있는 고문자[[illegible]] 등이 있다. 휘(彙)는 유사한 종류끼리 분류할 경우 회(會)와 통용되었고, 서로 관련된 항목을 하나의 뭉치로 집합된 경우 회(匯)와 통용되었다. 어휘(語彙)는 하나의 의미를 표현하는 말뭉치인 셈이다. 사전적 개념에서 '일정한 범위 안에서 쓰이는 단어들'이란 말은 '말뭉치'를 풀이한 것이다. 즉 '단어'는 낱말이며, '어휘'는 말뭉치이다. 언어학에서 '어휘'는 간단한 설명을 붙여 순서대로 모아 적어 놓은 글이다.

◇ 요즘 젊은이들은 몇몇 **단어(單語)**를 줄여서 그들만이 통하는 신조어로 소통하는 유행이 있다.

◇ 한국어 중에 '은근하다'를 영어로 번역할 때 어떤 **단어(單語)**를 선택하느냐에 따라 의미가 다르다.

◇ 듣기 평가에서는 **단어(單語)** 수준의 파편적인 듣기이해 능력으로 해결하기 어려운 문항도 많았다.

◇ 현대 국어에서 세대 차이를 느끼게 하는 **어휘(語彙)**들이 기초 학습교재에 반영되는 경향을 띠고 있다.

◇ 훌륭한 작가가 되려면 기본적으로 **어휘(語彙)**를 문맥에 맞추어 섬세하게 구사할 줄 알아야 한다.

◇ 중산층의 좋은 사회적, 가정적 조건을 지닌 경우보다 가족 식사

72) 彙, 彙蟲也. 似豪豬而小. 從希,胃聲. 蝟, 或從虫作.

를 많이 하는 아이들의 **어휘(語彙)** 습득력이 월등하게 나타났다.

◇ 고대부터 한자를 사용하여 우리말에는 한자로 된 **단어(單語)/어휘(語彙)**가 상당히 많은 편이다.

## ◀ 단절(斷絶)-두절(杜絶)

| 단절(斷絶) | ① 유대나 연관 관계를 끊다.<br>② 흐름이 연속되지 아니하다. | 의도 |
|---|---|---|
| 두절(杜絶) | 교통이나 통신 따위가 막히거나 끊어지다. | 상황 |

예전 상황이 변경되어 유지되지 못하는 경우를 단절(斷絶)과 두절(杜絶)이라고 한다. '단절'은 인간관계나 연속상태를 의도적으로 끊는 것이고, '두절'은 교통이나 통신 따위가 장애에 의해 끊긴 것이다. 예를 들어 '연락 두절'은 상대의 의도와 관계없이 둘 사이에 장애 요소가 발생했다는 뜻이다. '연락 단절'은 분명한 이유나 목적으로 인해 둘 사이의 관계를 더 유지할 수 없다는 뜻이다. 한편 '교류 단절'은 양측의 상통관계가 끊겼음을 말하지만, '교류 두절'은 사용하지 않는다.

(A) 정치 체제가 다른 남북관계는 <u>단절</u>된 지 70년이 넘었다.

(B) 폭설로 교통 <u>두절</u>이 되었다.

예문(A)에서 '단절'은 교류가 차단되어 왕래가 없다는 것이다. '두절'로 교체할 수 없다. 예문(B)에서 '두절'은 교통과 통신에 대해서만 사용되는 단어이다. 특히 '두절'은 /-하다/-되다/어미를 사용하지 않는다. /두절하다/두절되다/는 틀린 표현이다.

단(斷)은 '끊다, 자르다'라는 뜻을 가진 글자이다. 소전[]에 처음 보이며, 그 의미는 금문[]과 고문자[]에서 찾을 수 있다. 글자의 구성을 보면, '잇다/이어지다[]'와 '도끼[]'를 결합한 모양이다. 실

타래나 매듭 모양 옆에 칼[刀] 또는 도끼[斤]가 그려진 형태이다. 본래 한자는 고대 결승문자(結繩文字)의 변천 과정에서 출현한 문자였다. 실[絲]은 고대인들의 기억을 보조하는 역할로써 기념일이나 수효를 표식했다. 물론 옷감[綿]이나 질감[紗] 따위를 나타내는 요소로도 활용되었다. 《설문해자》에서 '자르다'라고 풀이했다.73) 소전[[斷] 이전 여러 고문자의 형태로 보아 이어진 실타래를 칼이나 도끼로 나누었기 때문에 '자르다, 끊다'의 뜻이 전승되었다. 이것은 어떤 기준에 부합하지 않거나 쓸모가 없어졌음을 뜻한다. '斷'(단)은 분명한 의도 또는 목적을 갖고 '자르다'라는 뜻이다. 이외에 '나누다, 결단하다, 판결하다, 다스리다, 죽이다, 한결같다, 일으키다, 가파르다, 나뭇조각' 따위의 뜻이 파생되었다.

절(絶) 역시 '끊다, 자르다'라는 뜻을 가진 글자이다. 그 구성을 보면, 실타래[糸]와 칼[刀]과 무릎 꿇다[卩]를 결합한 것이다. 갑골[絶]과 금문[𢇍]에서는 칼의 모양이 뚜렷이 나타나지 않지만, 전국시대를 거치면서 사용된 고문자[絶:絶:絶]에 실타래 옆에 칼[刀]을 덧붙였다. 현재의 자형은 소전[絶]에서 비롯되었고 무릎을 꿇고 있는 모양[卩]이 추가되었다. 《설문해자》에서 '실을 끊다'라고 풀이했다.74) 이것은 우연히 자른 것이 아니라 결정권을 가진 사람의 명령이나 신중한 고민한 후에 결행한 것임을 뜻한다. 이에 '끊다' 이외에 '끝나다, 절묘하다, 뛰어나다, 매우' 따위의 뜻이 파생되었다. 단절(斷絶)은 '어떤 관계나 상황이 연속되지 못하도록 하다'는 의도된 결단이 내포되어 있다. 동음이의(同音異義) '단절(斷切)'은 자르거나 베는 것을 말하며 '절단(切斷)'이라고도 한다.

두(杜)는 '막다, 막히다'의 뜻을 가진 글자이다. 갑골[杜]을 보면, 나무

73) 斷, 裁也. 從斤, 從㡭, 㡭, 古文絶, 從叀. 叀, 古文叀字.
74) 絶, 斷絲也. 從刀, 從糸, 卩聲. 𢇍, 古文絶. 象不連體, 絶二絲.

**에 걸린 바위가 길을 가로막고 있는 회의문자이다. 즉 장애물로 가로막혀서 통행할 수 없거나 상호 간의 왕래가 불가능해진 상황을 본뜬 것이다. 산사태나 지진에 의한 자연재해가 발생하면 지형이 변하고 원활했던 길이 비틀어진다. 금문[木土]과 전국시대 고문자[土木]에서 알 수 있듯이, 가로수 옆에 장애물들이 쌓여 있는 상태를 형상화했다. 현재의 자형[杜]에서 흙[土]은 길 위에 토사나 축적물을 형상화한 것이다. 특히 이 글자는 동식물의 이름[두견杜鵑 · 두충杜沖 · 두란杜蘭]에 가차(假借)되어 활용되었고, 현대 한국어에서는 두절(杜絶) · 두문(杜門) · 두구(杜口) 이외에 그다지 활용되지 않는다. '두절'은 교통이나 통신 따위가 막히거나 끊겼다는 의미이다.**

◇ 코로나19 팬데믹으로 '사회적 거리두기' 규정이 시행되면서 소통 **단절(斷絶)**을 걱정하는 국민이 많아졌다.

◇ 서방 국가들이 잇달아 러시아 외교관을 추방하자, 러시아가 외교관계 **단절(斷絶)**까지 언급하며 경고에 나섰다.

◇ 기존 수급 사업자와는 거래를 **단절(斷絶)**하게 된 것으로 볼 때 위법행위의 부당성이 상당하다고 판단했다.

◇ 핵발전소 사고가 나면 교통 통제가 혼란에 빠질 것이고, 지진과 함께 복합 재난 상황이 닥치면 통신이 **두절(杜絶)**될 수도 있다.

◇ 이 강은 매년 홍수가 빈번하게 발생해 사망자를 냈으며, 교량이 파손돼 교통이 **두절(杜絶)**되기도 했다.

◇ 붕괴사고로 인해 연락이 **두절(杜絶)**된 작업자 6명의 소재를 파악하느라 24시간 수색작업을 하고 있다.

### ◀ 동등(同等)-평등(平等)-대등(對等)

| 동등(同等) | 등급이나 정도가 같다. 또는 그런 등급이나 정도 | 일치 |
|---|---|---|
| 평등(平等) | 권리, 의무, 자격 등이 차별 없이 고르고 한결같다. | 무차별 |
| 대등(對等) | 서로 견주어 높고 낮음이나 낫고 못함이 없이 비슷하다. | 비교 |

어떤 두 가지 대상이 비슷하거나 같은 가치를 지녔을 경우, 동등(同等)·평등(平等)·대등(對等)의 단어를 사용한다. 화용론의 측면에서 이 세 단어는 혼동해서 사용하는데, 근본적인 의미에 있어서 미묘한 차이점을 지니고 있다. '동등'은 여러 대상이 등급이나 수준이 같거나 일치하는 경우를 말한다. '평등'은 권리나 의무에 차별성이 배제된 경우에 사용한다. '대등'은 비교의 대상을 전제하고 서로 견주어 그 결과가 비슷한 경우에 사용한다. 예를 들어 '동등한 권리'는 권한의 범위가 같은 서로의 동질성을 강조한 권리이다. '평등한 권리'는 권한의 범위와 성향에 차이가 없는 권리로서 차별성이 없음을 강조된 표현이다. '대등한 권리'는 부부·남녀·상하 관계 따위의 비교되거나 양립하는 단어에 적용되는 권리로서 비슷한 권한을 강조한 것이다.

동(同)은 '함께 하다, 같이 하다'의 뜻을 가진 글자로서 '공동-공통'에서 설명한 바 있다.

등(等)은 '등급, 무리'의 뜻을 가진 글자이다. 그 구성을 보면 대나무[竹]와 관청[寺]을 결합한 회의문자이다. 전국시대의 고문자[[illegible]:[illegible]:[illegible]]는 현재의 자형[等]과 거의 비슷하다. 그 당시 기록하는 방식은 대부분 죽간(竹簡)과 목독(木牘)을 사용했다. 목각에 의한 서류들은 주로 지역과 나라의 행정관청에서 관리하거나 보관했다. 고문자의 아랫부분[[illegible]]은 머무르다[止]와 규제하다[手]를 결합한 형태이다. 이것은 지역마다 분쟁을 해결하고 통제하는 관원들이 항상 머무르는 공간을 표시한 것이다. 즉 관청(官廳)을 뜻한다. 소전[等] '등(等)'은 본래 목각 서류들을 관청에서 분류하고 관리하는 업무를 가리킨다. 관청에서는 수많은 목각 서류를 제작하여 각각 내용에 따라 '등급'을 나눌 필요성이 있었다. 이에 '등급' 이외에 '모두, 뭉치, 무리, 차례, 견주다, 구별하다' 따위의 뜻이 파생되었다. 동등(同等)은 '같은 등급'의 뜻이므로 상호 구별할 수 없는 수준의 가치를 일컫는다.

평(平)은 '고르다'의 뜻을 가진 글자이다. 현재의 자형[平]은 방패[干]와 분산[八]으로 구성되어 있지만, 방패나 막대 등과 전혀 관련이 없다. 본래 금문[平:平:平]을 보면, 풀피리나 뿔 모양의 호각(號角)에서 새어 나오는 소리의 울림을 표시한 형태이다. 관악기 연주는 '취(吹)'라는 글자가 사용되므로 여기서는 '소리의 울림'을 표시한 것임을 알 수 있다. 설문고문(說文古文)[平]에서 휘어진 대롱에 공기가 새어나가는 형태를 상단과 하단에 표시했다. 아랫부분은 소전[平]에서 숨을 내쉬는 모양[丂]으로 변했다. 한대(漢代)에 통용된 예서[平:平]에서도 소리가 나는 도구의 모양과 수직의 모양이 함께 통용되었다. 현재의 자형은 해서[平]에서 비롯되었다. 평(平)은 '고르다' 이외에 '평평하다, 가지런하다, 평정하다, 이루어지다, 다스리다, 골고루 나누다' 따위의 뜻으로 파생되었다. 평등(平等)은 상호 차별 없이 균등하게 분배된 가치를 일컫는다.

대(對)는 '마주하다'의 뜻을 가진 글자이다. 갑골[對] 금문[對]을 보면, 여러 개의 초를 꽂은 촛대[丵:丵]와 불을 붙이는 손[寸:寸]이 결합한 형태이다. 고대에 해가 지면 일체의 생활을 멈추어야 했다. 만약 어떤 활동을 하려면 주변 사물을 판별하는 불빛이 필요했다. 대체로 농경사회에서 낮일을 마치고 해 질 무렵 귀가하여 일과를 마무리했다. 어두운

**시간에 사람이 찾아오게 되면 촛불을 비추어 상대를 확인하게 된다. 현재의 자형[對]은 무성한 풀[丵]과 받침대[一]와 손[寸]을 결합한 회의문자이다. 이 글자는 풀과 관련이 없으며 환하게 불을 밝히는 촛대를 본뜬 상형 한자로 보아야 한다. 이에 '마주하다' 이외에 '맞추어 보다, 짝을 이루다, 상대하다, 만나다, 섞다' 따위의 뜻이 파생되었다. 대등(對等)은 주로 상대적 단어에 활용되며 상호 차이나 어긋남이 없는 가치를 지니고 있다는 뜻이다.**

◇ 대학교 졸업자나 **동등(同等)** 이상의 학력을 가진 사람이라면 누구든지 지원할 수 있다.

◇ 동물보호단체에서는 모든 반려동물도 생태계의 한 존재로 인정하고 여타 생명체와 **동등(同等)**하다는 것을 주장했다.

◇ 현대 사회는 모두 **평등(平等)한** 권리가 보장되어 있지만, 검찰과 법원의 횡포와 비리를 보면 계급적 차별이 존재하고 있다.

◇ 인간들 사이의 공존과 진정한 사회적 통합을 이루기 위해서는 자유와 **평등(平等)**을 더 제고시킬 필요가 있다.

◇ 한국에서는 **성평등(性平等)**의 실현을 위해 남성 중심주의가 먼저 변화되어야 한다는 페미니즘 운동이 주목을 받고 있다.

◇ 국내 자동차 시장에서 전기차의 수요가 급속하게 증가하면서 하이브리드 승용차와 거의 **대등(對等)**한 수준에 육박하고 있다.

◇ 월드컵 대표팀은 두 번째 경기에서 우승 후보 포르투갈과 **대등(對等)**한 경기 끝에 아쉬운 무승부를 기록했다.

# ㅁ

31◀ 목적(目的)-목표(目標)

32◀ 무법(無法)-불법(不法)

33◀ 무식(無識)-무지(無知)

34◀ 문맥(文脈)-맥락(脈絡)

35◀ 문명(文明)-문화(文化)

36◀ 민감(敏感)-예민(銳敏)

## ◀ 목적(目的)-목표(目標)

| | | |
|---|---|---|
| 목적(目的) | ① 실현하려고 하는 일이나 나아가는 방향<br>② 실현하고자 하는 목표의 관념<br>③ [철학] 실천 의지에 따라 선택하여 세운 행위의 목표 | 계획 |
| 목표(目標) | ① 어떤 목적을 이루려고 지향하는 실제 대상으로 삼다.<br>② 도달해야 할 곳을 목적으로 삼음 (대상)<br>③ 행동을 취하여 이루려는 최후의 대상 | 대상 |

어떤 일을 이루고자 하는 궁극적인 태도나 행위를 목적(目的)과 목표(目標)라고 한다. 철학적 개념으로 보면 '목적'은 이루고자 하는 행위의 '목표'라고 규정하고 있다. 실제 화용론에서는 '목적'은 실현하려는 의지나 계획 따위의 추상적인 생각을 말한다. '목표'는 그 대상이나 위치 따위의 구체적인 실체를 말한다. '학습 목적'은 배우고 익히는 궁극적인 가치관을 가리킨다. '학습 목표'는 배우고 익히는 구체적인 범위와 내용을 가리킨다. 우리가 까마득한 바다를 항해할 경우, 나침판이나 조타수의 판단은 어딘가를 향하는 방향에 기준을 둔다. 이것은 항해의 '목적'에 해당한다. 반면 그 배가 궁극적으로 다다르는 장소나 위치는 항해의 '목표'인 셈이다.

목(目)은 '눈, 눈동자'의 뜻을 가진 글자이다. 모든 동물에게 눈이 있지만, 사람의 눈을 형상화한 것이다. 갑골[]과 금문[:]을 보면, 사람의 눈동자를 본뜬 상형문자임을 알 수 있다. 전국시대의 고문자[]에서 눈꺼풀까지 형상화한 자형(字形)도 있다. 현재의 자형은 소전[]에서 비롯되었다.

적(的)은 한국어에서 접미사로서 명사 뒤에 사용되어 '그러한 성격, 관계, 상태'를 가진 뜻을 나타낸다. 한자어에서는 단어와 단어 사이에 쓰여 뒤의 단어를 한정하는 관계를 표시하는 조사이다. 갑골문과 금문에서는 아직 발견되지 않았고, 전국시대 고문자[旳]와 소전[旳]에 처음 보이기 시작한다. 현재의 자형[的]은 예서[旳]에서 비롯되었다. 글자의 구성을 보면, 투명하다[白]와 물그릇[勺]이 결합한 형태이다. 본래 고문자와 소전을 보면 해[日]의 모양이 앞쪽에 놓여 '환하다, 밝다'[旳]의 글자였다. 일설에는 적(旳)의 속자로 사용되었다고 주장하지만, 동의하기 어렵다. 그 이유로는 투명하다[白]와 해[日]를 혼용한 고문자의 사례가 거의 없고, 1개의 획을 줄여 속자(俗字)로 썼다고 볼 수 없기 때문이다. 적(的)은 물이 담긴 바가지에 물방울이 튈 때 투명하게 보이는 그 물방울을 강조하여 형상화한 것으로 보인다. 잔잔하게 고인 물은 빛에 의해 반사되어 피사체의 색상이 나타나지만, 튀어 오른 물방울은 무광·무색한 것임을 알 수 있다. 여기에서 적(的)은 '튀어 오른 물방울'을 본뜬 글자이며 '궁극적인 본질·방향'을 의미한다. 따라서 목적(目的)은 이루고자 하는 신념이나 의지를 지칭한 것이다.

표(標)는 '표시하다, 나타내다'라는 뜻을 가진 글자이다. 구성을 보면 나무[木]와 불똥[票]이 결합한 형태이다. 불똥[票]의 고문자[票:票]를 보면 아래 부분에 보이다[示] 대신 불[火]을 덧붙여 놓았다. 장작이 불탈 때 불꽃이 발생하고 재가 하늘 높이 날아오른다. 고문자는 불 자체를 만질 수 없지만, 불꽃이 튀어 올라도 손을 갖다 대려는 모양을 본뜬 것이다. 본래 '불똥'의 뜻에서 공중에 떠오르는 성질 때문에 주로 '가볍다'라는 뜻으로 가차하면서 '증표, 증서, 지폐' 따위의 의미가 파생되었다. 표(標)의 소전[標]을 보면 나무[木]와 불똥[票]을 결합한 글자이다. 이것은 불꽃이 튀어 오르면 그 높이를 가늠하거나 측정할 수 있는 기준 잣대를 뜻하게 되었다. 따라서 목표(目標)는 일정한 목적에 해당하는 대상, 즉 구체적인 기준이 되는 대상을 지칭한 것이다.

◇ 서양인의 교육 시스템을 비판 없이 도입한다면 한국인의 참다운 교육 **목적(目的)**을 달성할 수 없다.

◇ 정치의 **목적(目的)**은 사회의 이질적인 요소를 전체 구성원의 공동 **목표(目標)**로 융합해 나가는 데에서 찾을 수 있다.

◇ 이 책의 **목적(目的)**은 정확한 한국어 구사에 초점을 두고 편성되었으며 한자의 유래와 개념을 이해하는 데 있다.

◇ 국민 참여 재판의 확대는 사법부의 신뢰 회복을 **목표(目標)**로 삼고 전국 법원에서 운영되고 있다.

◇ 민주당의 정치적 **목표(目標)는** 다원화된 사회의 보편적인 복지와 균등한 부의 분배를 위해 노력하는 것이다.

◇ 이 프로그램은 국악을 대중화하려는 것이 아니라 대중음악을 국악과 접목하려는 **목표(目標)**를 갖고 있다.

## ◀ 무법(無法)-불법(不法)

| 무법(無法) | ① 법이나 제도가 확립되지 않고 질서가 문란하다.<br>② 도리에 어긋나고 예의가 없다. | 무시 |
|---|---|---|
| 불법(不法) | 법에 어긋나다. | 위반 |

공공의 질서가 무너진 사회는 기득권의 횡포가 만연하고, 이에 동조하는 소수 이익집단의 몰염치가 팽배해진다. '무법(無法)'은 법의 통제력이 상실된 상태를 말하며, '불법(不法)'은 법을 위반하는 행위를 말한다. '무법천지'는 법에서 정한 범위를 넘어서거나 초법적인 형태를 통제하지 못하는 세상이다. '불법 거래'는 법에서 금지하는 사항을 어기고 이루어진 거래를 말한다. 이처럼 법률로 정해진 규정을 어긴 '불법'과 사회적

질서를 무너뜨리는 ‘무법’으로 구분할 수 있다. 우리나라의 사법부 중심 조직인 검사나 판사를 보면, 이들 중에는 법 조항에 위촉되지 않는 범죄를 저지르거나 법리를 교묘하게 해석하며 온갖 악행을 저지르는 부류가 있다. 이들은 ‘무법’과 ‘불법’을 합리화하는 법 기술자이며 우리 사회를 병들게 만드는 악의 축이다.

무(無)는 ‘없다’라는 뜻을 가진 글자이다. 본래 제사장(祭司長)의 복장을 본뜬 상형문자였다. 옷깃과 소맷자락에 장식된 천이 나풀거리는 모양을 형상화하여 ‘몸짓, 춤’의 뜻으로 표현한 것이다. 갑골[[illegible]:[illegible]:[illegible]:[illegible]]과 금문[[illegible]]의 형태는 제사장의 춤사위를 형상화한 것이며, 춤[舞]의 갑골문 형태와 연원이 같다. 이것은 본래 무(無)는 춤의 뜻이었지만 점차 없다[無]는 뜻으로 널리 통용되는 변천 과정을 거친 것으로 보인다. 글자의 구성은 안개[人]과 숲[林]과 불[灬]을 결합한 형태이다. 산불이 발생하면 숲은 폐허가 되고 나무들이 ‘없어지는’ 결과를 초래한다. 이에 회의문자로 해석하거나 춤[舞]과 관련이 없다고 주장하기도 한다. 소유의 유(有)와 무(無)는 원초적인 개념이라기보다 권력과 영토 투쟁의 결과라고 볼 수 있다. 춤[舞]의 금문[[illegible]:[illegible]]을 보면 아랫부분에 발 모양[舛]으로 바꾼 형태이다. 본래 ‘몸짓, 춤’[無]을 나타내었으나 전국시대를 거치면서 ‘없다’는 뜻으로 가차된 것이다. 없다[無]의 소전[[illegible]]과 춤[舞]의 소전[[illegible]]을 보면 확연히 서로 다른 글자임을 알 수 있다. 현재의 자형은 예서[[illegible]:無]에서 두 가지 형태가 혼용되다가 해서[無]에서 통일되었다. 무(無)는 제사장이 어떤 것을 시늉하는 몸짓이므로 실제 물체를 지니지 않았다는 뜻의 ‘없다, 가지고 있지 않다’를 의미했다. 이외에 ‘아니다, 말다, 금지하다, 업신여기다, 관계없다’ 따위의 뜻이 파생되었다.

법(法)은 ‘법, 도리’의 뜻을 가진 글자이다. 이 글자는 소전[[illegible]]에서 비롯되었는데, 외뿔을 가져 있고 사자를 닮은 상상의 동물 해태(獬豸) 또는 해치(獬廌)를 포함한 형태이다. 이 동물은 사람들이 싸우는 것을 보고 바르지 못한 자를 들이받고, 사람들이 서로 다툴 때 옳지 못한 자를 물어 죽인다고 알려져 있다. 즉 올바르지 않은 사람을 벌하는 동물이므로 우리나라 사법부 건물마다 그 흉상을 세워놓았다. 경복궁 정문 앞의 해태는 위치가 잘못된 것이다. 금문[灋:灋:灋]과 고문자[灋:灋:灋]에도 해태[廌]를 본뜬 형태가 포함되어 있다. 소전에서는 '灋'(灋)와 '法'(法), 예서에서는 '灋'와 '法' 두 가지가 통용되었고, 해서[法]에서 하나로 통일되었다. 설문해자의 자형[㳒]에는 물[氵]가 빠져있으며, 집[亼]과 모여들다[止]가 결합한 형태였다. 현재의 자형[法]은 획순이 복잡한 치(廌)를 생략하고 물[氵]과 가다[去]가 결합한 형태이다. 이에 법(法)은 물이 흘러가듯이 도리에 맞는 판결을 의미한다. 한편 죄인을 옥죄는 형벌 중에 물고문에 가까운 방식을 연상시키는 글자이기도 하다. 법의 적용은 모든 사람에게 공평무사해야 하고 정의로워야 한다. 그러나 1948년 이후 지금까지 우리나라의 검찰과 판사들은 법을 왜곡하며 사리사욕에 빠지는 경우가 너무 많아 국민적 신뢰를 잃은 지 오래되었다. 법률은 공동체의 질서를 바로잡는 사회적 규약이며 규율이다. 무법(無法)은 법의 정의가 무너지고 문란한 상태라는 뜻이다.

불(不)은 '아니다, 못하다'의 뜻을 가진 글자이다. 갑골[不:不]과 금문[不:不]을 보면 꽃봉오리가 개화하지 않은 모양을 본뜬 형태이다. 앞쪽은 꽃술을 강조한 것이고, 뒤쪽은 망울이 맺지 않은 것을 강조한 것이다. 이것은 꽃잎이 아직 피지 않았음을 형상화한 글자인 셈이다. 갑골문자 이후 고문자[不:不:不]와 예서[不:不]에서 여러 자형이 혼용되었고, 현재의 자형[不]은 해서[不]에 이르러 통일되었다. 불(不)은 한국어에서 구개음화(口蓋音化)에 의해 뒷글자의 초성 /ㄷ,ㅈ/ 자음이 오면 '부'로 발음한다. 부도(不渡) · 부도덕(不道德) · 부지(不知) · 부조화(不調和) 따위가 있다. 불법(不法)은 법이나 규정을 지키지 않은 행위를 일컫는다.

◇ 아무리 권력이 좋다지만 검찰을 이용하여 **무법천지(無法天地)**를 만든 검사가 대통령을 하겠다고 입후보했다.

◇ 군사력을 동원하여 집권한 전두환은 광주 시민을 학살하고도 죽는 날까지 반성하지 않은 **무법적(無法的)**인 인물이다.

◇ 각 지역에서 조폭이 활개를 치고 사회가 **무법(無法)**으로 변해도 경찰청에서 아무런 단속을 하지 않고 있다.

◇ 멕시코 사람들이 **불법(不法)**인 줄 알면서 국경을 넘어 미국으로 입국하려다가 강제로 출국당했다.

◇ 정부 정책에 반항하는 기업에 대해 **불법적(不法的)**인 행정조치를 통해 반정부 회사를 해산시키는 악행을 저질렀다.

◇ 개인정보와 생활권 보장을 위해 상대방의 동의를 구하지 않은 촬영은 **불법(不法)** 행위로 처벌을 받는다.

## ◀ 무식(無識)-무지(無知)

| | | |
|---|---|---|
| 무식(無識) | ① 배우지 않은 데다 보고 듣지 못하여 아는 것이 없다.<br>② 행동 따위가 격에 맞거나 세련되지 않고 우악스럽다. | 습득 |
| 무지(無知) | 아는 것이 없거나 미련하고 우악스럽다. | 인지 |

어떤 지식이나 정보를 알지 못하는 상태를 무식(無識)과 무지(無知)라고 한다. '무식'은 일정한 학습이나 경험을 통해 알 수 있는 것

을 습득하지 못하는 상태이다. '무지'는 생활이나 체험을 통해 깨닫지 못하여 인식의 단계에 이르지 못한 상태이다. 화용론 측면에서 누군가 상대방에게 (A) "그는 무식(無識)해요." 또는 (B) "그는 무지(無知)해요."라고 말했다면, 발화한 의도에 분명한 차이점이 존재할지라도 두 문장은 같은 의미로 받아들인다. 엄격하게 구별하자면, 예문(A)는 배우지 않았음을 지적한 것이고, 예문(B)는 어리석음을 지적한 것이다. 학식의 부족함과 습관의 게으름은 분명 문맥이 다름에도 불구하고, '배우지도 않았고, 깨닫지도 못했다'는 이중적 의미를 굳이 분간하지 않으며 비슷한 뜻으로 받아들여 서로 무슨 뜻인지 알아듣는다.

식(識)은 '배워서 알다'의 뜻이고, 지(識)는 '표시하다'의 뜻을 가진 글자이다. 금문[ ]을 보면 말씀[言]이 없는 형태이고, 전국시대의 고문자[ ]와 소전[ ]에 처음 보이는 글자이다. 금문[ ]은 표시[戠]의 고대 문자인데, 갑골[ : : : ]에서 변형된 형태이다. 갑골의 모양들은 날카로운 대못을 도구나 창으로 찌르고 있다. 금문[ : : ]과 소전[ ]에서는 창에 의해 피를 흘리는 상처를 본뜬 형태이다. 이 글자의 뜻풀이에 대해 여러 주장이 분분하다. 첫째, 일식(日蝕)이다. 둘째, 무기를 든 제사(祭祀)의 명칭이다. 셋째, 불길[熾]의 초기 문자로서 황색(黃色)이다. 넷째, 예리한 막대를 꽂은 말뚝이다. 현재 그 뜻을 파악하기 어렵지만, 갑골문자에 내포된 의미는 '날카로운 도구에 의해 생긴 상처'이다. 이에 '새기다, 기록하다'의 뜻이 파생되었다고 보는 것이 가장 합당해 보인다. 식(識)은 말씀[言]을 보태어 경험한 바를 '가르쳐서 기억하게 하다'의 뜻인 셈이다. 그 유래가 시(戠)에서 비롯되었으므로 '새기다, 기록하다'의 뜻으로 사용되며 '지'라고 발음한다. 따라서 무식(無識)은 '배우지 못해 아는 것이 없다'라는 뜻이다.

지(知)는 '알다, 깨닫다'의 뜻을 가진 글자이다. 글자의 구성은 화살[矢]과 구덩이[口]가 결합한 형태이다. 갑골[]과 금문[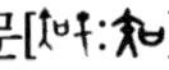]을 보면, 화살[矢]과 막대[干]와 구덩이[口]를 결합했다. 고대 수렵 생활에서 필수적인 화살과 나무 막대를 이용했으며, 함정을 파놓은 구덩이로 몰아서 사냥했다. 이 글자의 본래 의미는 '숙달된 사냥 기술'을 형상화한 것이다. 그러나 깨달음[知]은 슬기로움[智]의 금문[] 자형과 혼용되었는데, 아랫부분에 말솜씨[曰]를 덧붙였다. 이것은 능수능란한 사냥 기술처럼 상대를 제압하는 탁월한 말솜씨를 나타낸 것이다. 즉 화살처럼 빠르게 말을 한다는 뜻이다. 금문 이후 '아는 것'[知]과 '슬기로운 것'[智]을 구분하기 시작했고, 서로 의미 차이로 인해 소전의 자형이 분리되었다. 깨달음[知]의 소전[]과 슬기로움[智]의 소전[]은 '사냥의 기술'을 표현했으나, 점차 사냥 기술을 이해하고 체득하는 것을 '知'라고 하고, 숙달된 능력이 발휘되는 것을 '智'라고 구분했다. 이에 지(知)는 '알다, 깨닫다' 이외에 '알리다, 나타내다, 맡다, 주관하다, 대접하다, 사귀다, 친하다' 따위의 뜻으로 파생되었다. 무지(無知)는 서툴고 미련한 태도나 인지능력의 결핍을 표현한 것이다.

◇ 그 재벌 2세는 회사 경영에 대해 **무식(無識)**하여 부동산 투기에 자본금을 빼돌리기에 급급하다.

◇ 토론회에서 시대착오적인 발언은 미래 재생 에너지 정책에 대해 **무식(無識)**하다는 비판을 받기에 충분했다.

◇ 그들은 **무식(無識)**하고 **무지(無知)**해서 자기들의 길흉화복과 병로생사를 미신에 의탁하고 살고 있다.

◇ 우리나라 수구 정당은 사리사욕을 부추기는 공기업의 민영화를 강행하여 민심의 변화에 **무지(無知)**하였다.

◇ 계몽 문학은 **무지(無知)**한 민중, 특히 농민들을 개화시키려는 의도를 가지고 창작되었다.

◇ 일반 국민은 법률에 **무지(無知)**하여 누군가에게 고소나 고발을 당하면 당황하고 겁을 먹는다.

## ◀ 문맥(文脈)-맥락(脈絡)

| | | |
|---|---|---|
| **문맥(文脈)** | [언어] 글월에 표현된 의미의 앞뒤 연결 | 연관성 |
| **맥락(脈絡)** | 사물 따위가 서로 이어져 있는 관계나 연관 | 인과성 |

앞뒤 상황이나 의미가 서로 연관될 경우 문맥(文脈)과 맥락(脈絡)이라는 단어를 사용한다. '문맥'은 일정한 범위 또는 텍스트에 한정된 연관성(聯關性)을 말한다. '맥락'은 서로 관계를 맺거나 얽혀 그 영향을 주고받는 인과성(因果性)을 말한다. 물론 화용론의 측면에서 문장이나 문단이 서로 내용상 연결되어 있다면 '문맥' 대신 '맥락'을 사용해도 무방하다. 반대로 어떤 일의 사정이 서로 연계되어 있다면 '맥락' 대신 '문맥'을 사용해도 무방하다. 다만 논리적 말과 글에서는 '문맥'을 쓰는 것이 정확하며, 서사적 일과 상황에서는 '맥락'을 쓰는 것이 올바르다.

문(文)은 '글, 문장'을 뜻하는 글자이다. 글자의 모양을 보면 두 팔과 다리를 양측으로 벌리고 있다. 갑골[::]에는 가슴의 문양이 그려진 것과 없는 것이 있다. 문양의 유무는 가슴 근육을 보여주거나 근육의 형상을 본뜬 것이다. 금문[::]에서도 갑골문자를 계승한 형태

이다. 현재의 자형은 소전[ ]에서 비롯되었다. 본래 '근육을 보여주는' 뜻이었고, 차츰 튼튼한 '모양, 무늬'의 뜻으로 사용되었다. 그 후 죽간(竹簡)이나 목간(木簡)에 '글자를 새긴 것'을 지칭하면서, 본래의 '모양, 무늬'의 뜻은 문(紋)으로 대신했다. 일설에는 '문신(文身)'을 형상화한 글자라고 추정하지만, 고대 얼굴 이외에 표식을 가한 사례가 없다. 주로 의상의 색상이나 무늬에 신분을 나타냈으므로 '문신'으로 보는 견해는 동의하기 어렵다. 문(文)은 '글자, 문장' 이외에 '문서, 책, 문물, 문화' 따위의 뜻으로 파생되었다.

맥(脈)은 '줄기, 맥박'의 뜻을 가진 글자이다. 글자의 구성은 살[ =肉]과 줄기[ =派]가 결합한 회의문자이다. 즉 신체[ ]의 혈관들이 얽혀 흐르는 모양[ ]을 본뜬 것이다. 소전[ ]에 자형이 처음 사용되었고, 예전의 고문자[ : ] 형태에서 비롯된 것이다. 피[血]는 심장을 중심으로 신체의 여러 기관으로 흐르는 혈관을 가지고 있다. 맥(脈)은 그 혈관이 서로 얽혀 연결된 모양을 본뜬 글자이다. 본래 '혈관'의 뜻에서 '맥박, 줄기, 혈맥' 따위의 뜻으로 파생되었다. 산들이 길게 연결된 지형을 산맥(山脈)이라 하듯이, 문맥(文脈)은 서로 연결된 의미를 지니고 있거나 논리적 관계를 맺고 있음을 일컫는다.

락(絡)은 '이어짐, 얽힘'의 뜻을 가진 글자이다. 글자의 구성은 연결[糸]과 각자[各]가 결합한 회의문자이다. 각(各)의 갑골[ : : ]과 금문[ : ]을 보면, 동굴의 입구[ ]와 걸음[ ]을 뒤집어 놓은 모양이다. 선사시대에는 혈거(穴居) 생활을 했는데, 해가 지면 '각자'의 동굴로 돌아왔다. 즉 '걸음'을 뒤집은 모양은 각자의 주거 공간으로 '되돌아오는 것'을 형상화한 것이다. 이 글자에 '연결'[糸]을 덧붙여 씨족이나 부족 사회에 군락을 이루고 공동체를 형성했음을 나타낸 것이다. 이에 '잇다,

**얽히다' 이외에 '연결하다, 두르다, 둘러싸다, 그물, 포괄하다' 따위의 뜻으로 파생되었다. 맥락(脈絡)은 어떤 원인에 의해 발생하는 결과에 대해 '서로 영향을 주고받는 인과관계'를 강조하는 단어이다. 따라서 어떤 사정이나 사건을 관통하는 흐름을 '맥락'이라고 일컫는다.**

◇ 외국 학생이 쓴 글은 문장이 매끄럽지 못하고 **문맥(文脈)**도 부자연스럽게 이어지는 데가 많다.

◇ 그의 학위논문은 기존 학설을 논리적으로 반박하는 새로운 용어와 **문맥(文脈)**을 만들었다.

◇ '하이퍼클로바' 기술은 대용어가 포함된 연속적인 질문의 **문맥(文脈)**을 고려하여 음성검색의 정확도를 높였다.

◇ 페미니즘 운동가들이 조화로운 세상을 추구하는데, 공유 경제와 기본소득 이슈에 찬성하는 것은 같은 **맥락(脈絡)**이다.

◇ 작가와 독자는 사회적 **맥락(脈絡)**에서 본다면 한 시대를 살아가는 동반자이며 공공의 발전을 함께 고민하는 협력자이다.

◇ 사회주의 국가에서 '민주'라는 단어가 도대체 어떤 **맥락(脈絡)** 속에서 사용되는지 알고 싶다.

## ◀ 문명(文明)-문화(文化)

| | | |
|---|---|---|
| 문명(文明) | ① 인류가 이룩한 물질적, 기술적, 사회 구조적인 발전<br>② 자연 그대로의 원시적 생활에 상대하여 발전되고 세련된 삶의 양태를 뜻한다. | 물질 |
| 문화(文化) | ① 자연 상태에서 벗어나 일정한 목적 또는 생활 이상을 실현하고자 사회 구성원에 의하여 습득, 공유, 전달되는 행동 양식이나 생활 양식의 과정 및 그 과정에서 이룩하여 낸 물질적·정신적 소득을 통틀어 이르는 말. 의식주를 비롯하여 언어, 풍습, 종교, 학문, 예술, 제도 따위를 모두 포함한다.<br>② 권력이나 형벌보다는 문덕(文德)으로 백성을 가르쳐 인도하는 일<br>③ 학문을 통하여 인지(人智)가 깨어 밝게 되는 것 | 정신 |

선사시대 인류에게 수많은 시련이 있었고 이에 인류가 창의력을 발휘해서 자연을 극복하며 발전되어 왔다. 문명(文明)과 문화(文化)는 자연 상태를 벗어난 인류의 유산 자체를 표현하는 단어들이다. '문화' 속에 물질적·정신적 산물(産物)이 모두 포함되지만, 일반적으로 눈으로 확인할 수 있는 물질적 형태를 '문명'이라 구별한다. 이에 '문화'는 인류의 행동 양식이나 생활 양식 등 정신적 형태를 일컫는 단어로 사용한다. 예를 들면 오랫동안 축적된 전통이나 미풍양속을 '전통 문명'이라고 하지 않고 '전통문화'라고 한다. 오랫동안 연마하며 세련된 기술을 '기술 문화'라고 하지 않고 '기술 문명'이라고 부른다. 물론 유물론에 토대를 둔 사회주의 국가에서는 '정신문명'이란 용어를 사용하지만, 무형의 사고방식을 물질로 보려는 사상에 기초한 표현일 뿐이다. 특히 서양에서는 동양의 모든 문화유산을 '동양문명(Oriental civilization)'이라 보는 경향이 있다. 이것은 동양의 문화를 서양의 아류로 보는 이분적 사고에 연유하며, '동양의 문화' 자체를 박제된 물질로 파악하려는 오리엔탈리즘에 기인한 편견이다.

세계 각국에서 성행하는 한류(韓流)를 보면, 이미 다원적 '문화 현상'으로 인식하고 있으며, 동서양의 문화가 끊임없이 융화하면서 교류하고 있음을 알 수 있다.

문(文)은 '글, 문장'을 뜻하는 글자이다. '문맥-맥락' 부분에서 문(文)을 설명한 바 있다.

명(明)은 '밝다'는 뜻을 가진 글자이다. 스스로 빛을 발산하는 것은 광(光)이라 하고, 피사체를 환하게 비춰주는 것은 명(明)으로 구분한다. 갑골[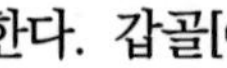]의 여러 형태를 보면, 창문[囱]과 달[月]이 결합한 회의글자이다. 금문[]과 소전[]에 이르기까지 그 형태를 그대로 계승했다. 즉, '창문에 비친 환한 달빛'을 본뜬 글자인 셈이다. 그러나 예서[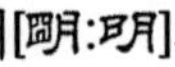]와 해서[明]를 거치면서 현재의 자형[明]으로 통일되었다. 이것은 본래 '한밤중에 환한 달빛'을 뜻하는 글자였고, 차츰 '해와 달처럼 밝은' 의미로 굳어졌다. 후한(後漢) 허신(許愼)은 설문해자(說文解字)에서 명(明)의 부수를 해[日]로 보았다. 이것은 자원(字源)에 대한 통찰력이 부족한 것임을 방증해주고 있다. 다만 후한 시기에 전승된 자형(字形)을 기준으로 삼고 부수 글자들을 분류한 것이다. 명(明)자의 변천을 보면, 어둠 속에서도 책을 읽고 작업을 할 수 있었으므로, '날이 새다, 깨끗하다, 분명하다, 질서 있다, 숭상하다' 따위의 뜻이 파생되었다. 문명(文明)의 의미는 칠흑과 같은 어둠을 깨치고 밝은 세상이 오듯이, 원시 형태의 도구나 기술이 새롭게 개발되어 세련된 수준에 이른 것을 말한다. 따라서 문명(文明)은 '더 나은 단계'의 뜻이 내포된 가시적 형태를 일컫는다.

화(化)는 '바뀌다'의 뜻을 가진 글자이다. 갑골[]과 금문[]을 보면, 사람[亻]의 옆모습이 서로 두 개 상하 뒤집힌 형태이다. 고문자의 자형(字形)을 보면, 두 사람이 서로 정반대의 방향으로 스치는 모습을 본뜬 것이다. 사람은 사회적 동물이며 서로 교류하면서 살아간다. 고대인들은 서로 다른 지역의 풍물(風物)을 수용하면서 본래의 모습을 새롭게 이해하고 발전했다. 그리고 사람마다 가는 목적지가 다르듯 추구하는 바도 같을 수 없다. '바뀌다, 변하다'의 한자에는 '있다가 사라지면' 변(變)이라 하고, '없다가 생겨나면' 화(化)라고 한다. 어떤 물체가 다른 형태로 바뀌는 것이 있고, 또 여러 요소를 뒤섞어 새로운 물체를 만들어 내는 것도 있다. 이것은 서로 변화(變化) 과정에 대한 통찰에서 구분한 것이다. 화(化)는 갑골문자에 보이지만, 변(變)은 춘추전국시대 초지역의 죽간에 처음 등장한다. 새로운 도구와 기계가 개발되면서 구조적 변화(變化)를 깨달으면서 생겨난 글자인 셈이다. 화(化)는 '바뀌다' 이외에 '되다, 변천하다, 따르다, 본받다, 교화하다' 따위의 뜻이 파생되었다. 문화(文化)는 자연 상태를 벗어난 인류가 성취한 결과물을 총칭한다. 즉 물질적·정신적 모든 유산을 일컫는다. 다만 구조적 형태를 가진 도구나 기술에 국한하여 '문명'이란 단어를 사용한다. 이에 의식주를 비롯하여 인류의 행동 양식·사고방식 등 정신적 성취를 강조하여 '문화'라고 한다. 《훈민정음 사전》에서는 '과학 문명'이 지적 노력 없이 이루어질 수 없고, '문화생활'이 물질적 토대 없이 이루어질 수 없다고 본다. '문화'와 '문명'이 상호보완적 유의어 성격을 지니고 있다. 그리고 '문화'가 자연 그대로의 상태에 대립하는 개념이라면, '문명'은 미개(未開)의 상태에 대립하는 개념이라고 풀이하고 있다. 화용론 측면에서 보면, 현대 한국어 '문화'는 '문명'을 포괄하는 넓은 의미로써 활용되고 있다. 이에 비해 '문명'은 유형의 인류 유산으로써 물질적·기술적 특성을 강조하는 경향이 있다.

◇ 과학과 기술은 물질문명(物質文明)의 근간이며 국가경쟁력을 키우는 원천이기도 하다.

◇ 세계 각국은 핵 위협을 반대하고 있는데 러시아의 핵 도발이 인류 문명(文明)을 파괴할 수 있다고 경고했다.

◇ 잉카, 마야와 함께 아메리카 대륙 3대 문명으로 꼽히는 '아스테카' 문명(文明)을 조명하는 전시가 국내에서 처음 열렸다.

◇ 다른 나라의 책을 번역할 때는 그 나라의 문화(文化)에 대한 이해를 충분히 습득하는 것이 중요하다.

◇ K-팝과 K-드라마는 한국의 문화(文化)를 세계적으로 알리는 역할을 하고 있다.

◇ 지방의 축제는 특산품을 널리 홍보하고 주민들의 결속력과 향토애를 길러 주는 문화 행사의 성격을 갖고 있다.

## ◀ 민감(敏感)-예민(銳敏)

| 민감(敏感) | 자극에 빠르게 반응을 보이거나 쉽게 영향을 받는다. | 연결 |
|---|---|---|
| 예민(銳敏) | ① 무엇인가를 느끼는 능력이나 분석하고 판단하는 능력이 빠르고 뛰어나다.<br>② 자극에 대한 반응이나 감각이 지나치게 날카롭다. | 감각 |

민감(敏感)과 예민(銳敏)은 자극에 대한 반응이 빠른 경우를 표현하는 동의어(同義語)이다. 어떤 대상이나 문제에 대해서 불만·갈등·기피·혐오·비밀 따위의 '부정적 관계'가 전제된 경우에 사용한다. 엄밀하게 두 단어를 구별하자면, '민감'은 집단이나 조직 따위에 유기적으로 영향을 받는 반응이고, '예민'은 개인이나 일부분 따위에 감각적으로 영향을 받

는 반응이다. 두 단어의 반의어(反意語)는 '둔(鈍)하다'이다. 환율이나 주가는 외부 조건에 대응하는 결과이기 때문에 '민감'을 사용한다. 생각이나 감각은 개인마다 내부 조건에 대응하는 결과이기 때문에 '예민'을 사용하는 것이 바람직하다. 화용론 측면에서, 만약 감각적인 반응에 '민감하다'라고 표현했다면, 그것은 습관적이고 장기적인 부조화 관계가 전제된 것이다.

민(敏)은 '재빠르다'의 뜻을 가진 글자이다. 구성을 보면 부녀자[每]와 몽둥이[攵]를 결합한 형태이다. 이 가운데 부녀자를 표현한 매(每)의 갑골[:]과 금문[]을 보면, 비녀를 꽂은 부녀자가 무릎 꿇고 앉은 모양이다. 한결같은 부녀자의 마음을 형상화한 글자이다. 이에 '늘, 항상'의 뜻으로 사용된다. 민(敏)에는 이러한 부녀자[每]에다가 몽둥이[攵]를 덧붙여 놓았다. 갑골[::]을 보면, 부녀자[]와 몽둥이[攴] 또는 손[又] 두 가지 형태의 글자가 있다. 즉 '몽둥이'를 덧붙인 글자는 여성을 강제로 유괴하는 약탈혼(掠奪婚)을 뜻한다. '손'을 덧붙인 글자는 빠른 손놀림이 강조되었다. 그러나 금문[::]을 보면 손[又]만 사용되었고, 소전[]에 와서 몽둥이[攴]로 통일되었다. 고대 유목민족 사이에는 다른 종족의 여성을 납치하여 혼인하는 족외혼(族外婚) 풍습이 있었다. 남아선호로 인한 성비 불균형 및 노예제의 관습에 따라 생겨난 야만적인 혼인 방식이었다. 민(敏)는 부녀자를 '재빠르게 납치하는' 뜻에서 유래한 글자이며, 처(妻)와 노(奴)에도 이와 유사한 의미가 내포되어 있다.

감(感)은 '느낌'의 뜻을 가진 글자이다. 금문[]에 처음 보이며 소전[]의 구성을 보면, 모두[咸]와 마음[心]이 결합한 형태이다. 모두[咸]는 도끼[戌]와 함성[口]으로 이루어져 돌격하는 함성을 본뜬 글자이다. 이에

'모두, 힘껏, 남김없이'의 뜻을 나타낸 것이다. 도끼는 고대 무기를 상징하였는데, 무(戊)·월(戉)·술(戌)·과(戈)·근(斤) 등으로 그 뜻을 나타냈다. 감(感)은 온몸으로 느끼는 감각을 형상화한 글자이다. 감각(感覺)·감성(感性)·동감(同感)·교감(交感)·사명감(使命感) 등 감각적인 단어에 사용된다. 민감(敏感)은 어떤 자극에 '재빠르게 반응하는 느낌'의 뜻이다. 특히 일대일 반응보다는 다원적 원인과 직결된 반응을 일컫는다.

예(銳)는 '날카롭다'의 뜻을 가진 글자이다. 구성은 쇠붙이[金]와 날카로움[兌]이 결합한 형태이다. 날카로움[兌]의 갑골[[illegible]]·금문[[illegible]]·소전[[illegible]]을 보면, 아랫부분이 넓고 윗부분이 좁은 형상을 본뜬 글자이다. 글자의 구성에 따라 음과 뜻이 달라진다. 첫째, 나눔[八]과 웃음[兄]으로 보면 '나누다, 바꾸다'는 뜻의 '태'라고 발음한다. 둘째, 뾰족함[台]과 긴 발[儿]로 보면 '예리하다'[=銳]는 뜻의 '예'라고 발음한다. 셋째, 눈썹[八]과 입[口]과 수염[儿]으로 보면 '웃다, 기쁘다'는 뜻의 '열'로 발음한다. 세 가지의 음과 뜻을 가진 '兌'가 결합한 예(銳)는 칼날 또는 창날이 '날카롭다' 이외에 '빠르다, 날래다, 긴박하다, 왕성하다, 치밀하다' 따위의 뜻으로 파생되었다. 예민(銳敏)은 '재빠르게' 반응하는 능력이나 감각이다.

◇ 성 평등 운동은 다른 사회요소들과 얽혀서 만들어 내는 사회현상을 **민감(敏感)**하게 인식하는 경향이 강하다.

◇ 개표 방송은 과거의 경험이 말해 주듯 자칫 컴퓨터 조작 시비를 낳을 수 있을 만큼 정치적으로 **민감(敏感)**한 부분이다.

◇ 소액 주식투자자들은 국내 기업의 경쟁력과 증권 시장의 동향에 **민감(敏感)**하게 반응하고 있다.

◇ 프로야구에서 심판 판정에 항의하다가 퇴장당한 선수가 많았기 때문에 심판 판정에 항상 **예민(銳敏)**하다.

◇ 각질 제거 후에는 **예민(銳敏)**해진 피부를 위해 충분한 보습 성분이 들어 있는 머드 팩을 하는 것도 좋다.

◇ 그녀는 **예민(銳敏)**하고 쉽사리 수치감을 느끼는 성격으로 대인관계가 그다지 넓지 않았다.

# ㅂ

### ◀ 반성(反省)-성찰(省察)

| | | |
|---|---|---|
| 반성(反省) | 자신의 언행에 대하여 잘못이나 부족함이 없는지 돌이켜 보다. | 뉘우침 |
| 성찰(省察) | 자기의 마음을 반성하고 살피다. | 깨달음 |

지나간 일이나 상황에 대해 스스로 잘못이나 부족함을 생각해보는 것을 반성(反省)이나 성찰(省察)이라고 한다. 두 단어는 유의어(類義語)이지만 화용론 측면에서 서로 다른 의미를 내포하고 있다. '반성'은 주로 과거의 행동이나 태도에 대해 되돌아보고 뉘우치는 일을 일컫는다. '성찰'은 과거나 미래에 대해 진지하게 생각해보고 잘잘못이나 미흡한 바를 깨닫는 일이다. '반성'은 자신의 실수나 실패가 전제된 과거의 일을 전제한다. '성찰'은 자신을 포함하는 주변 상황까지 고려한 과거와 미래의 일을 생각하는 것이다.

(A) 나는 저축하지 않는 습관을 반성하고 있다.

(B) 나는 저축하지 않는 습관을 성찰하고 있다.

두 문장에서 예문(B)는 '습관을 성찰하다'라는 표현은 어색하고 모호한 표현이다. 그리고 '반성'은 잘못된 그 일을 개선하려는 노력이라면, '성찰'은 잘못된 그 과정을 살펴보는 마음가짐이다. 이렇듯 화용론적 측면에서 두 단어를 구별해서 사용하는 것이 바람직하다.

반(反)은 '돌이키다, 반대하다'의 뜻을 가진 글자이다. 갑골[[illegible]:[illegible]]과 금문[[illegible]]의 형태가 비슷하며, 언덕[厂]과 손[又]으로 구성되어 있다. 소전[[illegible]]에 이르기까지 자형(字形)의 변화 없이 이어져 오고 있다. 산을 오를 때 암벽을 집고 있는 손 모양을 본뜬 글자이다. 암벽을 집는 손바닥은 손등이 보이도록 뒤집는다. 이에 '뒤집다' 이외에 '뒤엎다, 돌이키다,

반대하다, 돌아오다, 되돌아보다, 보복하다, 배반하다' 따위의 뜻으로 파생되었다.

성(省)은 '살피다'라는 뜻을 가진 글자이다. 갑골[ : : ]과 금문[ : : ]을 보면, 새싹[屮]과 눈[目]을 결합한 형태이다. 식물의 성장을 눈여겨보는 뜻이 내포되어 있다. 소전[ ]에서 식물이 자라는 비탈진 땅을 형상화했다. 현재의 자형[省]에서 작다[小]와 기울다[丿]가 결합한 형태로 변모했는데, 백성의 생활상과 민심을 굽어살피는 뜻을 표현한 것이다. 고대 지역의 관청을 지칭하는 명사로 사용되었고, 현재 중국의 지방을 성(省)으로 부르고 있다. 성(省)은 '살피다' 이외에 '깨닫다, 관청, 마을, 대궐, 명심하다' 따위의 뜻으로 파생되었다. 반성(反省)은 '되돌아보며 살피는' 행위를 말한다. 그리고 성(省)의 윗부분 적다[少]는 뜻을 살려 '덜다, 줄이다, 생략하다'의 뜻이 파생되었는데 발음은 '생'이다.

찰(察)도 '살피다'의 뜻을 가진 글자이다. 글자의 구성을 보면 집[宀]과 제사[祭]를 결합한 형태이다. 소전[ ]에 처음 보이지만 그 뜻을 알 수 없던 고문자[ ]와 연관을 지어볼 수 있다. 그 고문자[ ]는 집안에서 고개를 숙인 사람의 옆모습을 본뜬 형태이다. 무엇인가 진지하고 엄숙한 자세를 취하며 깊은 생각에 몰입하고 있는 사람의 형상이다. 제사[祭]의 갑골[ : ]을 보면, 고깃덩어리를 높이 치켜든 손을 본뜬 회의문자이다. 금문[ : : ]에서 제단(祭壇) '示'를 추가하여 제사를 올리는 제물(祭物)을 형상화했다. 이것은 갑골문자의 의미가 제사의 뜻으로 사용되었음을 방증한다. 찰(察)에는 집[宀]을 추가하여 조상에 대한 제사임을 알 수 있다. 이 글자에는 조상 숭배를 신성시했던 풍습이 내포되어 있다고 보인다. 집안 식구들이 온종일 제사 준비에 최선의 노력을 기울이며 제기(祭器)와 제물(祭物)을 정성껏 마련했다. 이에 '두루 살피

**다'의 뜻이 생겨났고, '살펴서 알다, 생각하다, 깨끗하다' 따위의 뜻이 파생되었다. 성찰(省察)은 '살피고 또 살펴 진지하게 생각하는' 뜻이다. 물론 성찰은 전술한 반성(反省)의 뜻도 내포된 마음가짐을 총칭한다. 화용론 측면에서 두 단어는 서로 같을 정도로 유사한 의미를 지니지만 항상 맞바꾸어 활용하지는 않는다.**

◇ 국민 여론을 갈라치기하고 남녀를 대립하게 만드는 정치 세력은 분열 정치에 대한 **반성(反省)**이 필요하다.

◇ 그는 마약 중독을 **반성(反省)**하는 의미에서 모든 연예 활동을 접고 자숙하겠다고 밝혔다.

◇ 대기업과 기득권이 누려온 우리나라 국민 경제에 부의 분배 효과를 **반성(反省)**해 볼 때가 되었다.

◇ 가정 폭력이 빈번하게 발생하고 인륜을 거스르는 범죄가 만연한 것은 아닌지 **성찰(省察)**하는 자세가 필요하다.

◇ 우리가 존경하고 성공한 사람들은 어느 순간에도 자기 **성찰적(省察的)**인 자세를 잃지 않는다.

◇ 이외수는 일생을 **성찰(省察)**의 연속으로 살고자 하였으나, 사리사욕을 추구하는 현실이 그를 외면했다.

## ◀ 발간(發刊)-발행(發行)-출간(出刊)

| | | |
|---|---|---|
| 발간(發刊) | 책, 신문, 잡지 따위를 만들어 내다. | 완성 |
| 발행(發行) | 출판물이나 인쇄물을 찍어서 세상에 펴내다. | 발표 |
| 출간(出刊) | 서적이나 회화 따위를 인쇄하여 세상에 내놓다. | 출판 |

인쇄물을 책으로 만드는 출판에는 발간(發刊), 발행(發行), 출간(出刊) 등의 단어를 사용한다. 그 의미는 서로 조금씩 다른데, 책의 원고를 인쇄하여 '완성'하는 것을 발간(發刊)이라 한다. 글을 쓴 사람의 생각을 책의 형태로 '발표'하는 것을 발행(發行)이라 한다. 책의 형태로 만들어 세상에 배포하는 '출판'을 출간(出刊)이라고도 한다. 책의 형태를 만드는 과정에 종사하는 직업은 출판업(出版業)이며, 그런 일을 전적으로 맡아서 하는 곳을 출판사(出版社)라고 한다. 소규모 학술 발표회에 사용하는 책자나 정기적이지 않은 책자는 '발행' 또는 '간행(刊行)'된 인쇄물을 말한다. 책의 형태로 세상에 유포되어 시중에서 거래가 이루어지면 '발간'과 '출간'을 모두 쓸 수 있다. 다만 출판사의 관점에서 '발간'된 책이라 부르며, 작가의 관점에서는 '출간'된 책이라 부른다. 책(冊)은 일정한 분량의 내용을 반복해서 읽을 수 있는 묶음을 표현한 글자이다. 예전에는 조판(組版)·제판(製版)의 과정을 거쳐 책을 제작했으나, 지금은 대부분의 책은 인쇄 프로그램에 의해 간행되고 있다.

발간(發刊)의 발(發)은 '세상에 내놓다'는 뜻을 가진 글자이다. 개발-계발 부분에서 설명한 바 있다.

간(刊)은 '깎다'의 뜻을 가진 글자이다. 울퉁불퉁한 나무의 결을 고르게 깎아내는 것을 표현했다. 금문[䍐]의 모양으로 보아 나뭇가지에 표시하여 칼로 깎아내는 형태이다. 고대 목판(木版)을 다듬어 글자를 새겼는

데, 설문해자에 실린 모양[栞]과 소전[刊]에서 책을 만들기 위해 평판 작업을 나타내는 글자로 사용되었다. 간(栞)의 윗부분 '견(幵)'은 같은 높이로 재어 평평하게 만드는 것을 표현했다. 아랫부분에 나무[木]가 있으므로 나무의 결을 고르게 손질한 것임을 알 수 있다. 죽간이나 목간으로 만든 나무의 표면을 같게 만들어 글자를 새겼고, 탁본(拓本)으로 책자를 만들기도 했다. 예전에 책들은 조판(組版)이나 제판(製版)을 짜고 맞춘 다음에 먹물을 묻혀서 만들었다. 이에 간(刊)은 '깎다' 이외에 '새기다, 펴내다, 쪼개다' 따위의 뜻으로 파생되었다. 발간(發刊)은 '책의 형태를 온전히 갖추어 펴내다'라는 뜻이다.

행(行)은 '다니다, 길을 가다'는 뜻을 가진 글자이다. 갑골[行:行]과 금문[行:行]을 보면, 사거리의 모양을 본뜬 상형문자이다. 사람과 마차가 다니는 사거리에는 붐비고 복잡하다. 본래 '사거리'의 뜻하는 글자였지만 '길, 가다, 돌다, 구경하다' 따위의 뜻으로 파생되었다. 그리고 사거리는 동서남북 어느 방향으로 갈 수 있다. 발행(發行)은 누구나 그 책의 내용을 읽고 감상할 수 있는 가치가 생겼음을 나타낸다. 따라서 내용을 묶어서 독자에게 발표된 형식을 강조하는 단어이다. 지폐나 수표 따위의 유가증권, 전자책이나 온라인 교재에 사용한다.

출(出)은 '나오다, 생겨나다'라는 뜻을 가진 글자이다. '누설-유출'에서 설명한 바 있다. 출간(出刊)은 글과 그림 따위를 책의 형태로 묶어서 세상에 내놓는 것을 말한다. 출판(出版)의 뜻과 같다.

◇ 하나의 작품이 발표되거나 단행본으로 **발간(發刊)**되고 나면 작가는 독자의 냉정한 평가를 받아야 한다. (≒발행, ≒출간)

◇ 그는 사회적 변화를 위해 사상 계몽을 전문으로 **발간(發刊)**하는 출판사에 들어갔다. (≠발행, ≒출간)

◇ 한평생 교육에 헌신하신 선생님을 위해 몇몇 제자들이 선생님을 회고하는 논문집을 **발간(發刊)**했다. (≒발행, ≒출간)

◇ ○○일보는 가짜 뉴스를 너무 많이 양산하여 비난받는데, **발행(發行)** 부수까지 허위로 신고했다. (≠발간, ≠출간)

◇ 지난해 훼손된 돈을 폐기하고 **재발행(再發行)**하는 데 든 비용이 1000억 원을 훌쩍 넘었다. (≠발간, ≠출간)

◇ 이 단행본은 한 달 내내 베스트셀러가 되자 출판사에서는 전자책 **발행(發行)**을 결정했다. (≠발간, ≠출간)

◇ 대한민국을 선진국 대열로 이끈 문재인 전 대통령은 재직 중 위기를 극복한 회고록을 **출간(出刊)**했다. (≒발간, ≒발행)

◇ 그간 여자 연예인들이 자신만의 노하우를 담은 뷰티북은 몇 권 **출간(出刊)**했으나 남자 책은 최초다. (≒발간, ≠발행)

◇ 민중 문학을 표방해 온 그 시인이 사람의 원초적인 관능을 자극하는 소설을 **출간(出刊)**해 화제가 되고 있다. (≒발간, ≠발행)

◇ 한자 교육을 위해 집필한 책은 그 출판사의 한국학 총서의 한 권으로 **출판(出版)**되었다. (≒발간, ≠발행, ≒출간)

## ◀ 발견(發見)-발명(發明)

| | | |
|---|---|---|
| 발견(發見) | 미처 찾아내지 못하였거나 아직 알려지지 아니한 사물이나 현상, 사실 따위를 찾아내다. | 有→有 |
| 발명(發明) | 아직 없던 기술, 물건을 새로 생각하여 만들어 내다. | 無→有 |

세상에 처음 알리는 것을 발견(發見)과 발명(發明)이라 한다. 다만 '발견'은 이미 존재하거나 알려지지 않았을 뿐인 어떤 것을 찾아내는 행위를 말한다. '발명'은 사람의 능력으로 새롭게 만들어 내어 쓸모 있는 물건이 되도록 하는 행위를 말한다. 어떤 사물에 대한 특허증(特許證)은 그 사물의 제작 소유권을 주장하는 것이며 '발명 특허'인 셈이다. 태양광이나 무선통신의 경우, 열을 전기로 바꾸거나 공기 속에 전파를 이용하는 것이므로 '재발견'에 해당한다. 만약 태양광선을 집전(集電)하는 장치를 창의적으로 고안하여 만들었다면 '발명'이라고 할 수 있다. 무선통신을 이용한 인터넷 방식이나 휴대전화의 형태를 새롭게 구성했다면 '발명'에 해당한다. 이렇듯 '발견'은 기존에 존재하는 것을 찾아내는 일이며, '발명'은 기존에 존재하지 않던 것을 창의적 생각으로 기술·구조 따위를 새롭게 만드는 일이다. 〈훈민정음 사전〉에서 '발견'은 아직 알려지지 않았거나 미처 찾지 못한 사물·진리 등을 알아내는 것이라 했다. '발명'은 이 세상에 없는 쓸모 있는 물건을 처음으로 만들어 내는 것이라 했다. 즉 '발견'은 유(有)에서 유(有)이고, '발명'은 무(無)에서 유(有)의 형태라고 구별했다.

견(見)은 '보다, 만나다'의 뜻을 가진 글자이다. 갑골[ : ]과 금문[ : : ]을 보면, 눈동자[目]와 사람[儿]을 결합한 회의문자이다. 눈동자를 크게 강조한 모양은 '자세히 보다, 놀라서 보다'의 뜻이 내포되어 있다. 사람의 옆모습은 갑골문자에서는 무릎을 꿇고 있거나 숙이고 있는 모양이다. 이것은 '신중한 자세, 노련한 태도' 따위를 형상화한 것이다. 무엇인지 궁금하거나 무엇을 간절한 마음으로 사물을 보는 태도를 연상할 수 있다. 금문의 자형(字形)은 갑골문자의 형태를 그대로 본뜬 것인데, 세 번째 모양[]은 사람의 방향이 반대로 된 것일 뿐 뜻의 변화는 없다. 소전[]에서 사람의 모습[儿]이 긴 다리로 변모했는데, 이것은 누군가를 기다리고 있을 때 긴장하고 초조한 마음을 표현한 것이다. 이에 '눈으로 보다'의 뜻으로부터 '만나다, 알현하다'의 뜻이 파생되었다. 누군가 만난다는 일은 상대가 있기 마련이다. 이에 그 상대가 '나타나다, 보이다, 등장하다, 출현하다' 따위의 뜻이 파생되었고 발음은 '현'이다. 발견(發見)은 '아직 알려지지 않은 사물, 사실, 현상 따위를 찾아내다'의 뜻이다.

한자에는 눈동자[目]의 상형을 활용한 글자가 있다. 신하(臣下)의 신(臣)은 갑골[ : ]과 금문[ : ]을 보면 눈동자를 옆에서 본뜬 글자이다. 이것은 눈을 마주치지 못하고 눈을 부릅뜬 형태이다. 지배자에게 종속된 하인이나 시중드는 신분을 가진 사람의 태도를 형상화했다. 신이나 임금을 섬기는 사람은 항상 눈을 아래로 향하여 복종의 의미를 나타냈다. 이에 '신하'의 뜻이 생겨났다.

백성[民]은 갑골[ : ]과 금문[ : ]을 보면 눈에 칼로 자국이 그려진 모양이다. '국민(國民)-인민(人民)-시민(市民)' 부분에서 설명한 바 있다. 이것은 노예로서의 백성이며 왼쪽 눈을 멀게 하여 멀리 도망가지 못하게 한 풍습에서 유래한 글자였다. 천한 신분으로 부역을 당했기 때문에 무지하고 어리석은 사람을 지칭했다. 노예제가 사라진 현대 국가에서는 '국민'의 뜻으로 사용한다.

**팔괘(八卦)의 하나[☶]인 간(艮)은 산을 상징하는 의미를 내포하고 있다. 고문자[[illegible]:[illegible]]를 보면, 화가 난 눈을 형상화한 글자이다. 상대방에게 복종하지 않는 모습을 표현한 것이다.**

**명(明)은 '밝다, 밝히다'는 뜻을 가진 글자이다. '문명-문화'에서 설명한 바 있다. 발명(發明)에서는 원시 상태의 어둠을 걷어내고 창의적이고 '밝은' 단계에 이르게 하는 기술이다.**

◇ 미대륙을 **발견(發見)**한 콜럼버스는 1차 원정에서 쿠바와 아이티에 도착하여 인도의 한 부분이라고 믿었다.

◇ 폼페이 화산으로 묻혀버렸다가 두려워 떨고 있는 아이의 모습이 화석화한 채로 **발견(發見)**됐다.

◇ 코로나19 확산으로 장기 봉쇄 중인 중국 상하이의 한 아파트에서 40대 한국 주재원이 숨진 채 **발견(發見)**됐다.

◇ 인쇄술의 **발명(發明)**으로 문화적으로는 하나의 혁명이 일어났다.

◇ 편리한 기계들이 **발명(發明)**되어 산업화가 가속됐다.

◇ 과학의 혁명적 **발견(發見)**이나 **발명(發明)** 뒤에는 언제나 새롭고 독창적인 사고가 있었다.

## ◀ 발달(發達)-발전(發展)

| | | |
|---|---|---|
| 발달(發達) | ① 신체 · 정서 · 지능 따위가 성장하거나 성숙하다.<br>② 학문 · 기술 · 사회 따위가 더 높은 수준에 이르다. | 완료 |
| 발전(發展) | ① 더 낫고 좋은 상태나 더 높은 단계로 나아가다.<br>② 일이 어떤 방향으로 전개되다. | 진행 |

인류의 문화가 더 높은 상태로 변천하는 과정을 발달(發達)과 발전(發展)이라고 한다. 두 단어는 유의어로서 모든 기술 · 사회 관련된 수준이나 단계가 높아졌음을 나타낸다. 그러나 '발달'은 현재 완료된 것에만 사용하며, '발전'은 특정한 시점을 기준으로 연결되어 진행 중인 것에만 사용한다. 즉 '우주개발의 발달'과 '우주개발의 발전'은 더 나은 수준으로 향상되므로 모두 사용이 가능하다. 다만 신체 · 정서 · 지능 따위가 성장하거나 성숙하는 경우는 '발전'을 쓸 수 없다.

(A) 개는 후각이 <u>**발달**</u>한 동물이다.

(B) 개는 후각이 <u>**발전**</u>한 동물이다.

두 문장에서 신체 발육이므로 '발전'을 쓸 수 없는 것이다. '주강(珠江)은 삼각주가 잘 발달한 지역이다'처럼 이미 형성된 상태일 경우 '발전'을 쓸 수 없다. 즉 지형과 기후 상황이 완료된 상태라면 '발달'만 사용할 수 있다.

(C) 영어 실력이 나날이 <u>**발달**</u>하고 있다.

(D) 영어 실력이 나날이 <u>**발전**</u>하고 있다.

두 문장에서 현재 진행형이므로 예문(C)는 어색하고 비문(非文)에 해당하는 반면, 예문(D)는 정확한 표현이다. 두 문장에서 주어의 성격이 완료될 수 없는 단어라면 '발달'을 사용할 수 없다.

발(發)은 '시작하다'의 뜻을 가진 글자이다. '개발-계발'에서 설명한 바 있다.

달(達)은 '이르다, 닿다'라는 뜻을 가진 글자이다. 갑골-1[[illegible]:[illegible]]과 갑골-2[[illegible]:[illegible]]는 빠르게 길을 가는 의미를 표현한 글자였다. 방향[↑]과 발자국[止]의 형태(갑골-1)를 결합하거나 길[彳]과 사람[大]의 형태(갑골-2)를 결합했다. 이것은 큰 대로를 막힘없이 지나가는 사람의 모습을 본뜬 회의문자이다. 금문[[illegible]]을 보면, 지나가다[辵]와 대나무[大=竹]와 새끼 양[羊]의 결합이다. 갑골문자를 계승하면서도 대로에 양치기가 대나무를 들고 있는 모습을 형상화한 형태이다. 즉 양치기가 지나갈 정도로 막힘없이 간다는 뜻이다. 소전[[illegible]:[illegible]]에서 두 개의 자형으로 변모했으나 예서[[illegible]]에서 현재의 자형으로 통일되었다. 글자의 구성은 지나가다[辶]와 대나무[土]와 새끼 양[羊]인데, 대나무의 형태가 흙[土]으로 변모되었다. 그 의미는 '빠르게 길을 지나가는' 뜻이다. 이에 '도달하다, 통하다, 통달하다, 전달하다, 갖추다' 따위의 뜻이 파생되었다. 발달(發達)은 일정한 수준에 이르게 되다, 신체 발육이 빠르게 성숙하다, 목표한 성과를 이루다 등 상태나 상황이 완료된 경우에 사용한다.

전(展)은 '펴다, 전시하다'라는 뜻을 가진 글자이다. 소전[[illegible]]에 처음 보이며, 그 의미가 연관된 갑골[[illegible]]과 금문[[illegible]]과 소전[[illegible]]의 자형들이 있다. 아궁이[口] 위에 물건들[工]을 얹어놓은 것, 구덩이[[illegible]]에 물건들[工]을 손[又]으로 밀고 있는 것, 물건들[工] 4개를 진열해놓은 것 등이다. 즉 물건들을 보관하는 공간에 전시하는 것을 형상화했다. 소전[[illegible]]의 구성은 공개된 건물[尸]에 물건들[工]과 옷[衣]을 결합했다. 이것은 물건(도구 · 그릇 · 옷 따위)을 팔기 위해 좌판에 펼쳐놓은 모습을 본뜬 것임을 알 수 있다. 이에 '전시하다' 이외에 '정돈하다, 늘이다, 나아가다,

**살펴보다, 베풀다' 따위의 뜻이 파생되었다. 발전(發展)은 일이나 수준이 계속해서 더 나은 방향으로 전개되는 것이다.**

◇ 사립 유치원에서 **발달(發達)** 장애아를 받아들이지 않아 수차례 학부모의 거센 항의를 받았다.

◇ 교통이 아무리 잘 **발달(發達)**해 있어도 운송될 생산품이 부족하다면 유통이 원활하지 않게 된다.

◇ 코로나 팬데믹으로 혼자 쓰기 적합한 제품의 코쿤 비즈니스가 **발달(發達)**하는 등 코쿤족도 증가하는 추세이다.

◇ 실제 컴퓨터 작업과 냉방 기술이 **발전(發展)**하면서 제철소에서도 에어컨이 가동되는 사무실 안에서 어지간한 작업은 모두 처리할 수 있게 됐다.

◇ 인터넷 중독이 심해지면 대인 기피증으로 **발전(發展)**하여, 급기야 가상 세계와 현실 세계를 혼동하는 '자아 파괴'로까지 이어질 수 있다고 전문가들은 경고하고 있다.

◇ 마이크로 공학의 눈부신 **발전(發展)**에 힘입어 극세포 로봇의 개발이 빠르게 진척되고 있다.

## ◀ 방법(方法)-방식(方式)

| 방법(方法) | 어떤 일을 해나가거나 목적을 이루기 위하여 취하는 수단이나 방식 | 실천 |
|---|---|---|
| 방식(方式) | 일정한 방법이나 형식 | 형식 |

어떤 일을 이루기 위해 취하는 수단이나 방식은 방법(方法) 또는 방식(方式)이라고 한다. 두 단어는 거의 같은 의미를 지닌 동의어(同義語)이다. 다만 엄밀한 의미 차이를 따지자면, '방법'은 실제적이고 구체적인 수단을 이용하는 경우이고, '방식'은 기존의 여러 수단 중에 선택하게 된 형식이다. 화용론 측면에서 두 단어를 맞바꾸어도 무방하다. 그러나 '방법'은 적합한 수단을 찾아내어 해결하는 실천적이고 적극성을 내포한 의미이다. '방식'은 적당한 수단을 골라 해결하는 형식적이고 소극성을 내포한 의미이다. 잡초를 제거하는 '방법'은 실천을 강조한 표현이고, 잡초를 제거하는 '방식'은 다른 사물을 제거하는 것과 같은 형식임을 강조한 것이다. 목적지에 도달하는 '방법'은 구체적인 실천을 강조한 것이고, 목적지에 도달하는 '방식'은 그 형식을 강조한 것이다. 넓은 의미에서 보면, 결국 같은 뜻을 나타내므로 두 단어는 동의어로서 서로 맞바꾸어도 의미 차이가 없다.

방(方)은 '방향, 네모'라는 뜻을 가진 글자이다. 갑골[方:方]과 금문[方:方]을 보면, 어떤 사물을 본뜬 것인지 짐작하기 어렵다. 대체로 세 종류의 주장이 상충하는 글자인 셈이다. 첫째, 죄수의 목에 씌운 칼이다. 고대 목판에 구멍을 뚫고 죄수의 목을 끼우는 형틀을 본뜬 글자라고 본다. 전쟁을 통해 붙잡힌 포로는 노예로 삼기 위해 일정 기간 칼을 씌운 체 '네모난 방'에 가두었다. 그 노예는 변두리 '지역'에 적당한 일거리를 부여받았다. 이후 곁[旁], 놓아주다[放]의 뜻과 상통했다. 둘째, 배를 나란히 묶은 모양이다. 뱃머리를 연결하여 노를 젓는 뜻을 형상화했다고 본다. 그러나 이 견해는 후대 방(方)에 내포된 뜻 활용과 불일치하므로 설득력이 없다. 셋째, 쟁기의 보습을 본뜬 글자이다. 농작하는 소에게 쟁기를 씌워 땅을 일구는 농기구를 형상화한 것이라 본다. 쟁기의 양쪽 손잡이[冖]와 봇줄[力]이 결합한 형태이다. 소의 '방향'을 조절하며 '네모난' 논밭을 갈게 한다. 농사에 쟁기는 주요한 '수단, 방법'이 되었고, '바야흐로' '모두, 함께' 힘을 모아서 일했다. 세 번째 견해가 방(方)의 다양한 뜻 활용에 근접하므로 합당해 보인다.

법(法)은 '도리, 이치'라는 뜻을 가진 글자이다. 법(法)은 '무법(無法)-불법(不法)' 부분에서 설명한 바 있다. 방법(方法)은 어떤 일의 목적을 위해 이치에 맞는 수단을 사용하는 것이다.

식(式)은 '형식, 격식'이라는 뜻을 가진 글자이다. 소전[[illegible]]에 처음 보이며 말뚝[弋]과 도구[工]가 결합한 회의문자이다. 그 의미와 연관된 고문자[[illegible]]를 보면, 공사를 할 때 높이의 기준이 되는 말뚝과 넓이를 재는 도구를 본뜬 글자이다. 말뚝의 고문자[[illegible]]는 긴 막대를 아래에 고정한 모양이고, 높이 세워서 측량하는 도구로 추정된다. 도구의 고문자[[illegible]]는 상단에 손잡이가 있고 하단을 넓게 그린 모양이고, 땅의 넓이를 재거나 다지는 도구의 형태이다. 건축물을 지을 때 위아래를 설정하는 공정(工程)을 거치며, 공사를 담당하는 장인(匠人)의 설계기준에 따라 작업한다. 이에 '법식, 법도, 제도, 규칙, 본뜨다, 본받다, 모양' 따위의 뜻이 파생되었다. 방식(方式)은 어떤 일을 처리할 때 정해져 있는 형식이나 방법을 일컫는다.

◇ 그는 학원에 다니지 않고 세계 각국의 언어를 공부하는 **방법(方法)**으로 배낭여행을 선택했다.

◇ 헬스클럽에는 다양한 기구들이 설치돼 있어 기구별 특성에 따라 적합한 **방법(方法)**으로 운동을 즐길 수 있다.

◇ 보험 의약품이 같은 약이라도 공급 **방법(方法)**에 따라 가격 차가 최대 13배 이상 나는 것으로 조사됐다.

◇ 한국이 진정한 정보 통신 강국이 되고 또 이를 유지하려면 법치주의적 **사고방식(思考方式)**을 먼저 길러야 할 것이다.

◇ 영화가 어떤 **방식(方式)**으로 제작되는 것인지를 알면 그만큼 영화를 더 재미있게 볼 수 있다.

◇ 셔츠의 단추를 풀고 바지 밖으로 입는 **방식(方式)**은 직장인에게 일종의 금기 사항이다.

## ◀ 변조(變造)-위조(僞造)-날조(捏造)

| | | |
|---|---|---|
| **변조(變造)** | 이미 이루어진 물체 따위를 다른 모양이나 다른 물건으로 바꾸어 만들다. | 형태 |
| **위조(僞造)** | 어떤 물건을 속일 목적으로 꾸며 진짜처럼 만들다. | 가짜 |
| **날조(捏造)** | 사실이 아닌 것을 사실인 것처럼 거짓으로 꾸미다. | 내용 |

어떤 사물의 원형이나 성질을 다른 형태의 사물로 바꾸는 것을 변조(變造)·위조(僞造)·날조(捏造) 따위로 표현한다. 이 세 단어는 의미가 다른 뜻을 지니고 있다. '변조'는 다른 모양이나 물건으로 둔갑시키는 것을 말한다. '위조'는 시각적으로 분간할 수 없도록 인위적으로 속이는 것이다. '날조'는 사실이 아닌 것을 사실로 바꾸는 행위를 말한다. 모두

원형을 훼손하고 사실을 속이기 위한 목적을 지니고 있다. 이것들은 왜곡시키는 방식과 범위에 따라 개념이 다르다. '변조'와 '위조'의 경우, 이미 존재하는 물건에 다른 물건으로 바꾸어 고치는 것이 '변조'이고, 어떤 사실을 부분적으로 없애는 것이 '위조'이며, 거짓으로 사실을 만드는 것이 '날조'이다. 《훈민정음 사전》에서 '변조'와 '위조'는 어떤 물건을 진품과 흡사한 상태로 만드는 것이라고 정의한다. '위조'는 복사기나 기타의 기계 또는 수작업 등으로 진품을 흉내 내어 새로운 물건을 만들어 내는 것을 가리킨다. '변조'는 기존의 진품에 글자·숫자를 변경·첨삭하거나 부착물을 떼고 다른 것을 붙이는 따위의 일이라 설명한다.

변(變)은 '바꾸다'라는 뜻을 가진 글자이다. 고문자[[illegible]]와 소전[[illegible]]을 보면, 현악기의 연주[絲]와 가사의 내용[言]을 결합한 '노래'의 뜻에 손[又] 또는 막대[攴]를 덧붙인 회의문자이다. 그 의미가 연관된 고문자[[illegible]]에는 소리[音]와 악기[占]와 손[又]을 결합했다. 음악의 곡조는 가사의 내용에 따라 변한다. 이에 '바뀌다'라는 뜻을 갖게 되었다. 일설에는 변(變)을 어지럽다[䜌]와 바로잡다[攴]의 구성으로 보는 견해가 있다. 이는 말이 꼬인 실처럼 얽히고 복잡한 상황을 잘 정리하는 뜻을 내포한 것이다. 즉 잘못된 바를 시정시켜서 상황이 바뀌었다는 의미이다. 어지럽다[䜌]의 고문자[[illegible]:[illegible]]에도 '뒤엉킨 이야기'와 '곡조의 연주'를 나타내는 형태가 보인다. 변(變)의 뜻은 '바꾸다' 이외에 '고치다, 다투다, 속이다, 어그러지다' 따위가 있다.

조(造)는 '만들다'라는 뜻을 가진 글자이다. '구성-구조'에서 설명한 바 있다. 변조(變造)는 사물의 형태나 성질을 바꾸다는 뜻이다.

위(僞)는 '거짓, 잘못'이라는 뜻을 가진 글자이다. 구성을 보면 사람[亻]과 이루다[爲]가 결합한 형태이다. 인위적으로 무엇을 만드는 것을 나타낸다. 이루다[爲]의 갑골[𤔔]은 코끼리를 조련하는 모습을 형상화한 글자이다. 금문[爲]과 소전[爲]에 계승되면서 현재의 자형[爲]이 되었다. 고대 덩치가 크고 힘이 센 코끼리를 이용했는데, 사람이 할 수 없는 일을 야생의 동물을 길들여서 수월하게 활용했다는 것이다. 조련을 통해 무거운 짐을 옮기거나 시키는 대로 행동하는 재주를 보여주었다. 이에 '일하다'는 뜻이 생겨났다. 여기에 사람[亻]을 덧붙여서 인위적이고 부자연스러운 몸짓이나 행위를 표현한 것이다. 위(僞)에는 '거짓, 잘못' 이외에 '속이다, 꾸며 내다, 그릇되게 바뀌다' 따위의 뜻이 파생되었다. 위조(僞造)는 '거짓으로 사실을 만들다'의 뜻이다.

날(捏)은 '반죽하다'라는 뜻을 가진 글자이다. 소전[捏]에 처음 보이며, 손[扌]과 개흙[㘿=涅]을 결합한 형성문자이다. 거름으로 주로 쓰는 개흙은 갯바닥이나 늪 바닥에 있는 거무스름하고 미끈미끈한 고운 흙이다. 손이 덧붙게 된 것은 흙을 사용하여 공간을 메우거나 막는 행위를 표현한 것이다. 이에 '반죽하다'라는 뜻이 생겨났고, '꾸미다, 꿰어맞추다, 억누르다, 붙잡다' 따위의 뜻이 파생되었다. 날조(捏造)는 기존에 없는 것을 사실인 양 만들어 내는 것이다.

◇ 검찰총장을 지낸 ○○○의 장모 ○○○은 계약서를 **변조(變造)**하여 검찰로부터 무혐의를 받은 것으로 밝혀졌다.

◇ ○○은행 직원은 5년간 고객의 입출금 계좌를 **변조(變造)**하는 수법으로 많은 돈을 횡령했다.

◇ 주파수 **변조(變造)**는 반송파의 주파수를 음성 전파의 강약과 고저에 따라 변화시키는 것이다.

◇ 그 신문은 시중에 나돌고 있는 **위조(僞造)**된 지폐는 상당수 북한에서 만든 것이라는 근거를 보도했다.

◇ 애국이란 **위조(僞造)**된 선동 구호를 외치며 박근혜의 국정농단을 인정하지 않는 '태극기 부대'가 아직도 남아있다.

◇ ○○대학교 ○○○ 총장은 석·박사 학위를 **위조(僞造)**한 것이 밝혀지자 '고졸 총장'이란 불명예를 안고 결국 사임했다.

◇ 각 언론은 박 감독이 이 영화에서 지나친 흑백 논리로 민족주의 투쟁사를 **날조(捏造)**했다고 비판했다.

◇ 영국의 비밀기록은 일제가 을사조약을 **날조(捏造)**하여 한국을 강점한 불법성을 보여주는 증거 문건이다.

◇ 범죄자가 무죄를 받기 위해 판사에게 금품을 제공하지 않았다는 주장은 **날조(捏造)**된 것이었다.

## ◀ 복구(復舊)-복원(復元)

| 복구(復舊) | 손실 이전의 상태로 회복하다. | 재활 |
|---|---|---|
| 복원(復元) | 원래대로 회복하다. | 원형 |

어떤 기록자료나 건축물이 훼손될 경우 이전 상태로 회복시키는 것을 복구(復舊)와 복원(復元)이라고 한다. '복구'는 예전의 상태로 되돌려놓는 것이고, '복원'은 처음의 상태로 되돌려놓는 것이다. 컴퓨터가 제대로 작동하지 않을 경우를 생각해 보자. 오랫동안 컴퓨터를 사용하다 보면 원활하게 작동하지 않을 때가 있다. 작동하던 직전의 상태로 만드는 것은 '복구'이다. 모든 응용 프로그램이 지워진 상태 즉 제조된 당시의 상태

로 만드는 것은 '복원'이며 초기화라고 부른다. 문화재의 경우, 훼손된 부분만 보완하는 것은 '복구'이고, 처음 건립되었을 때의 모습은 '복원'이다. 자연재해 또는 천재지변에 의해 교량이 무너졌다면, 다시 사용할 수 있도록 '복구 작업'을 하게 된다. 고대 유적지에서 망실되거나 파괴된 경우 원래의 형태로 재건축하는 것을 '복원 사업'이라고 부른다.

복(復)은 '되돌아오다'라는 뜻을 가진 글자이다. 갑골[ ]을 보면, 움집[ ]과 발걸음[夊]이 결합한 형태이다. 움집의 상하단에 출입구가 있고 안으로 안쪽으로 발을 들여놓는 모습이다. 들어가다[复]에 길[彳]을 덧붙여 그 뜻을 명확하게 나타냈다. 복(復)의 고문자[ : ]·금문[ ]에 그 형태가 남아있다. 이에 '되돌아오다' 이외에 '반복하다, 겹치다, 되풀이하다, 뒤집다' 따위의 뜻이 파생되었다. 그리고 '다시, 재차, 거듭'의 뜻으로 활용될 경우 발음은 /부/이다.

구(舊)는 '수리부엉이'를 뜻하는 글자였다. 야행성 맹금류 부엉이는 숲에 오랫동안 앉아서 먹잇감을 살핀 후 사냥한다. 이에 부엉이의 습성 중에 장시간 기다리는 특성 때문에, '오래다'라는 뜻으로 가차되었던 글자이다. 갑골[ : : ]과 금문[ : : ]을 보면, 부엉이[萑]와 둥지[臼]를 본뜬 형태이다. 우리나라에서는 부엉이와 올빼미를 구별한다. 올빼미는 오래된 숲속에 나무구멍을 파고 밤에만 활동한다. 올빼미 중에 낮에 활동하는 것을 '쇠부엉이'라고 부른다. 그 외 측부엉이·수리부엉이·솔부엉이 등은 주로 밤에 활동하는 올빼미를 지칭한다. 서양에서는 올빼미와 부엉이를 따로 구별하지 않고 모두 'owl'이라 부른다. 구(舊)의 뜻에는 '부엉이' 이외에 '오래다, 옛날, 늙은이, 묵다' 따위의 뜻이 파생되었다. 복구(復舊)는 파손되거나 훼손된 사물의 이전 상태로 돌려놓는 것이다.

원(元)은 '으뜸, 시초'라는 뜻을 가진 글자이다. 갑골[ : : ]과 금문[ : ]을 보면, 사람의 머리 부분에 선[一]을 그어서 강조한 회의문자이다. 출산할 때 아이는 머리부터 내밀며 세상에 나온다. 모든 일의 시작과 근원을 나타내는 뜻이 되었다. 설날 아침을 원단(元旦)이라 부르고, 어떤 일이나 사건이 시작되는 첫해를 원년(元年)이라 부른다. 원(元)은 '으뜸, 시초' 이외에 '첫째, 두목, 근원, 기본, 크다' 따위의 뜻이 파생되었다. 복원(復元)은 사물이나 사건을 비롯하여 건축물에 이르기까지 모든 것의 최초 상태로 돌려놓는다는 뜻이다.

◇ 갑자기 컴퓨터는 부팅이 되지 않아서 **복구(復舊)** 프로그램을 이용하여 모든 바이러스를 제거했다.

◇ 재난이 발생하더라도 **복구(復舊)** 예산은 다음 해에 산정되는 예산 시스템은 개선할 필요가 있다.

◇ 문화재청은 2008년 8월 15일에 국보 1호 숭례문을 원형에 가깝게 **복구(復舊)**하여 현재 개방되었다.

◇ 통일신라 시대부터 전해지다 자취를 감춘 토종 벼를 최근 **복원(復元)**에 성공하여 전남 장흥에서만 소량 재배되고 있다.

◇ 산림청은 산불로 인한 피해지역에 자생하는 관목과 교목류를 이식하며 생태 **복원(復元)** 작업을 하고 있다.

◇ 뒤쪽으로 물러나 있던 광화문은 **복원(復元)**을 통해 제자리로 돌아왔고, 광화문·흥례문·근정문이 일직선을 이루게 됐다.

◇ 악성 바이러스를 치료하는 **복원(復元)** 프로그램이 있는데, 이를 이용하면 간편하게 잃어버린 정보를 **복구(復舊)**할 수 있다.

## ◀ 복종(服從)-순종(順從)

| 복종(服從) | 남의 명령이나 의사를 그대로 따라서 좇다. | 절대적 |
|---|---|---|
| 순종(順從) | 순순히 따르다. | 상대적 |

상대의 생각이나 말에 따르는 것을 복종(服從)과 순종(順從)이라 한다. '복종'은 외부 조건이나 권력 관계 하에서 규정된 행위이고, '순종'은 자연의 이치나 도덕심에 의해 자발적으로 받아들이는 행위이다. 사회는 공동체 집단으로 다수를 구성원으로 조직화한 세계이다. 고대 지배계층의 등장은 사회질서를 확립하기 위해 '복종'이라는 규범을 강요했다. 이에 신분 관계와 권력 서열을 중시하는 수직적 사회를 형성했다. 군대 조직에서 상관의 명령은 절대적인 '복종'에 토대를 두고 있는 규범이기도 하다. 반면 가족이나 학교에서 가장과 스승의 권위는 구성원이 본받아야 하고 존경해야 하는 상대적인 '순종'에 토대를 두고 있다. 화용론 측면에서 보면, 두 단어는 유의어로서 개념의 차이를 두지 않는다. 예를 들어, "국가의 권위에 복종(服從)하는 자"와 "국가의 권위에 순종(順從)하는 자"는 모두 국가의 존재를 인정하고 따르는 사람이란 뜻으로 차이가 없다. 다만 두 단어의 주어에 내포된 의미가 절대적인가 상대적인가에 따라 구별해서 활용하는 것이 바람직하다.

복(服)은 '굴복하다'라는 뜻을 가진 글자이다. 갑골[ ]을 보면, 형틀[ ]과 포로[ ]와 체포하다[ ]를 결합한 회의문자이다. 전쟁에서 붙잡은 포로를 압송하는 장면이 연상된다. 그런데 금문[ : : ]에서는 형틀[ ]을 배[ ]의 형태로 변모해 놓았다. 이것은 두 가지 해석이 가능하게 만들었다. 첫째, 배에 태워서 포로를 압송하는 모습이다. 이에 '항복하다, 복종하다, 굴복하다'의 뜻이 파생되었다. 둘째, 배의 돛을 조종하는 사람이다. 이에 '운항하다, 담당하다, 이용하다'라는 뜻이 파생되었다. 금문의 형태는 소전[ ]에 계승되었고, 압송된 포로의 태도와 관련하여 '참다, 당하다, (옷을) 입다, (약을) 먹다' 따위의 연쇄적인 뜻들이 파생되었다.

종(從)은 '따르다'라는 뜻을 가진 글자이다. 갑골[ ]을 보면 두 사람이 나란히 그려져 있다. 고문자[ ]에서는 길을 덧붙여 앞사람을 따라가는 뒷사람의 형태를 강조했다. 이것은 사람들이 뒤따르는 길을 형상화한 회의문자이다. 금문[ : : ]에서부터 '가다'[ ]의 동작을 추가하기 시작했다. 소전[ : ]과 예서[ : ]에서도 두 종류의 자형이 통용되었고, 그 의미는 '뒤따르다, 시중들다, 모시다, 종사하다, 모이다, 혈통' 따위의 뜻으로 파생되었다. 현재에도 추종(追從)·시종(侍從)·종속(從屬)·종사(從事)·외종(外從) 등으로 활용되고 있다. 복종(服從)은 상대의 명령이나 생각을 거스르지 않고 따르는 것이다. 반의어는 불복(不服)·거역(拒逆)·반항(反抗)·저항(抵抗) 등이 있다.

순(順) 역시 '따르다'라는 뜻을 가진 글자이지만, 도리나 이치를 깨닫고 자발적으로 취하는 행동이다. 금문[ ]을 보면, 물줄기[川]와 보다[見]가 결합한 형태였다. 소전[ ]에서는 생각[頁]이 결합한 형태로 변모했다. 이것은 본래 자연의 이치를 깨닫고 순응하는 원초적 개념이 점차 인간의 도덕을 기준으로 사회질서에 순응하는 이차적 개념으로 변한 것임을 알 수 있다. 순(順)의 의미에 대한 다른 주장도 존재한다. 즉 머리카락을 빗질하여 곱게 단장한 형태라고 본다. 고대 머리 장식에 대한 기록은 상투를 틀거나 묶는 방식이 대부분이다. 순(順)의 의미가 '머리 손질'에서 유래했다고 보는 주장은 억측에 가깝다. 순(順)은 본래 '마음으로 깨닫고 따르다'라는 뜻으로 보아야 한다. 순서(順序)는 형식적인 절

**차에 맞게 정해지는 순서이다. 순풍(順風)은 배가 가는 방향으로 부는 바람이다. 따라서 순(順)은 자연스럽고 편안한 심리상태를 내포하고 있는 '따름'이란 뜻이다. 순종(順從)은 다른 사람 특히 윗사람의 말이나 의견 따위에 불만 없이 따르는 행위를 말한다. 반의어는 불순(不順)·불손(不遜)·거부(拒否)·역행(逆行) 등이다.**

◇ 광주민주화운동을 탄압한 전두환 정부는 **복종(服從)**의 규율을 가진 군대를 동원한 불법적인 악행을 저질렀다.

◇ 사회적 약자를 보호하는 법안은 돈과 권력 앞에 **복종(服從)**하는 야만적인 사회구조를 타파하는 출발점이 되었다.

◇ 개인의 자유를 강조하는 자유주의와 다수의 의지에 대한 **복종(服從)**과 평등을 강조하는 민주주의는 엄연히 다른 개념이다.

◇ 그는 효행이 극진하여 부모가 하라는 일이면 아무리 어려운 일이라도 반드시 **순종(順從)**하여 부모의 마음을 기쁘게 했다.

◇ MZ 세대는 여자는 남자에게 **순종(順從)**해야 한다는 전통 관념을 이해하지 못할 뿐만 아니라 배격한다.

◇ 그는 항상 부모님의 충고를 듣지 않고 반항하지만, 여자 친구의 부탁이라면 **순종(順從)**하는 태도를 보였다.

## ◀ 부문(部門)-부분(部分)

| | | |
|---|---|---|
| 부문(部門) | 일정한 기준에 따라 분류하거나 나누어 놓은 낱낱의 범위나 부분 | 구별 |
| 부분(部分) | 전체를 이루는 작은 범위 또는 전체를 몇 개로 나눈 것의 하나 | 구성 |

어떤 사물의 기준에 따라 종류나 범위를 나누는 것을 부문(部門)과 부분(部分)이라고 한다. 그 사물의 전체 중에서 나누어진 일부를 '부분'이라 하고, 일정한 종류나 성격 따위를 한정하는 낱개를 '부문'이라 한다. 두 단어는 '나누어진 범위'라는 뜻을 나타내는 유의어지만, 화용론 측면에서 보면 엄격한 개념 차이로 인해 서로 다르게 활용된다. 자동차에서 각각의 역할과 기능을 하는 낱낱의 부속품들은 부문(部門)에 해당한다. 이에 비해 자동차에서 범퍼, 트렁크, 운전석, 조수석 따위는 부분(部分)에 해당한다. 즉 전체 중에서 차지하는 구성 부분을 말한다. 회사에서 경리과·인사과·총무과 따위는 일정한 임무가 부여된 부문에 해당한다. 이에 비해 경영진·실무팀·직원·노조 따위는 그 회사를 구성하는 부분인 셈이다. 컴퓨터의 경우 CPU·메모리·그래픽카드·파워 따위는 각각의 기능을 담당하는 부문이고, 모니터·본체·마더보드·키보드 따위는 컴퓨터를 구성하는 부분이다. 학문의 경우 철학·사회·과학·복지·공학 따위는 각각의 전공 분야를 나눈 부문이다. 인문계열·사범계열·예체능계열·사회계열·공업계열 따위는 학문 영역을 묶어서 나눈 부분이다.

부(部)는 '부락, 마을'을 뜻하는 글자이다. 전국시대 고문자[[illegible]]와 소전[[illegible]]을 보면, 거절하다[咅]와 마을[邑]이 결합한 형태이다. 거절[咅]의 소전[[illegible]]에 대해 두 가지 주장이 있다. 첫째 표시[丶]와 거절[否]이 결합한 형성문자이다. 즉 거절을 표시하는 뜻이다. 둘째, 연결된 산봉우리를 기준으로 경계를 나눈 회의문자이다. 즉 산을 사이에 둔 마을을 나타내는 뜻이다. 부(部)는 마을[邑]이 결합하여 '부락'의 뜻을 명확하게 나타냈다. 이외에 '집단, 분야, 구역, 경계' 따위의 뜻이 파생되었다. 관공서의 부서(部署), 공동업무를 하는 분야를 지칭하는 ○○부(部) 등으로 활용되는 글자이다.

문(門)은 '출입문'의 뜻을 가진 글자이다. 갑골[[illegible]:[illegible]]과 금문[[illegible]:[illegible]]을 보면, 여닫이문처럼 양쪽 문짝을 본뜬 형태이다. 건축 구조에서 '문'은 내부와 외부를 통하는 주요한 역할을 한다. 이것은 '공간의 경계'를 나누는 통로라는 의미를 내포하고 있다. 혈연이나 족보의 측면에서 선조와 후손의 계통을 가문(家門)이라고 한다. 이것은 '가족 공동체의 운명'을 이어온 혈통이라는 의미를 내포하고 있다. 특정한 분야에 지식과 경험이 풍부한 수준을 전문(專門)이라고 한다. 이것은 '영역의 비교 우위'를 차지하는 일이나 사람이라는 의미를 내포한다. 이렇듯 '문'은 대상을 구별하는 기준으로서 경계·혈통·영역 따위에 사용된다. 부문(部門)은 개별성이 강조되며 분류에 따라 정해진 범위이거나 종류이다.

분(分)은 '나누다'라는 뜻을 가진 글자이다. '구별(區別)-구분(區分)' 부분에서 설명한 바 있다. 부분(部分)은 전체 중에서 차지하는 일부의 범위이다. 따라서 부문(部門)은 역할·기능을 강조하는 개별성이고, 부분(部分)은 전체 중에서 일정 범위를 차지하는 구성품이다.

◇ 광고 모델 이정재는 제75회 칸 영화제에 첫 영화 연출작 <헌트>로 미드나잇 스크리닝 **부문(部門)**에 초청받아 감독과 주연 배우 자격으로 참석했다.

◇ 민간 **부문(部門)**에서는 이미 외국인 채용이 일상화하면서 혼혈주의가 순혈주의를 빠르게 대체하고 있다.

◇ 지역 간의 균형적인 개발과 농어업을 비롯한 산업 **부문(部門)** 간의 균형적 발전이 지금 우리의 핵심 과제이다.

◇ 이번 갓길 차로 개통으로 교통량이 증가하는 하계 휴가철에 원활한 교통을 위해 상당 **부분(部分)** 효과가 있을 것이다.

◇ 검찰의 횡포를 방지하기 위한 수사、기소 분리법안에서 검찰의 수사권은 경제、부패범죄 **부분(部分)**에 한정하기로 했다.

◇ 논문을 쓸 때는 다른 사람의 글에서 도움받은 **부분(部分)**에 각주를 달아서 출처를 반드시 표시해야 문제가 되지 않는다.

## ◀ 비난(非難)-비판(批判)-비평(批評)

| 비난(非難) | 남의 잘못이나 결점을 책잡아서 나쁘게 말하다. | 공격 |
|---|---|---|
| 비판(批判) | 현상이나 사물의 옳고 그름을 판단하여 밝히거나 잘못된 점을 지적하다. | 부정 |
| 비평(批評) | 비판하되, 미추(美醜) 따위를 분석하여 가치를 논하다. | 분석 |

사람이나 사물에 대해 평가하는 것을 비난(非難)·비판(批判)·비평(批評) 따위의 단어를 사용한다. '비난'과 '비판'은 그 대상에 대한 부정적인 견해를 밝히는 측면에서 유의어이다. 그러나 '비난'은 상대의 결점만을 문제 삼고 공격적으로 비방하는 것이다. '비판'은 평가에 대한 오류

를 문제 삼고 근거를 제시하며 역설적으로 말하는 것이다. 서로 비슷한 의미를 나타낼 때도 있지만, 무조건 반대하는 '비난'에 비해 '비판'은 논리적으로 반론을 제기하는 것이다. '비평'은 분석적 태도로 긍정적이든 부정적이든 그 대상의 가치를 평가한다. 화용론적 측면에서 '혹평'하는 경우는 '비난'의 뜻으로 사용한다. 선거에서 네거티브가 난무하는데, 이것은 상대 후보를 흠집 내거나 낙선하도록 만드는 '비난'에 가깝다. '비판'과 '비평'은 근거를 제시하고 판단하는 점에서 유의어이다. 그러나 '비판'은 대부분 부정적인 판단으로 귀착되고, '비평'은 긍정과 부정의 양면을 분석하여 그 가치를 평가하는 데 있다.

비(非)는 '아니다'의 뜻을 가진 글자이다. 갑골[[illegible]:[illegible]]과 금문[[illegible]:[illegible]]을 보면, 새의 양쪽 날개를 본뜬 형태이고, 본래 '날다'라는 뜻이었다. 소전[[illegible]]에서 양측이 어긋난 모양을 취하여 '등지다, 어긋나다, 배반하다'의 뜻이 파생되었다. 고문자[[illegible]]와 예서[[illegible]]에서 양쪽 날개의 본래 형태로 되돌아 왔다. '날다'의 뜻은 '飛'가 대신하게 되었고, 주로 부정을 표시하는 '아니다, 그르다, 허물, 잘못'의 뜻으로 사용된다. 특히 '나쁘다'는 의미를 나타내는 '비방하다, 헐뜯다, 원망하다' 따위의 뜻으로 확대되며 사용되었다.

난(難)은 '힘들다, 어렵다'는 뜻을 가진 글자이다. 금문[[illegible]:[illegible]:[illegible]]에 처음 보이며, 분신[堇]과 날려보내다[隹]를 결합한 회의문자이다. 본래 가뭄이 심하여 분신하는 기우제를 지냈는데, 영혼을 하늘로 보내는 제사를 뜻했다. 고대 은나라 탕왕(湯王)은 몸소 기우제의 제물이 되어 분신한 전설이 있다. 제사는 하늘과 소통하는 방식이라 믿었고, 가뭄을 해소하기 위해 기우제를 지냈다. 분신[堇]을 나타내는 갑골[[illegible]:[illegible]:[illegible]]은 두 종류의 뜻이 존재한 것으로 본다. 첫째, 사람을 제물로 사용하는 제사이고, 둘째, 분신하는 제물의 고통을 표현한 것이다. 금문[[illegible]:[illegible]:[illegible]]에서는 제사와 고통을 모두 내포한 형태를 띠고 있다. 본래 '기우제'를 뜻하는 글자였으나, 차츰 '고통스럽다, 견디기 어렵다'라는 뜻으로 파생된 것이다. 소전[[illegible]]에서 불[火] 대신 흙[土]으로 변모시켜 본래 뜻을 알기 어렵게 만들었다. 설문해자에서 허신은 '진흙 사람'으로 해석하여 '진흙, 점토'의 글자라고 주장했다. 갑골[[illegible]]에서 사람[[illegible]] · 포박[[illegible]] · 기도[[illegible]] · 불[[illegible]]이 결합한 본래의 뜻을 인식하지 못했을 것이다. '難'의 소전[鷬]에 대해 《설문해자》에서 '새의 일종'으로 풀이했다.[75] 허신은 분신[堇]의 뜻을 이해하지 못한 오류를 범한 것이다. 분신은 하늘에 바치는 제사이므로 경건한 마음과 엄중한 태도를 지녔다. 근신(勤愼)의 근(謹)은 '제사를 지내듯이 삼가는 말'을 뜻한다. 근면(勤勉)의 근(勤)은 '힘들게 일하다'라는 뜻이다. 따라서 난(難)은 '고통스러운 상황'을 표현한 글자인 셈이다. 비난(非難)은 상대를 곤란하게 만드는 헐뜯는 말이다.

비(批)는 '바로잡다'의 뜻을 가진 글자이다. 소전[[illegible]]에 처음 보이며 고문자[[illegible]]를 보면, 두 사람이 나란히 머리를 맞대고 있는 형태이다. 예서[[illegible]]에서 정수리[囟]를 생략하여 '비교하다'의 뜻을 표현했다. 어떤 대상을 비교하여 우열을 가리거나 선택하게 되므로 '바로잡다, 평가하다'의 뜻으로 파생되었다. 그리고 '손동작'을 강조하여 비파를 연주할 때 손을 굴리는 방법을 나타낸다. 상소문에 대한 임금의 대답을 비답(批答)이라 하는데, 이것은 여러 근거를 기준으로 삼아 올바른 결정을 내리게 되는 응답이다.

판(判)은 '판단하다'의 뜻을 가진 글자이다. 소전[[illegible]]과 대전[[illegible]]을 보면, 소[牛]의 머리를 칼로 나누는 형태이다. 본래 '쪼개다, 나누다'의 뜻

---

75) 鷬, 鳥也. 從鳥, 堇聲.

이며, 소를 잡을 때 뼈와 살을 발리는 것에서 유래한 것이다. 어떤 사물을 해체하면 그 내면을 알 수 있다. 현재의 자형은 예서[判]에서 비롯되었다. 고려와 조선 시대 벼슬 중에 판서(判書)는 각 행정부서의 으뜸 품계를 지칭했다. 고대 중요한 문건의 진위를 가리는 데 사용한 증문(證文)이라 하며, 증명하는 물건을 나누거나 맞추는 것을 '판(判)'이라 했다. '판단하다' 이외에 '구별하다, 결정하다'의 뜻으로 파생되었다. 비판(批判)은 현상이나 사물의 옳고 그름을 판단하여 밝히거나 잘못된 점을 지적하는 것을 말한다. 그러나 화용론 측면에서 주로 부정적 의미로 사용되어 '잘못된 것을 따지는' 뜻이다.

평(評)은 '평가하다'의 뜻을 가진 글자이다. 소전[評]에 처음 보이며, 말하다[言]와 평평하다[平]가 결합한 형태이다. 평(平)은 악기의 소리를 고르게 하다는 뜻이며, '동등(同等)-평등(平等)-대등(對等)' 부분에서 설명한 바 있다. 평(評)은 대상에 대한 장단점(長短點)이나 선악미추(善惡美醜) 등 가치 판단을 하는 것이며, 어느 한쪽으로 치우치지 않고 객관적으로 말하는 것이다. 인물평(人物評)·품평(品評)·강평(講評)·만평(漫評)·논평(論評) 따위로 활용된다. 비평(批評)은 어떤 대상에 대하여 근거를 제시하며 그 가치를 분석하는 것이다.

◇ 윤석열 정부의 고위공직자들이 온갖 비리와 불법으로 살아온 경력이 밝혀지자 **비난(非難)**의 여론이 더욱 높아졌다.

◇ 특정 대상을 **비난(非難)**하기 위해 '가짜 뉴스'를 만들어 여론을 조작하는 신종 수법이 등장해 피해자가 잇따르고 있다.

◇ 유명 브랜드 제품을 베낀 업체들이 자사 특허 침해엔 민감한 반응을 보여 '내로남불'이라는 **비난(非難)**을 받고 있다.

◇ 하이에크는 루스벨트의 뉴딜 정책을 **비판(批判)**했지만, 폴라니는 자본주의 교정으로서 뉴딜 정책을 높이 평가했다.

◇ 언론사나 개별 언론인별로 성향을 분류하고, 비리를 옹호하는 언론만 상대하고 **비판적(批判的)**인 언론을 외면하고 있다.

◇ 작가는 금전만능의 풍조 속에서 인간적인 정서와 사랑이 메말라 가는 요즘의 사회 풍토를 통렬하게 **비판(批判)**하고 있다.

◇ 그녀의 소설은 평론가들로부터 문장이 간결하고 내용이 참신하다는 **비평(批評)**을 들었다.

◇ 프로이트의 정신 분석학은 예술 작품을 심리적으로 이해하고 **비평(批評)**하는 길을 열었다.

◇ 인스타그램에서 주로 사진 위주의 짤막한 맛집 소개에 집중한다면, 이들 세 사람은 음식 평가와 **문화비평(文化批評)**에 신경을 더 쓰고 있다.

# ㅅ

## ◀ 사고(思考)-사상(思想)-사색(思索)

| | | |
|---|---|---|
| 사고(思考) | ① 생각하고 궁리하다.<br>② [심리] 심상이나 지식을 사용하는 마음의 작용 | 동적 |
| 사상(思想) | ① 어떠한 사물에 대한 구체적인 사고나 생각<br>② [철학] 판단, 추리를 거쳐서 생긴 의식 내용 | 정적 |
| 사색(思索) | 어떤 것에 대하여 깊이 생각하고 이치를 따지다. | 이치 |

인간은 생각하는 동물이다. 물론 동물도 생각의 단계를 갖지만 단순하고 탐욕적인 과정을 반복한다. 인간의 생각은 환경에 따라 개인에 따라 복잡하고 지속적인 변화를 추구한다. 이러한 '생각'에는 사고(思考)와 사유(思惟), 사상(思想), 사색(思索)으로 구분할 수 있다. 어떤 대상이나 사건에 대해 원하거나 계획하는 행위를 '사고' 또는 '사유'라고 한다. '사고'는 시간적 흐름에 따라 떠오르는 생각이고, '사유'는 통시적 관점에 따라 지속하는 생각이다. 여름휴가를 계획한다는 것은 '사고'에 해당하며, 휴가의 필요성을 느끼는 것은 '사유'에 가깝다. 개별 대상마다 생각하는 '사고'와 판단의 기준마다 대응하는 '사유'는 서로 차이점이 있다. 이에 비해 '사상'은 대상에 대한 축적된 경험과 습관적인 방식을 포함하는 의식체계이다. '사상'은 '사고'나 '사유'에 비해 고정된 상태를 유지하는 생각의 틀이다. '사색'은 어떤 것을 깊이 생각하며 이치를 따지는 상태이다. 화용론 측면에서 이러한 세 단어는 유의어지만 서로 바꾸어 사용하면 표현의 차이뿐만 아니라 어감도 다소 어색하다.

사(思)는 '생각하다'라는 뜻을 가진 글자이다. 고문자[[illegible]:[illegible]]와 소전[[illegible]]을 보면, 머리[[illegible]]와 마음[心]을 결합한 형태이다. 본래 어떤 사건이 이루어지기를 '바라다, 계획하다'의 뜻이었다. 고대 가뭄이나 홍수는 인간의 생활을 위협하는 자연현상이었고, 맹수나 적의 공격은 생존을 위협하는 경계요인이었다. 이러한 위협에 대해 기도하거나 주의하는 대응방식을 마련했다. '생각' 이외에 '마음, 뜻, 그리움, 슬픔' 따위의 심리적인 뜻이 파생되었다.

고(考)는 '생각하다, 살펴보다'의 뜻을 가진 글자이다. 갑골[[illegible]:[illegible]:[illegible]]과 금문[[illegible]:[illegible]]을 보면, 지팡이를 짚고 있는 노인을 본뜬 형상이다. 본래 '늙다, 나이가 들다'의 뜻으로 노(老)와 같은 글자였다. 소전[[illegible]:[illegible]]에서 허리가 굽은 노인과 지팡이[丂]를 분리했다. 오랜 세월 동안 경륜을 통해 터득한 지혜로운 노인을 형상화했다. 세상살이에 대해 깊이 헤아려 생각하는 노인이라는 뜻에서 '두루 살펴보는 능력'이 파생되었다. 이체자(異體字)는 '攷'이다. 현재의 자형은 예서[[illegible]]를 거치면서 해서[考]에서 비롯되었다. '깊이 헤아리다' 이외에 '시험하다, 두드리다, 어울리다, 솜씨가 좋다, 이루다' 따위의 뜻이 파생되었다. 사고(思考)는 바라는 바를 두루 살피고 헤아리는 생각이다.

상(想)은 '생각하다, 상상하다'의 뜻을 가진 글자이다. 소전[[illegible]]에 처음 보이며, 고문자[[illegible]]를 다듬은 것이다. 글자의 구성을 보면, 나무[木]와 눈[目]과 마음[心]을 결합한 형태이다. 여기에서 서로 마주보다[相]는 사물을 자세히 통찰하는 능력을 의미한다. 마음[心]을 추가한 상(想)은 내면의 세계를 구체적으로 생각하는 것이다. 상상(想像)·공상(空想)·몽상(夢想)·구상(構想) 따위로 활용된다. '상상하다' 이외에 '그리워하다, 원하다, 바라다, 닮다' 따위의 뜻으로 파생되었다. 사상(思想)은 사회·정치·인생 등에 대한 일정한 견해나 생각을 말하며, 논리적이고 체계적인 의식세계이다. 즉 '사상'은 '사고(思考)'를 통해 획득되는 관념인 셈이다.

색(索)은 '찾다'라는 뜻을 가진 글자이다. 갑골[[illegible]:[illegible]]을 보면, 두 손가락으로 실타래를 꼬는 형태이다. 본래 '새끼줄을 꼬다'라는 뜻이며 본음은 '삭'이다. 새끼줄은 볏짚을 양손으로 누르고 비벼서 만들었다. 손동작을 강조하여 무엇을 더듬거나 '찾다'라는 뜻으로 파생되었고, '색'이라 독음했다. 금문[[illegible]:[illegible]]에서 지붕의 모양을 추가하여 실내에서 새끼줄을 만드는 형태로 변모했다. 현재의 자형은 소전[[illegible]:[illegible]]을 거치면서 해서[索]에서 비롯되었다. 사색(思索)은 대상의 속성이나 성질을 깊이 생각하는 것이다. 대체로 '사색에 잠기다.' '사색을 즐기다.' '사색의 계절' 등이 대표적인 사례이다.

◇ 기득권을 가진 부유층에게 유리한 정책과 **사고(思考)**는 국민 통합과 국가의 장기적 발전에 전혀 도움이 되지 않는다.

◇ 우리나라는 야당이 집권하면서 진보적 **사고(思考)**를 지닌 인재들과 혁신적인 기업이 국가발전에 공헌했다.

◇ 이웃을 소중하게 여기고 웃어른을 공경하는 미풍양속을 유교적인 **사고방식(思考方式)**이라 배척하는 풍조가 있다.

◇ 조선 왕조는 정치적으로는 유교의 덕치주의와 민본 **사상(思想)**을 바탕으로 왕도 정치를 구현하려 했다.

◇ 핵가족제가 정착되고 효 **사상(思想)**도 미약해져 자식이 있음에도 홀로 거주하는 노인들은 계속 증가하고 있다.

◇ 단순한 관념 유희로 치부하지 말고, 이 작품에 담긴 **사상(思想)**을 깊이 있게 음미해 볼 필요가 있습니다.

◇ 그녀는 때때로 혼자서 무엇인가를 골똘히 생각하고 **사색(思索)**에 잠기는 것을 좋아했다.

◇ 트레킹은 원래 남아프리카의 원주민들이 달구지를 타고 집단 이주하던 것에서 유래된 것으로 '**사색(思索)** 여행', '도보 여행'이라고 불리기도 한다.

◇ 사람은 누구나 자기 인생의 체험과 **사색(思索)**을 통하여 저마다 저다운 행복의 철학을 갖는다.

## ◀ 사용(使用)-이용(利用)

| 사용(使用) | ① 일정한 목적이나 기능에 맞게 쓰다.<br>② 사람을 다루어 이용하다. | 목적 |
|---|---|---|
| 이용(利用) | ① 대상을 필요에 따라 이롭게 쓰다.<br>② 다른 사람이나 대상을 자신의 이익을 채우기 위한 방편(方便)으로 쓰다. | 수단 |

사용(使用)과 이용(利用)은 권한이나 도구를 쓰다는 유의어에 해당한다. 다만 '이용'은 수단으로 삼아 자신의 이익을 충족시키는 부정적 의미가 내포되므로 주의해야 한다.

(A) 어른에게 존댓말을 사용하다.

(B) 지하철을 이용하여 학교에 온다.

두 문장에서 '사용'과 '이용'을 바꾸면 어색하다. '사용'은 일정한 목적에 맞추어 쓰는 것이고, '이용'은 수단으로 언제든지 편리하게 쓰는 것이다.

(C) 믹스기를 사용[이용]하여 주스를 만들다.

(D) 비둘기를 통신용으로 이용[사용]한다.

두 문장에서 '사용'과 '이용'을 맞바꾸어도 무방하다. 예문(C)에서 '사용'은 주스를 만드는 기계라는 사실이고, '이용'은 편리하게 주스를 만드는 수단이다. 예문(D)에서 '사용'은 통신용으로 널리 쓰임을 강조한 것이고,

'이용'은 통신용으로 편리함을 강조한 것이다.

사(使)는 '부리다, 시키다'의 뜻을 가진 글자이다. 갑골[𠬞]과 금문[𠬞]을 보면, 가지를 꽂은 모자를 쓴 형태의 회의문자이고, 본래 '종사하다'의 뜻이었다. 전국시대[使:𨔵]에 이르러 사람[亻]이나 길[辵]을 추가하여 '사신'이나 '외교행사'를 구체적으로 표시했다. 소전[㑥]에서 '종사하다'[事]의 뜻과 분리되어 '시키다, 부리다'의 뜻이 파생되었다. 갑골[𠬞]은 사건을 기록하는 사(史), 권한을 가진 리(吏), 명령을 받은 사(使), 일을 집행하는 사(事) 등 통치행위를 표현한 원시 문자였다. 손에 권력을 상징하는 도구를 쥐고 있는 형태이다. 전국시대를 거치면서 여러 갈래 뜻이 나뉜 자형들이 보이기 시작했다. 사(使)는 임금에게 부여받은 임무와 권한을 행사하는 사신(使臣)인 셈이다. 일정한 기준이나 절차에 맞게 '쓰다, 부리다'의 뜻을 내포하고 있다.

용(用)은 '쓰다'라는 뜻을 가진 글자이다. 갑골[用]·금문[用]·소전[用]의 형태는 일의 시작과 마침을 알리는 종(鐘)을 본뜬 상형문자이다. 고리가 달린 대롱을 뜻하는 용(甬:甬)의 본자이다. 본래 '종소리'를 뜻하였고, 고대에 일정한 시간적 알림으로 사용한 종을 형상화한 것이다. 일설에는 나무통[桶]의 본자라고 본다. 그러나 물건을 보관하거나 이동할 때 사용되는 도구라면, 막혀있지 않은 아랫부분과 반쯤 열려있지 않고 닫힌 덮개 때문에 설득력이 없다. 또 일설에는 곡식 1말[斛]의 양을 되는 도구라 본다. 분량을 측정하는 그릇과 '사용하다'라는 뜻을 연관 짓기에 거리가 너무 멀다. 따라서 어떤 일을 시행하거나 마무리할 때 알리는 '종소리'로 보아야 한다. '쓰다' 이외에 '베풀다, 다스리다, 작용하다' 따위의 뜻이 파생되었다. 사용(使用)은 일정한 절차나 기준에 맞추어 쓰는 행위이다. 즉 목적을 달성하기 위한 과정이며 필요한 규정과 절차를 갖고 있다.

이(利)는 '이롭다, 편리하다'의 뜻을 가진 글자이다. 갑골[[illegible]·[illegible]]과 금문[[illegible]·[illegible]]을 보면, 벼[禾]와 칼[刂]이 결합한 회의문자이다. 갑골의 두 번째 자형과 금문에는 이삭을 첨가한 것이다. 농경사회가 발전하면서 벼를 수확하는 데 낫[刀]이 사용되었고, 본래 '날카롭다'라는 뜻으로 만들어진 글자였다. 농경에 도구를 이용함으로써 시간적 절약뿐만 아니라 수익을 가져다준다. '이롭다'와 '날카롭다' 이외에 '편리하다, 날래다, 이기다, 탐하다' 따위의 뜻이 파생되었다. 이용(利用)은 대상의 능력이나 장점을 자신의 이익에 부합되도록 하다는 뜻이다. 즉 대상을 수단으로 삼는 것이다.

◇ 이 커피 전문점은 행사장을 방문한 모든 시민에게는 여러 번 **사용(使用)**이 가능한 머그컵 및 장바구니를 나누어 주고 있다.

◇ 인간이 **사용(使用)**하는 언어는 개인적인 상속물이 아니라 그가 자라고 있는 집단에서 받은 사회적인 획득물이다.

◇ 이 기능들을 **사용(使用)**하기 위해서는 어쩔 수 없이 전용 앱을 이용하거나 지정한 브라우저로 접속을 해야 한다.

◇ 우주선 외부에 장착된 인공 팔을 **이용(利用)**하여 중력 상태에서도 자유롭게 물체를 잡을 수 있다고 한다.

◇ 취득한 농지를 취득 목적대로 **이용(利用)**하지 않는 농지를 처분하게 해 농지의 투기적 소유를 예방하고 효율적인 농지관리를 도모할 계획이다.

◇ 서울지하철 9호선 양천향교역 승강장에서 전동휠체어를 탄 장애인이 에스컬레이터를 **이용(利用)**하다 뒤집히는 사고로 숨졌다.

## ◀ 색상(色相)-색조(色調)

| 색상(色相) | [미술] 색 자체가 갖는 고유의 특성 | 종류 |
|---|---|---|
| 색조(色調) | [미술] 색깔이 강하거나 약한 정도나 상태 또는 짙거나 옅은 정도나 상태 | 느낌 |

빛을 흡수하고 반사하는 사물의 색깔에 대해 색상(色相)과 색조(色調)라는 단어를 사용한다. '색상'은 물리적인 물감 안료(顔料)의 고유성을 말한다. '색조'는 그 색채의 정도나 상태를 나타내는 단어이다. 빨강·파랑·노랑 따위의 시각적인 구별이 가능한 것은 '색상'이다. 강하다·약하다·밝다·어둡다·짙다·옅다 등 '색조'를 표현하는 형용사들이다. 즉 '색상'의 조화를 '색조'라고 하고, '색조'의 원색을 '색상'이라고 한다. '파릇파릇한 색상' '울긋불긋한 색상' '불그스레한 색상' 등에서 '색조'와 바꿔쓰면 어색하다. '밝은 색조/색상' '짙은 색조/색상' '옅은 색조/색상' '강렬한 색조/색상' 등에서 '색상'은 색의 종류를 나타내고, '색조'는 색의 느낌을 표현한 것이다.

색(色)은 '색깔, 빛깔'의 뜻을 가진 글자이다. 춘추시대의 고문자[]를 보면, 손동작[爪]과 사람[人]과 머리[頁]를 결합한 회의문자이다. 본래 '머리를 손질하다, 장식하다'의 뜻이었다. 전국시대의 고문자[]에서 획을 줄여서 간략한 형태로 변모했다. 소전[]과 예서[]을 보면, 손동작[爪]의 형태가 칼[刀]로 변하면서 본래 의미를 알 수 없게 만들었다. 일설에는 갑골[]에서 유래한 회의문자라고 본다. 두 사람이 엉켜 있는 형태이며 남녀의 성관계를 형상화했다고 주장한다. 비록 흥분한 '얼굴색'을 표현했다고 하지만, 수많은 색을 '얼굴'에 비견하는 것은 설득력이 떨어진다. 또 다른 일설에는 색(色)의 구성을 칼[刀]과 무릎을

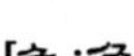

꿇은 여성[巴]을 결합한 회의문자로 본다. 남성이 여성을 겁박하여 변하는 '얼굴색'을 표현한 것이라 주장하지만, 겁에 질린 '얼굴색'을 모든 색의 유래라고 보기에 너무 거리가 멀다. 색(色)은 춘추시대 화려하게 머리를 꾸민 여성을 본뜬 글자이다. '색깔' 이외에 '모습, 얼굴, 기색, 색정, 화장, 물들이다' 따위의 뜻이 파생되었다.

상(相)은 '모습'이라는 뜻을 가진 글자이다. 갑골[相]과 금문[相:相]을 보면, 사방으로 뻗은 모양[＊]과 눈[目]을 결합한 회의문자이다. 본래 '자세히 보다'의 뜻을 나타낸 것이다. 전국시대 고문자[相]에서도 빛나는 물체를 보는 눈이 결합한 형태이다. 소전[相]에서는 나무[木]와 눈[目]을 본뜬 형태로 변모하면서 본래의 의미를 파악하기 어렵게 되었다. 물체를 강조하여 '모습, 모양'의 뜻이 파생되었고, 눈을 강조하여 '관찰하다, 시중들다, 다스리다, 서로, 마주하다'의 뜻이 파생되었다. 색상(色相)은 색의 모습이므로 색 자체가 지닌 고유의 특성을 의미한다.

조(調)는 '조절하다'라는 뜻을 가진 글자이다. 소전[調]에 처음 보이며 말하다[言]와 주변[周]을 결합한 회의문자이다. 본래 '에두르다'의 뜻으로 까다롭게 말하지 않고 서로 알아듣도록 합의하는 것이다. 이외에 '어울리다, 길들이다, 부드럽다, 고르다' 따위의 뜻으로 파생되었다. 한편 따지다[言]와 시행하다[用]와 구역[口]의 결합으로 '조사하다, 조절하다, 뽑다, 준비하다, 헤아리다, 가락, 구실' 따위의 뜻으로도 사용된다. 색조(色調)는 색의 조절이므로 농도나 강도에 따라 나타나는 정도나 상태이다.

◇ 신도시의 도로, 가로수, 가로등, 도로포장은 물론 주위 건물의 **색상(色相)**, 간판까지 전통적인 한국 분위기를 조성했다.

◇ 대기 오염 상황을 시민들이 쉽게 알 수 있도록 통합 대기 환경 지수를 개발해 지역별 오염 수준을 **색상(色相)**으로 구분했다.

◇ 올가을에는 펑크스타일의 영향으로 알록달록한 **색상(色相)**의 불투명 스타킹이 유행할 전망이다.

◇ 구글에서 새로 공개한 피부 **색조(色調)**는 유색 인종의 피부 색조를 표현하는 방식을 개선하고 인공지능(AI) 기술에 나타날 수 있는 편견을 줄이는 것을 목적으로 채택했다.

◇ 코로나 팬데믹이 완화되고 사회적 거리두기와 실외 마스크 착용 의무가 해제되면서 **색조(色調)** 화장품 소비가 늘었다.

◇ 나만의 뚜렷한 **색조(色調)**가 없이 다른 사람들의 생각에 순응했다면 나는 화려하기보다는 무색으로 인식했을 것이다.

## ◀ 수리(修理)-수선(修繕)

| 수리(修理) | 고장 나거나 허름한 데를 손보아 고치다. | 리콜 |
|---|---|---|
| 수선(修繕) | 낡거나 헌 물건을 고치다. | 리폼 |

물건을 오래 쓰다 보면 고치는 일이 생긴다. 이때 수리(修理)와 수선(修繕)이란 단어를 사용하는데, 유의어이기에 어느 것을 써야 할지 헷갈릴 때도 있다. 엄격한 의미에 있어서 두 단어는 서로 분간하여 사용해야 한다. 고장이 나거나 작동이 되지 않는 물건을 고칠 때는 '수리'를 사용한다. 낡거나 허름한 물건의 일부 또는 부품을 교환하는 경우 '수리'와 '수선' 중 어느 것을 써도 틀린 표현이 아니다. 또 크기가 작고 단순한 물건을 고칠 때도 '수리'와 '수선'을 모두 쓸 수 있다. 다만 더 나은 상태로 고치는 경우는 '수선'이 올바른 표현이다. 의상・구두・신발 따위는 '수선'을 써야 한다.

(A) 형이 입던 외투를 수선했다.

(B) 닳은 구두 밑창을 수선했다.

(C) 액정이 깨진 휴대전화를 수리했다.

(D) 춤추는 인형을 수리했다.

외투(A)·구두(B)는 '수리'를 쓰지 않으며, 휴대전화(C)·춤추는 인형(D)처럼 비록 크기는 작지만, 기계적 결함을 고친 것이므로 '수선'을 쓰지 않는다.

수(修)는 '고치다'는 뜻을 가진 글자이다. 소전[䏋]에 처음 보이며 사람[亻]과 지팡이[丨]와 집다[夂]와 갖추다[彡]를 결합한 형태이다. 본래 언행을 '조심하다'라는 뜻으로 천천히 강을 건너다[攸]와 꾸미다[彡]가 결합한 자형이다. 유(攸)는 지팡이를 더듬으며 강을 건너는 것을 형상화한 글자이다. 물의 깊이와 물살을 가늠하는 신중한 태도이다. 꾸미다[彡]는 형태와 색깔을 입히는 모양을 본뜬 글자이다. 따라서 수(修)는 '조심하다' 이외에 '닦다, 손질하다, 다스리다, 베풀다, 기르다, 거행하다' 따위 뜻이 파생되었다. 수양(修養)·수정(修正)·수식(修飾)·편수(編修) 등 활용 사례가 있다.

리(理)는 '다스리다'라는 뜻을 가진 글자이다. 소전[理]에 처음 보이며 옥돌[玉]과 마을[里]을 결합한 형성문자이다. 산에서 채굴한 옥돌의 무늬를 살펴서 다듬는 것을 표현했다. 마을[里]은 독음의 역할을 하며 토질에 맞추어 땅을 일구며 형성된다. 옥돌 세공의 경우도 결에 따라 섬세하게 가공한다. 본래 리(理)는 '다듬다'라는 뜻으로 만든 글자였다. 자연의 이치에 따르며 아름답게 가꾸는 행위를 내포하고 있다. '다스리다' 이외에 '깨닫다, 고치다, 이치, 나뭇결' 따위의 뜻으로 파생되었다. 수리(修理)는 어떤 사물이 제대로 기능과 역할을 하지 못하는 상태를 온전하게 작동하도록 고치는 것이다. 즉 '수리'는 신제품이나 신차에 하자가 발생하면 '리콜(Recall)'하여 그 상품을 다시 점검·교환하는 것과 같은 개념이다.

선(繕)은 '깁다, 손보아 고치다'의 뜻을 가진 글자이다. 소전[繕]에 처음 보이며 실[糸]과 올바르다[善]를 결합한 형성문자이다. 선(善)은 금문[譱]과 소전[譱]을 보면 고운 말로 대화하는 모습을 본뜬 글자이다. '올바르다, 옳다, 좋다, 착하다' 따위의 뜻을 나타낸다. 여기에 실[糸]을 추가한 선(繕)은 '새롭게 탈바꿈시키다'라는 뜻을 내포하고 있다. 실로 꿰맬 수 있는 의상이나 신발을 고치는 데 사용한다. '깁다' 이외에 '고치다, 보수하다, 수선하다, 엮다, 베끼다, 깨끗하게 글 쓰다, 필사하다, 갖추다' 따위의 뜻으로 파생되었다. 수선(修繕)은 낡고 헌 물건을 깔끔하게 고치는 것이다. 즉 '수선'은 오래되어 유행이 지난 제품을 새롭게 리폼(Reform)하여 다시 쓸모 있게 만드는 것과 같은 개념이다.

◇ 집이 너무 낡아서 이사하기 전에 대대적인 **수리(修理)**를 했다.

◇ 가게 내부를 **수리(修理)**하는 데 견적이 얼마나 나옵니까?

◇ 중고 제품은 **수리(修理)**를 여러 번 해도 계속 고장이 난다.

◇ 지난 방학 때 농촌 봉사 활동은 외딴 시골 사람들의 작업복을 **수선(修繕)**하고 마을을 청소하는 일이었다.

◇ 구두 **수선(修繕)**을 하시는 아저씨는 사실 억대 부자이다.

◇ 그는 재봉틀을 덜커덕대며 바지를 **수선(修繕)**했다.

## ◀ 시기(猜忌)-질투(嫉妬)

| 시기(猜忌) | 다른 사람이 잘되는 것을 샘하여 미워하다. | 능력 |
|---|---|---|
| 질투(嫉妬) | 다른 사람이 잘되거나 좋은 처지에 있는 것 따위를 공연히 미워하고 깎아내리려 하다. | 관계 |

다른 사람이 잘되는 것에 대해 공연히 미워하는 마음이 생길 때가 있다. 시기(猜忌)와 질투(嫉妬)는 증오 심리를 표현하는 유의어지만 엄격한 의미에서 서로 혼용할 수 없는 단어들이다. 시기는 갖지 못한 자(A)가 가진 자(B)를 부러워하는 감정이고, 질투는 가진 자(B)가 그것을 잃을까 두려워하는 감정이다. "사촌이 땅을 사면 배가 아프다."라는 속담이 있다. 여기에서 사촌[타인]의 재력이 부러우면 '시기'에 해당한다. 사촌[타인]의 재산이 많아져서 기분이 나쁘다면 '질투'이다. 연인관계에서 주변 타인의 능력을 부러워하는 마음은 '시기'이고, 관계를 방해하거나 위협하는 사람에 대한 마음은 '질투'이다. 간혹 '시기'와 '질투'가 혼합된 마음 상태를 느낄 때도 있다. 심리적 측면에서 보면, '시기'는 상대[타인]에 대한 부정적인 열등감에서 발로되며, '질투'는 본인의 긍정적인 자존감에 토대를 두고 있다. 인간관계 측면에서 보면, 그 대상이 혈연이나 친구의 경우는 '질투'만을 사용하게 되고, 경쟁자나 타인의 경우는 '시기'와 '질투'를 모두 사용할 수 있다.

시(猜)는 '의심하다'라는 뜻을 가진 글자이다. 소전[猜]에 처음 보이며 개[犭]와 새싹[生]과 광산[丹]을 결합한 회의문자이다. 본래 '개가 화장을 한 주인을 알아보지 못하다'라는 뜻을 표현한 것이다. 푸른색[靑]은 파릇한 새싹[生]과 붉은 안료[丹]를 결합한 형태이다. 고대 색깔은 오색(五色)으로 표현했는데, 빨강 · 파랑 · 노랑 · 검정 · 흰색 등이다. 이 가운데 빨

강과 파랑은 화장하는 안료(顔料)로 주로 사용되는 색이다. 청(靑)은 물감을 들이는 원료로서 청록색에 가까운 색감이며, 건물의 도색, 천의 염색 따위에 사용했다. 여기서는 얼굴을 화장할 때 사용한 색이다. 시(猜)는 분장한 사람이 누군지 의심하는 개를 형상화한 글자인 셈이다. '의심하다' 이외에 '추측하다, 헤아리다, 두려워하다, 싫어하다, 미워하다' 따위의 뜻으로 파생되었다.

기(忌)는 '꺼리다'라는 뜻을 가진 글자이다. 금[[illegible]:[illegible]]과 소전[[illegible]]을 보면, 새끼줄[己]과 마음[心]을 결합한 형성문자이다. 본래 '단단히 마음을 먹다'라는 뜻이었다. 즉 무엇을 두려워하여 경계하는 마음을 표현한 것이다. 새끼줄[己]은 무엇을 기억하기 위해 끈을 묶어 표시한 것이며, 일종의 노끈을 구부린 형태이다. 자신이 겪었던 경험을 기억하는 '자아정체성'의 뜻이 내포되어 있다. 기(忌)는 개인적인 관점에서 마음에 맺힌 원한이나 불만을 나타낸다. '꺼리다' 이외에 '미워하다, 증오하다, 경계하다, 원망하다' 따위의 뜻으로 파생되었다. 시기(猜忌)는 상대방을 '의심하고 꺼리는 것'인데, 타인의 능력을 시샘하여 미워하는 마음이다. 본인과 비교하여 상대방이 잘되지 않기를 바라는 태도이다.

질(嫉)은 '미워하다'라는 뜻을 가진 글자이다. 소전[[illegible]]을 보면, 여자[女]와 병환[疾]을 결합한 형성문자이다. 고대 남존여비(男尊女卑)와 일부다처(一夫多妻)의 세상에서 여성은 언제나 피동적인 처지에 놓여 있었다. 본래 '여성의 한 맺힘'을 표현한 글자였다. 남녀차별 사회에서 여성이 느끼는 원한과 불만은 일상생활에서도 뿌리 깊게 자리 잡고 있었다. 병환[疾]의 갑골[[illegible]:[illegible]]과 금문[[illegible]]을 보면, 화살을 맞고 피를 흘리며 침상에 누운 모습을 본뜬 글자이다. 본래 '생명이 위급한 환자'를 형상화한 것이다. 질(嫉)은 신분상의 불안정과 더불어 생활상의 불만을 품고 살아가는 사람의 마음이다. '미워하다, 시샘하다, 강샘, 질투하다' 따위의 뜻을 지니고 있다.

투(妬)는 '시새움하다'라는 뜻을 가진 글자이다. 소전[[illegible]=妒]을 보면, 여자[女]와 외문[戶]을 결합한 회의문자이다. 우리나라에서는 산돌[石]을 결합한 글자를 사용하고 있다. 본래 '다른 여자를 시새움하여 엿보다'라는 뜻이었다. 일부다처제 사회에서 아내는 남편이 다른 여자와 잘 지내는 것을 강샘하기 마련이다. 대체로 자존감이 강한 사람은 상대에게 무시당하거나 멸시당하게 되면, 사소하고 미묘하며 미워하는 감정을 갖게 되는데, 이러한 감정을 '질투'라고 할 수 있다.

◇ 일본은 한국이 선진국 대열에 오른 것을 **시기(猜忌)**하여 극우세력이 혐한 분위기를 더욱 획책하고 있다.

◇ 친일파 후손들이 자본과 기득권을 동원하여 집회하는 것은 적폐청산 여론이 높아지는 것을 **시기(猜忌)**하기 때문이다.

◇ 평화와 공존의 한반도 통일원칙에 대해 **시기(猜忌)**하는 탈북민이 점차 늘어나고 있다.

◇ 그녀는 꿈꾸는 듯한 표정으로 이야기를 늘어놓는 친구의 얼굴을 보고 은연중 **질투(嫉妬)**가 일었다.

◇ 여성들은 가해자가 데이트 초기에 보이는 집착에 대해 애정 혹은 **질투(嫉妬)**의 문제로 간과하는 실수를 범하는 경향이 있다.

◇ 그는 인생을 회고하면서 **시기(猜忌)**나 **질투(嫉妬)**가 마음의 병이었음을 깨달았다.

## ◀ 시설(施設)-설비(設備)

| | | |
|---|---|---|
| 시설(施設) | 도구, 기계, 장치 따위를 베풀어 설비하다. | 형식 |
| 설비(設備) | 필요한 것을 베풀어서 갖추다. | 내용 |

필요한 도구·기계·장치 따위를 베풀어 차리는 것을 시설(施設)과 설비(設備)라고 한다. 국립국어원에서 두 단어의 개념이 비슷하여 명확하게 구별하기 어렵다고 밝힌 바 있다. (A-1) 전기 시설/안전시설, (A-2) 전기 설비/안전 설비, 두 가지 표현은 서로 차이점이 없어 보인다. 그러나 (B-1) 교육 시설/편의 시설/첨단시설, (B-2) 교육 설비/편의 설비/첨단 설비, 예문(B-2)의 경우는 어색하다. '시설'은 어떤 체계나 방식에 의해 구성된 사물의 형식이다. '설비'는 목적에 의해 갖추어진 사물의 내용을 말한다. 따라서 예문(B-1)은 교육을 받는 체계/편의성을 제공하는 방식/첨단 시스템 따위의 기본적인 형식을 강조한 것이다. 이에 비해 예문(B-2)는 교육/편의/첨단 따위는 구체적인 내용이 아니므로 어색한 표현이다. 예를 들어 교육에 필요한 전자칠판/책상/의자/기숙사 따위의 구체적인 요소들을 '설비'라고 할 수 있다. (C-1) 학교 시설에는 전자칠판 설비를 갖추었다. (C-2) 교회를 시설한다기에 긴 의자 설비에 도움을 주었다. 화용론적 측면에서 보면, 큰 규모의 '시설'이 형식이라면 작은 규모의 '설비'는 내용인 셈이다.

시(施)는 '베풀다'라는 뜻을 가진 글자이다. 소전[施]을 보면, 깃발[㫃]과 나부끼다[也]를 결합한 회의문자이다. 고문자[施]에도 펄럭이는 깃발의 모양을 본뜬 형태가 보인다. 본래 '군대 깃발'을 뜻하는 글자였다. 현재의 자형은 예서[施]에서 비롯되었는데, 소전에 반영된 꿈틀대는 뱀[它]의 모양을 '也'로 변모시킨 것이다. 고대 깃발은 영역을 점령하거나 전쟁에 참여한 군대를 상징하는 표식이었다. 이러한 깃발을 통해 그 영역의 통치 권한을 나타낸 것이다. '깃발' 이외에 '설치하다, 베풀다, 시행하다, 퍼지다' 따위의 뜻이 파생되었다. 시행(施行)·시상(施賞)·시공(施工)·시술(施術) 따위로 활용되는 단어들이 있다.

설(設)도 '베풀다'라는 뜻을 가진 글자이다. 소전[[illegible]]을 보면, 명령하다[言]와 몽둥이[殳]를 결합한 회의문자이다. 본래 '일을 벌이다'라는 뜻이었다. 대규모 사업에는 많은 도구가 필요한데, 이러한 도구를 적당하도록 배치하고 진열한 상태를 형상화했다. 명령하는[言] 사람은 미리 사업을 계획하거나 필요한 도구를 안배했다. '벌이다' 이외에 '설계하다, 베풀다, 진열하다, 나열하다, 세우다, 갖추어지다, 도모하다' 따의 뜻으로 파생되었다. 설계(設計)·설치(設置)·설립(設立)·건설(建設)·개설(開設)·창설(創設) 따위로 활용되는 단어들이 있다. 시설(施設)은 건축이나 기계 등 기본적으로 갖춰야 하는 형식이다.

비(備)는 '준비하다'라는 뜻을 가진 글자이다. 갑골[[illegible]]과 금문[[illegible]]을 보면, 사람[亻]과 화살[矢]과 대롱[甬]을 결합한 회의문자이다. 본래 '무기를 관리하는 사람'이라는 뜻이었다. 고대 전쟁에 참여하는 군대 구성원으로서 무기를 제공하고 지원하는 역할을 담당하는 사람이다. 화살집에 화살을 가득 모아 전쟁 준비를 마쳤음을 의미한다. '분비하다' 이외에 '갖추다, 채우다, 예방하다, 넉넉하다, 가득하다' 따위의 뜻이 파생되었다. 준비(準備)·장비(裝備)·정비(整備)·예비(豫備)·군비(軍備)·대비(對備) 따위로 활용되는 단어들이 있다. 설비(設備)는 필요한 물품이나 장비를 갖추는 구체적인 내용품이다.

◇ 정부는 장애인 복지 **시설(施設)**에 투자하는 사업주에게 싼 이자로 사업 자금을 융자해 주기로 했다.

◇ 행정당국에서는 휴가철 사람들이 몰리는 장소에 소화기의 위치와 비상 대피 **시설(施設)** 등을 미리 점검했다.

◇ 여기에 가설될 교량은 합성형 라멘 교량으로 양쪽에 인도를 **시설(施設)**하고 편도 2차선을 확보하도록 설계되었다.

◇ 이 병원은 쾌적한 **시설(施設)**과 최신 의료기를 **설비(設備)**하여 정성을 다해 환자들을 보살피고 치료하고 있다.

◇ 새로운 정수 처리장 **설비(設備)**로 수돗물이 과잉 공급되자 시의 수요 예측 능력에 의문이 제기되고 있다.

◇ 반도체 제조사들이 **설비(設備)** 투자에 나서면 제조 장비를 사들이는 것은 자연스러운 과정이다.

## ◀ 시험(試驗)-실험(實驗)

| | | |
|---|---|---|
| 시험(試驗) | ① 재능이나 실력 따위를 일정한 절차에 따라 검사하고 평가하는 일<br>② 사물의 성질이나 기능을 실지로 증험(證驗)하는 일<br>③ 사람의 됨됨이를 알기 위하여 떠보는 일, 상황 | 실물<br>(작동) |
| 실험(實驗) | ① 실제로 해 보는 일<br>② [과학] 이론이나 현상을 관찰하고 측정하다.<br>③ 새로운 방법이나 형식을 사용해 보다. | 대물<br>(사례) |

재능이나 실력을 측정하는 시험(試驗)과 이론이나 현상을 측정하는 실험(實驗)은 능력이나 성능을 평가하는 방법이다. '시험'은 일정한 절차나 기준에 따라 직접 평가하는 것이다. '실험'은 방법이나 형식을 이론에 따라 간접 평가하는 것이다.

(A) **시험** 운전 / **시험** 발사 / **시험** 비행

(B) **실험**극장 / **실험**소설 / **실험**학교

예문(A)에서 '시험'은 처음 작동을 시도하는 것이고, '실험'으로 대체되면 어색한 표현이다. 예문(B)에서 '실험'은 관찰하고 분석하는 사례이고, '시험'으로 대체되면 어색한 표현이다. '시험'은 대상의 능력과 성능을 직접 조사하고 관찰한다. '실험'은 대상과 유사하거나 축소된 재료를 이용하여 간접적으로 분석하고 증명한다. 경험의 측면에서 보면,

(C) 기말**시험** / 자격**시험** / 구술**시험**

(D) 임상 **실험** / 동물**실험** / 화학 **실험**

예문(C)에서 '시험'은 직접 참여하여 경험치를 평가받는 것이고, '실험'으로 교체될 수 없다. 예문(D)에서 '실험'은 일정한 조건을 갖추어 결과의 경험치를 제시하는 것이고, '시험'으로 교체되면 결과에 대해 평가하는 의미이다. 그리고 목적의 측면에서 보면, 예문(C)는 대상 그 자체를 평가하며, 예문(D)는 대상을 더 넓히는 것이다. 따라서 '시험'은 이미 알려진 사실을 검증하는 것이고, '실험'은 아직 알려지지 않은 현상을 증명하는 것이다. '시험'과 '실험'은 서로 다른 개념을 지니고 있으므로 구별해서 사용하는 것이 바람직하다.

시(試)는 '시험하다'라는 뜻을 가진 글자이다. 소전[試]에 처음 보이며, 명령하다[言]와 말뚝[弋]과 공구[工]를 결합한 회의문자이다. 본래 '작업시키다'라는 뜻이었다. 규격[式]은 이미 정해 놓은 재료의 품질·모양·크기·성능 따위의 일정한 표준이다. 고대 건축물을 지을 때 말뚝을 세워 높낮이를 맞추고, 땅을 다지는 공구를 사용했다. 건축물의 기초부터 완성에 이르기까지 공정 과정을 형상화한 글자이다. 여기에 명령하다[言]를 덧붙여 일정한 규격을 관리·감독하는 사람을 강조했다. '시험하다'

이외에 '검사하다, 비교해 보다, 살피다, 익히다, 겪다, 사용하다' 따위의 뜻이 파생되었다.

험(驗)은 '경험하다'라는 뜻을 가진 글자이다. '경험(經驗)-체험(體驗)' 부분에서 설명한 바 있다. 시험(試驗)은 실력이나 기능을 직접 검증하는 일이다. 일반적으로 이미 정해진 사실을 검증하는 과정을 일컫는다.

실(實)은 '실제로(행하다)'라는 뜻을 가진 글자이다. 금문[實:實]과 소전[實]을 보면, 곳간[宀]과 금고[毌]와 재물[貝]을 결합한 회의문자이다. 본래 '부유하다'라는 뜻이었다. 금문[實]에 처음 보이며 고대국가 성립과 더불어 사유재산에 대한 개념이 형성되면서 출현한 글자인 셈이다. 금고[毌]는 귀중품을 보관하는 장치를 형상화한 것인데, 땅이나 밭[田]으로 보는 주장도 있다. 심지어 꿰매다[貫]의 결합으로 보는 주장도 있는데, 한대(漢代)의 예서[貫]로부터 파생된 의미이다. 금문 단계에서는 '꿰매다'라는 뜻이 파생되지 않았다. 고대 인류의 생존에 거주하는 공간과 물품을 거래할 수 있는 화폐는 기본적인 요소로서 매우 중요했다. 일용품의 거래는 물물교환에서 화폐경제로 발전되었다. '부유하다' 이외에 '알차다, 튼튼하다, 열매, 내용, 바탕, 참되다, 적용하다' 따위의 뜻으로 파생되었다. 실험(實驗)은 실제로 이론이나 조건에 따라 검증하는 결과이다.

◇ 올해 음속에 가까운 속도로 달리는 초고속열차 하이퍼루프의 첫 주행 **시험(試驗)**이 진행될 예정이다.

◇ 서류전형에서 채용 예정 인원의 5배수를 선발한 뒤 **전공시험(專功試驗)**을 통해 최종 합격자를 뽑는다.

◇ 시민의 후원으로 개설한 시민방송사는 개국을 이틀 앞둔 오늘 **시험(試驗)** 전파를 발사했다.

◇ 친환경 세제 전문 업체는 제품을 개발하면서 **동물실험(動物實驗)**을 하지 않아 특허를 취소당했다.

◇ 연구단은 조류 독감의 원인이 되는 항원 반응 및 기준 혈청에 관한 **실험(實驗)**을 하고 있다.

◇ 미국 대통령의 방한 기간 중 북한이 7차 **핵실험(核實驗)**에 나설 가능성에 한미 정보 당국이 촉각을 세우고 있다.

◇ '3차원 입체 프린터'로 만들어진 간이주택을 차량과 충돌해보는 이색 **실험(實驗)/시험(試驗)**이 펼쳐져 눈길을 끌었다.

## ◀ 실재(實在)-실제(實際)

| 실재(實在) | [동사] 실제로 존재하다. ≒ 실존(實存)·실체(實體) | 존재 |
|---|---|---|
| 실제(實際) | [명사] 사실의 경우나 형편, 거짓이 아닌 현실 | 사실 |

실재(實在)는 실제로 존재하는 실존(實存)·존재(存在)의 뜻이고, 실제(實際)는 시간의 순간이나 틈을 말하는 사실(事實)의 뜻이다. 두 단어는 전혀 다른 개념이지만, 한글 발음이 비슷하여 혼동하는 경우가 많다. '실재'에는 '-하다'는 동사를 만드는 접미사를 붙일 수 있다.

(A-1) 그 소설의 주인공은 <u>실재하는</u> 사람이다.

(A-2) 이어도는 제주도의 서남쪽에 <u>실재하는</u> 수중 섬이다.

그런데 '실제'는 명사이며 '실제로'처럼 부사로 주로 사용된다.

(B-1) <u>실제</u>보다 젊다.

(B-2) <u>실제로</u> 만났다.

(A) 예문에서 '실제'를 사용할 수 없고, (B) 예문에서 '실재'를 사용하면 비문(非文)이 된다. '실재'의 반의어는 '가공(架空)'·'가상(假象)'이고, '실제'의 반의어는 '허구(虛構)'이다.

실(實)은 '실제로'라는 뜻을 가진 글자이다. '시험-실험'에서 설명한 바 있다.

재(在)는 '존재하다'라는 뜻을 가진 글자이다. 갑골[才]을 보면, 땅에 박힌 뿌리와 위로 삐져나온 싹을 본뜬 상형문자이다. 본뜻은 '움집을 만들다'라는 뜻이었다. '在'와 '才'는 본래 '움집'의 뜻으로 어원이 같았다. 전국시대부터 '才'는 손재주[才能]의 뜻으로 사용되기 시작했다. '在'는 금문[⯁:才土]과 소전[才土]에서 땅[土]을 추가하여 생존의 뜻으로 굳어졌다. 현재의 자형은 예서[在]에서 비롯되었다. 글자의 유래에 대해 일설에는 '새싹이 나다'라는 생존(生存)을 나타낸 글자라고 보는 견해가 주류를 이룬다. 그렇다면 '生'의 유래와 무슨 차이점이 존재해야 한다. 그러나 누구도 두 글자를 명확하게 구별하지 못하고 있다. '在'는 '움집'의 뜻으로부터 '생존(生存)'과 '실존(實存)'의 뜻이 파생한 것이다. 이외에도 '있다, 존재하다, 찾다, 살피다, 안부를 묻다, 곳, 장소' 따위의 뜻으로 파생되었다. 실재(實在)는 실제로 존재하는 삼라만상 실체이다.

제(際)는 '시기'라는 뜻을 가진 글자이다. 소전[際]을 보면, 변두리[阜=阝]와 사당[祭]을 결합한 형성문자이다. 본래 '땅끝의 사당'을 뜻하는 의미였다. 고대 외부의 침범을 막기 위해 영역의 가장자리에 사당(祠堂)을 짓고 평화를 축원했다. 이것은 두려움을 극복하는 주술적 의미를 지니고 있으며, 마을과 마을의 경계를 표시하는 상징적 표시였다. 따라서 제(際)는 마을을 보호하기 위해 설치한 제사를 모시는 시설이었고, 산기슭이나 구릉의 끝에 주로 작은 공간을 만들었다. 마을의 평화와 질서를 축원하는 '사당'은 마을의 안과 밖을 가르는 기준인 셈이다. '사당' 이외에 '끝, 변두리, 사이, 틈, 만나다, 사귀다, 즈음, 때, 시기' 따위의 뜻으로 파생되었다. 국제(國際) · 교제(交際) · 삼제(三際) 따위의 단어가 있다. 실제(實際)는 '사실적인 시간'이란 의미로 거짓이 아닌 현실을 일컫는다.

◇ 겉보기에는 판타지 모험 드라마처럼 보이지만, **실재(實在)**하는 소시민의 삶을 반영한 성장영화이다.

◇ 사회 과학은 객관적 **실재(實在)**로서의 사회적 제 관계를 분석하고 연구하는 학문 분야이다.

◇ '그대가 조국' 다큐멘터리는 정치 검찰이 개혁을 반대하기 위해 저질렀던 **실재(實在)** 사건을 섬세하게 다루었다.

◇ 일반적으로는 양해 각서를 체결했다는 것만으로 양해 각서의 내용이 **실제(實際)** 이뤄진 것으로 생각한다.

◇ 북한 도발이 예정되어 있어서 지하철에서의 재난 발생에 대비한 재난 대응 훈련을 **실제(實際)** 상황처럼 실시하고 있다.

◇ 극우 정당과 언론사들이 민생 정책을 반대하자 **실제(實際)**로 180석을 가진 거대 정당이 무기력하게 물러섰다.

## ◀ 실현(實現)-구현(具現)

| 실현(實現) | 꿈, 기대 따위를 실제로 이루다. | 실천적 |
|---|---|---|
| 구현(具現) | 어떤 내용이 구체적인 사실로 나타나게 하다. =具顯 | 가시적 |

어떤 목표를 이루어내는 것을 실현(實現)이라고 하고, 어떤 내용을 가시적으로 보여주는 것을 구현(具現)이라고 한다. '실현'은 희망이나 기대 따위의 미래지향적인 목표를 실제로 달성한 것이다. '구현'은 신념이나 이상 따위의 불가시적인 생각을 사실로 드러낸 것이다.

(A-1) 평화 <u>실현</u>

(A-2) 잠재력을 <u>실현</u>하다.

(B-1) 정의 <u>구현</u>

(B-2) 공정선거를 <u>구현</u>하다.

예문(A)에서 '실현'은 그 반대의 상태를 바꾼 목표의 결과이다. 예문(B)에서 '구현'은 이상적인 생각을 구체적으로 보여준 결과이다. 화용론 측면에서, '정의 실현'이라고 했다면, 정의롭지 못한 것을 타도한 목표가 달성된 경우이다. '평화 구현'이라고 했다면, 평화로운 세상이 도래한 경우이다. '발현(發現/發顯)'은 숨은 생각이 겉으로 드러난 것이므로 '구현'과 비슷한 유의어로 볼 수 있다. '실현'은 목표치를 달성한 실천적 결과이다. '구현'은 생각한 바를 가시적인 형태로 보여주는 것이다.

실(實)은 '실제로'라는 뜻을 가진 글자이다. '시험(試驗)-실험(實驗)'에서 설명한 바 있다.

현(現)은 '드러나다'라는 뜻을 가진 글자이다. 한대(漢代) 예서[現]에 처음 보이며, 보석[玉]과 보다[見]를 결합한 회의문자이다. 본래 '보석처럼 빛남'을 뜻하는 글자였고, 주나라 때 출현한 '현(顯)'과 상통하는 뜻을 나타내고 있다. 현(顯)의 금문[ : ]을 보면, 빛남[日]과 의상[絲]과 바라봄[見:頁]을 결합한 회의문자이다. 본래 '화려한 의상에 빛나는 보석을 바라보다'라는 뜻이었다. 고문자[ : ]와 소전[ ]에서 '빛나는 보석'을 '바라보는 머리'를 형상화한 것이다. 일설에는 의상의 '가늘고 고운 실이 드러남'으로 보는 견해도 있다. 뒷부분의 머리[頁]는 바라보는 모습이 강조된 것이다. 따라서 '현(顯)'은 감춰졌던 사물이 '밝게 드러나다'라는 뜻을 표현한 글자인 셈이다. 앞서 밝혔듯이 '현(現)'은 예서 이전의 형태가 발견되지 않았다. 글자의 구성에 의하면 '보석처럼 빛남'이므로 '현(顯)'의 '밝게 드러남'의 의미와 상통하고 있음을 알 수 있다. '빛남' 이외에 '드러나다, 나타나다, 밝히다, 지금, 당장, 현금' 따위의 뜻으로 파생되었다. 실현(實現)은 '실제로 이루어지다'라는 뜻으로 계획의 완수 또는 목표의 달성을 일컫는다.

구(具)는 '갖추다'라는 뜻을 가진 글자이다. 금문[ : : ]을 보면, 제사용 그릇[鼎]과 받들다[ ]를 결합한 회의문자이다. 본래 '제사 준비를 마치다'라는 뜻이었다. 고대의 제사는 신성한 행사 중 하나인데, 정(鼎)은 신에게 바칠 음식을 담는 큰 솥을 형상화한 상형문자이다. 현존하는 유물에 의하면 양쪽에 손잡이가 있고, 세 갈래의 발로 구성되어 있다. '구(具)'의 윗부분은 '정(鼎)'을 축약한 형태인데, 고문자[ ]에 그 모습이 반영되어 있다. 주로 '貝'의 형태로 축약되었다. 아랫부분에 두 손을 본뜬 '廾[ ]'은 공손하고 공경하는 태도를 표현한 것이다. 현재의 자형은 소전[ ]과 예서[具:具]에서 비롯되었다. '갖추다' 이외에 '준비하다, 온전하다, 모두, 일일이, 자세히, 함께, 그릇' 따위의 뜻으로 파생되었다. 구현(具現)은 '갖추어 보여주다'라는 뜻으로 생각이 구체적인 형태로 느껴지는 것이다.

◇ 민주주의는 국민의 사회권을 **실현(實現)**하는 정치 이념이다.

◇ 성공하기 위해서는 지식과 정보를 축적하고 경제적인 **실현(實現)** 감각이 필수적인 덕목이다.

◇ 이 회사는 전기차용 고속 충전기의 경량화를 **실현(實現)**했다.

◇ 버추얼 프로덕션 스테이지는 대형 LED 스크린에 다양한 형태의 배경을 스크린 위에 **구현(具現)**할 수 있는 첨단 기술이다.

◇ 실제 공을 굴리는 듯한 사실적 표현을 **구현(具現)**해 냈다.

◇ 지역적 배타주의와 권위주의적 정치 문화의 불식을 통한 시민 정치의 **구현(具現)** 등을 제시했다.

# ㅇ

## ◀ 아부(阿附)-아첨(阿諂)

| | | |
|---|---|---|
| 아부(阿附) | 남의 비위를 맞추어 알랑거리다. | 자랑 |
| 아첨(阿諂) | 남의 환심을 사거나 잘 보이려는 말과 행동 | 모함 |

누군가를 칭찬(稱讚)하는 것은 사람과 사건 때문에 느끼는 기쁨의 표현이다. 그런데 군신 관계나 상하 관계에서 오직 상급자에게 잘 보이기 위해 칭찬한다면, 아부(阿附)이거나 아첨(阿諂)이다. '아부'와 '아첨'은 한 쪽 편을 들어 상대방을 높이는 공통점을 갖고 있다. 두 단어는 대가나 이익을 바라는 마음에 상대방의 기분에 맞추는 목적을 지니고 있다. 다만 '아부'는 알려진 사실을 자랑하여 본인(本人)의 이익을 도모하는 말이다. '아첨'은 불필요한 사실을 이용하여 제삼자(第三者)를 해치는 말이다. 예를 들어 상대방이 2등을 했다면,

(A) 아무나 2등을 하는 것이 아니다.

(B) 1등을 차지한 사람이 반칙한 것 같다.

예문(A)는 '아부'의 발언에 가깝고, 예문(B)는 '아첨'의 표현이다. 화용론 측면에서 본인의 이해득실에 영향을 줄 수 있는 상대방이라 전제한다면, 예문(A)는 상대방의 기분에 맞춘 '아부'이다. 예문(B)는 아무런 근거 없이 1등을 비난하고 상대방의 환심을 사는 '아첨'이다.

아(阿)는 '부추기다'라는 뜻을 가진 글자이다. 금문[]소전[]을 보면, 큰 산[阜]과 노래[可]를 결합한 회의문자이다. 본래 '산울림'을 뜻하는 글자였다. 산 정상에 올라 고함을 치면 산울림이 멀리 퍼진다. 다시 울려오는 소리는 산의 지형에 의해 부딪쳐 나온 소리이다. 가(可)는 갑골[]을 보면 소리[口]와 꺾임[]을 결합한 회의문자로서 본래 '노래'를 뜻하는 글자였다. 춘추시대부터 '可'는 '동의하다'라는 뜻으로 굳어져서

'노래'의 '歌'가 파생되었다. '아(阿)'는 '산울림' 이외에 '대답하는 소리, 언덕, 기슭, 편들다, 부추기다' 따위의 뜻으로 파생되었다.

부(附)는 '덧붙이다'라는 뜻을 가진 글자이다. 고문자[[illegible]:[illegible]]를 보면, 고개를 숙이다[臣] 또는 땅[土]과 맡기다[付]를 결합한 형성문자로서 본래 '땅을 맡기다'라는 뜻이었다. 춘추시대 이후 지역 쟁탈이 빈번하게 발발했는데, 강한 나라에 예속되는 작은 구역이 많았다. 소전[附]에서 땅의 경계[阜]로 변모되었음을 알 수 있다. 즉 강력한 나라에 굴복하여 지배를 받게 된 배경을 반영한 것이다. 따라서 '땅을 맡기다' 이외에 '주다, 의탁하다, 붙다, 빌붙다, 따르다, 합치다, 친근하다' 따위의 뜻이 파생되었다. 부여(附與)·부속(付屬)·부록(附錄)·부가(附加)·부착(附着) 등으로 활용되는 단어들이 있다. 아부(阿附)는 상대방의 일에 대해 지나치게 편들어 기분을 좋게 만드는 말이다. 본인에 관해 관심을 끌거나 혜택을 기대하는 태도이다.

첨(諂)은 '요사스럽다'라는 뜻을 가진 글자이다. 소전[諂]을 보면, 말하다[言]와 함정[臽]을 결합한 회의문자로서, 본래 '모함하다'라는 뜻이었다. 설문해자[讇]에서는 말하다[言]와 감옥[閻]이 결합한 글자라고 설명했다. 권력자에게 제삼자를 모함하여 가해하는 말이었다. 타인의 권세에 빌붙어 사적 이익을 취하는 부정한 언행이다. 현대 사회에서도 허위비방·가짜 뉴스를 이용하여 특정 개인이나 단체를 위험에 빠뜨리곤 한다. 특히 선거에서 상대 후보를 낙선시킬 목적으로 네거티브 언행을 한다. 이러한 음해성 발언은 의혹을 제기할 뿐 사실이 아닐 경우 불법으로 처벌받는다. 첨(諂)은 경쟁자나 제삼자를 모함하기 위한 일체의 언행을 말한다. 아첨(阿諂)은 권한이 있는 사람에게 거짓 정보나 사실을 발언하여, 경쟁자를 해치고 사적 이익을 추구하는 불순한 태도이다. 주로 '아첨'은 불필요한 시빗거리나 소란을 일으키는 화근이 된다.

◇ 일본 제국에게 굴복한 매국노들이 일본 총독에게 **아부(阿附)**해서 주권을 포기하는 잘못을 저질렀다.

◇ 요즘 젊은이들은 윗사람에게 **아부(阿附)**하고 아랫사람을 무시하는 인간을 제일 싫어한다.

◇ 새 사장은 **아부형(阿附型)**과 진정성을 갖지 않고 일하는 척만 하는 사원을 경계 대상 1호로 꼽았다.

◇ 그는 교수님에게 친구의 단점에 대해 **아첨(阿諂)**하는 말을 늘어놓고, 밖에서는 그런 적 없다고 시치미를 뗐다.

◇ 그는 권력에 빌붙어 약삭빠른 **아첨(阿諂)**으로 한때의 영화를 누렸지만 오래가지 않아 몰락하고 말았다.

◇ 동네 양아치들은 영세업자의 푼돈이라도 챙기려고 조폭에게 갖은 **아첨(阿諂)**과 수단을 다 부리는 모습이 참으로 가증스럽다.

## ◀ 안전(安全)-안정(安定)

| 안전(安全) | 위험이 생기거나 사고가 날 염려가 없다. | 무사 |
|---|---|---|
| 안정(安定) | 바뀌어 달라지지 아니하고 일정한 상태를 유지하다. | 불변 |

**공포와 불안이 없는 상태를 표현하는 안전(安全)과 안정(安定)은 얼핏 비슷한 말로 보이지만 전혀 다른 단어이다. '안전'은 외부로부터 위협받거나 위험한 요건이 없어진 상태이다. '안정'은 내부로부터 심리적인 편안함이 지속하는 상태이다. '안전'에는 사고가 날 염려가 없고, '안정'에는 일정한 리듬으로 변화가 없다.**

(A) 목적지에 **안전**하게 도착했다.

(B) 급여가 **안정**된 직장에 취업했다.

예문(A)에서 '안정'으로 교체하면 매우 어색한 표현이 된다. 예문(B)에서 '안전'으로 교체하면 비문이 된다.

(C) 사고가 발생할 가능성이 있는 곳에서 언제나 **안전수칙**을 지켜야 한다.

(D) 이번 주에 주식시세가 **안정 추세**로 접어들었다.

예문(C)에서 '안전수칙'은 외부로부터의 사고를 방지한 것이다. 예문(D)에서 '안정 추세'는 내부로부터 영향을 적게 받았음을 의미한다. 화용론 측면에서 '안전'과 '안정'은 한글 발음이 유사하여 혼동하기 쉬운데, 표현은 비문이 되므로 주의할 필요가 있다.

안(安)은 '편안하다'라는 뜻을 가진 글자이다. 갑골[安]과 금문[安]을 보면, 집[宀]과 여자[女]를 결합한 회의문자로서, 본래 '안전하다'라는 뜻이었다. 고대 야외는 맹수와 적이 널려있어서 위험했다. 안(安)은 집 안에 안전하게 머무는 여자의 모습을 본뜬 글자이다. 일설에는 사당에서 제사를 지내는 모습이며, 두 손을 공손하게 모은 것이라 주장하기도 한다. 신에게 평안함을 기원하는 의미라는 것이다. '안전하다' 이외에 '안으로, 어찌, 곧' 따위의 뜻으로 파생되었다. 안보(安保) · 안심(安心) · 안녕(安寧) · 위안(慰安) · 치안(治安) 등으로 활용되는 단어가 있다.

전(全)은 '온전하다'라는 뜻을 가진 글자이다. 전국시대 고문자[仝:全]에 두 종류의 자형이 사용되었다. 글자의 구성도 들어가다[入]와 세공술[工] 또는 보석[玉]의 결합이라고 보는 견해가 있고, 윗부분을 사람[人]으로 해석하는 견해가 있다. 본래 '완벽한 보석'이라는 뜻으로 보는 견해가 주류를 이루었다. 들어가다[入]-견해는 완벽한 보석을 '보관하는' 관습이라 본다. 사람[人]견해는 정교하게 보석을 '다듬는' 기술이라 본다. 심지어 어떤 학자는 장례에서 입관할 때 순장하는 보석을 표현한 글자라고 주장한다. 이러한 견해들은 모두 소전[仝:全]의 형태를 기준으로 글자의 뜻을 풀이했기 때문이다. 고문자[仝:全]를 보면, '집'의 구조를 본뜬 형태라고 볼 수도 있다. '집'을 형상화한 '舍'의 갑골[舍]과 금문[舍], '余'의 갑골[余]과 금문[余] 등과 닮은 형태이다. '舍'의 아랫부분에 초석(楚石) 내지는 공간을 표시한 'ㅂ' 모양이 추가되었다. 나무 위에 지은 집 '余'는 아랫부분 땅의 표시가 없다. 따라서 '全'의 고문자[仝:全]는 지붕과 기둥을 세운 '집'의 골격을 본뜬 것이고, '舍'의 고문자[舍]는 완성된 '집'을 본뜬 것으로 추정된다. 사람이 기거하는 '집'의 구조는 튼튼하고 안전해야 한다. '온전하다' 이외에 '안전하다, 무사하다, 순전하다, 흠이 없다, 갖추다, 완전히, 모두' 따위의 뜻이 파생되었다.  완전(完全)·보전(保全)·순전(純全)·전국(全國)·전체(全體)·전원(全員) 등의 단어들이 있다. 안전(安全)은 '편안하다'라는 뜻으로 사고의 위험이 없는 것을 일컫는다.

정(定)은 '안정시키다'라는 뜻을 가진 글자이다. 갑골[illegible]과 금문[illegible]을 보면, 집[宀]과 위치[一]와 걸음[止]를 결합한 회의문자이다. 또는 집[宀]과 바로잡다[正]를 결합한 형성문자로 풀이하기도 한다. 바로잡다[正]는 소전[定] 이후에 사용된 뜻이므로, 본래 '집에 머무르다'라는 뜻이었다. 일설에는 갑골[illegible]을 근거로 삼아 집[宀]과 발걸음[疋]의 결합으로 보며, 수렵과 전쟁으로부터 돌아와 편안하게 쉬는 모습으로 본다. 발걸음[疋]이란 뜻고 바로잡다[正]와 마찬가지로 소전 이후에 파생된 뜻이다. '머무르다' 이외에 '안정시키다, 바로잡다, 다스리다, 고정되다, 평정하다, 그치다, 그만두다' 따위의 뜻이 파생되었다. 정착(定着)·정처(定處)·정설

(定說)·판정(判定)·추정(推定)·예정(豫定) 등의 단어가 있다. 안정(安定)은 일정한 상태를 유지하여 변화가 없는 것을 일컫는다.

◇ 건설 현장에서는 항상 **안전(安全)**을 최우선으로 여기며 작업에 임하고 있다.

◇ 어린이와 학교 시설 근처에서 규정 속도를 지키며 **안전(安全)** 운전을 하도록 법제화되었다.

◇ 녹색 성장 기술은 로하스 소비 패턴으로 주목받고 있는 유기농과 **안전(安全)**한 식품 제조와 연계되어 있다.

◇ 물가 **안정(安定)**을 최우선 정책 과제로 내세운 정부에서 각종 공공요금을 잇달아 올려 물가 상승을 주도하고 있다.

◇ 양측은 해운 항로 질서를 **안정(安定)**시키기 위해 두 나라 선박 투입에 있어 균등성을 유지키로 했다.

◇ 수술을 받은 환자이기에 **안정(安定)**할 기간이 필요하다.

## ◀ 애인(愛人)-연인(戀人)

| 애인(愛人) | 서로 애정을 나누며 마음속 깊이 사랑하는 사람 | 상대 |
|---|---|---|
| 연인(戀人) | 서로 연애하는 관계에 있는 두 사람 | 관계 |

누군가를 사랑하는 마음이 생기는 것은 감성의 문제에 그치지 않고 본능적 욕구에 가깝다. 이러한 인간관계를 애인(愛人)과 연인(戀人)이라 한다. '애인'은 마음을 주고받는 사람이고, '연인'은 사랑하는 사람의 관계를 의미한다. 화용론 측면에서 구어에서는 '애인'을 사용하고, 문어에서는 '연인'을 주로 사용한다. 그리고 '애인'은 사랑하는 사람의 상대 한 쪽을 지칭하며, '연인'은 보통 사랑하는 두 사람 양쪽을 통칭한다.

(A-1) <u>애인</u>이 생기다.

(A-2) <u>애인</u>에게 줄 선물을 샀다.

(B-1) 두 사람은 <u>연인</u>이다.

(B-2) 다정한 <u>연인</u>이 속삭이는 듯하다.

예문(A)와 (B)에서 '애인'과 '연인'을 서로 교체하면 어색한 표현이 된다. 그리고 '애인'은 타인을 아끼는 마음도 포함한다. 경천애인(敬天愛人)처럼 하늘을 숭배하고 사람을 사랑한다는 뜻이다. 애인휼민(愛人恤民)은 사람을 소중히 여기고 백성을 불쌍히 여겨 돕는다는 뜻이다.

애(愛)는 '사랑하다'라는 뜻을 가진 글자이다. 금문[㤅]에 처음 보이며, 돌봄[旡]과 기쁜 마음[心]을 결합한 회의문자이다. 본래 '기쁨'을 표현한 글자였다. 설문[㤅]과 소전[愛]에서 형태가 변모했는데, 아랫부분에 돌봄[旡]을 덧붙여 '기쁜 마음을 서로 주고받는' 뜻을 표현했다. 예서[㤅:愛:愛]에서 세 가지 형태가 통용되었다. 돌봄[旡]과 마음[心]과 천천히 걸음[夊]을 결합한 형태로 변모했다. 지금의 자형은 해서[愛]에서 비롯되었는데, 주고받음[受]과 마음[心]과 천천히 걸음[夊]을 결합한 형태로 완성되었다. 그 의미는 '항상 돌보며 아낌없이 주는 마음'을 표현한 것이다. '기쁜 마음' 이외에 '사랑하다, 가엾게 여기다, 소중하다, 그리워하다, 아끼다, 편들다' 따위의 뜻으로 파생되었다.

인(人)은 '사람'이라는 뜻을 가진 글자이다. 갑골[人]과 금문[人]을 보면 허리가 굽은 상형문자이다. 애인(愛人)은 마음속 깊이 사랑하는 사람을 일컫는다. '사랑'을 뜻하는 한자를 보면, 자(慈)는 '끊임없이 포용하는 사랑', 즉 부모님이나 성직자의 마음이다. 혜(惠)는 '아낌없이 베푸는 사랑', 즉 형제자매나 친구의 마음이다. 총(寵)은 '지나치게 아끼는 사랑', 즉 어린이나 하급자를 아끼는 마음이다.

연(戀)은 '사랑하다'라는 뜻을 가진 글자이다. 소전[戀]과 예서[戀]를 보면, 이어짐[䜌]과 마음[心]을 결합한 형성문자이며, 본래 '그리움'의 뜻이었다. 윗부분은 끊김 없이 이어지는 실타래와 하소연하는 말이 결합한 형태[䜌]이다. 아랫부분은 누군가에 대해 그리워하며 사랑하는 감정[心]을 표현한 것이다. '그리움' 이외에 '사랑하다, 사모하다, 얽매이다, 잊지 못하다, 아쉬워하다' 따위의 뜻으로 파생되었다. 비련(悲戀)·애련(哀戀)·실연(失戀)·연정(戀情)·연모(戀慕)·연애(戀愛) 등의 단어로 활용되고 있다. 연인(戀人)은 서로 사랑하는 관계에 있는 두 사람을 일컫는다. 특히 어느 한쪽만 지칭하는 단어가 아니므로 유의할 필요가 있다. 반드시 사랑하는 두 사람을 통칭하는 경우에만 사용해야 자연스럽다. 제삼자에게 사랑하는 상대와의 인간관계를 표현하는 경우라면, '연인관계' 또는 '우리는 연인이다.'라고 말할 수 있다. 여기에서 '관계'나 '우리'를 생략하면 부자연스럽고 어색하다.

◇ 유명 연예인이 자서전적인 기고문을 통해서 과거 자신의 **애인(愛人)**이었던 여인과의 사랑을 고백한 적이 있었다.

◇ 낡은 책갈피에서 발견한 옛 **애인(愛人)**의 사진을 바라보면서 잠시나마 아름다운 추억에 젖었다.

◇ 친구가 **애인(愛人)** 자랑을 하도 하기에 엄청 멋진 사람인 줄 알았더니 그냥 그렇더라.

◇ 그들은 처음에 편안한 친구로서 만났지만, 어느새 다정한 **연인(戀人)**으로 발전하였다.

◇ 이 이벤트는 가면을 쓰고 손동작만으로 **연인(戀人)**을 찾는 게임인데, 서로 암묵적 신호를 주고받았다.

◇ 햇살이 부서지는 공원에서 밀어를 나누는 **연인(戀人)**들이 마냥 부럽고 아름답다고 느꼈다.

## ◀ 여백(餘白)-공백(空白)

| 여백(餘白) | 글씨를 쓰거나 그림을 그리고 남은 빈자리 | 있음 |
|---|---|---|
| 공백(空白) | ① 종이나 책 따위에서 글씨나 그림이 없는 빈 곳<br>② 아무것도 없이 비어 있는 곳<br>③ 특정한 활동이나 업적이 없이 비어 있음 | 없음 |

서류 작성이나 책의 지면에서 글씨나 그림이 비어 있는 것을 발견할 때가 있다. 이렇게 비어 있는 자리를 여백(餘白) 또는 공백(空白)이라 하며, 사전적 의미에서는 동의어(同義語)이다. 그러나 화용론 측면에서 두 단어는 '빈 곳'이라는 의미가 같을 뿐 활용하는 데 차이점이 있다. '여백'은 굳이 채워지지 않아도 문제가 없다는 뜻이다. '공백'은 내용이 있어야 할 곳에 아무것도 채우지 않은 상태를 가리킨다.

(A) <u>여백</u>의 미

(B) <u>공백</u>의 문제

예문(A)는 비어있는 것이 미적 기교라는 말이다. 예문(B)는 무엇인가 있어야 할 것이 없어서 문제가 된다는 뜻이다. '여백'은 남겨놓은 의도를 내포하는 빈자리이므로 쓸모가 있거나 가치가 있다. '여백'은 공간을 차지하는 '있음'의 개념이 된다. '공백'은 공간적 의미와 시간적 의미를 모두 포함한다.

(C) 수비 <u>공백</u>을 채울 선수가 필요하다.

(D) 병역기간은 청춘의 <u>공백</u>이다.

예문(C)의 '공백'은 수비수의 공간적 빈자리를 말하고, 예문(D)의 '공백'은 젊은 시절 중에 빈 시기를 말한다. '공백'은 무엇이든 있어야 할 것이 '없음'을 나타낸다. '공백'은 글씨나 그림에서 '공란(空欄)'의 뜻과 같다. 따라서 '여백'은 채우고도 남아있는 자리이고, '공백'은 채우지 않고 비워 놓은 자리이다.

여(餘)는 '남다'라는 뜻을 가진 글자이다. 소전[餘]에 처음 보이다가 예서체에서는 '余[余]'로 통용되었다. 글자의 구성은 음식[食]과 나무집[余]을 결합한 형성문자이며, 본래 '남은 음식'을 뜻하였다. 고대 야생동물과 적으로부터 피신하기 위해 나무 위에 집[余:余:余]을 지었다. 현재 아프리카 원주민 중에 나무 위에 집을 짓는 민족이 있으며, 대체로 2, 3년마다 새로 짓는 것으로 알려져 있다. '余'에는 '혼자 생활하는' 공간이므로 '나'(1인칭 주어)의 뜻이 파생되었다. 여기에 음식을 표현한 '食'을 덧붙여 '넉넉한 음식'의 뜻으로부터 '남다, 찌꺼기, 나머지, 여분, 여유, 잉여' 따위의 뜻으로 파생되었다.

백(白)은 '희다'라는 뜻을 가진 글자이다. 갑골[白]과 금문[白]을 보면, 어떤 형태인지 알 수 없고, 무슨 윤곽을 형상화한 상형문자처럼 보인다. 여러 견해가 존재하지만, 전국시대 고문자[白:白]를 보면 엄지손가락 끝과 지문을 본뜬 모양이거나 말하는 입의 모양이다. 설문[白]과 소전[白]을 보면 촛불과 심지를 그려낸 형태이다. '백(白)'에 '말하다, 아뢰다'의 뜻은 전자의 견해에 근거가 되었다. 또 '밝다, 희다'의 뜻은 후자의 견해에 근거가 되었다. 일설에는 '희다'는 뜻을 표현하기 위해 흰 쌀과 쌀눈을 형상화한 글자로 본다. 글자의 형태는 지금까지 큰 변화가 없었고, 다양한 의미가 파생되면서 여러 견해가 출현했다. '희다' 이외에 '깨끗하다, 분명하다, 밝다, 빛나다, 비다, 알리다, 흰색, 백발' 따위의 뜻이 파생되었다. 여백(餘白)은 '남는 공간'의 뜻으로 글씨를 쓰는 종이나 그림을 그리는 도면의 빈자리이다. 의도적이든 기교적이든 무엇을 채우지 않고 남긴 공간이다.

공(空)은 '비다'라는 뜻을 가진 글자이다. 갑골문에는 보이지 않으며 금문[]과 고문자[]에 출현한 형성문자이며, 본래 '동굴'을 뜻하는 글자였다. 글자의 구성은 토굴[]과 달구[:工]를 결합한 형태이다. 고대 동굴은 집으로 삼거나 무덤이나 종교의식의 장소로 활용되었다. 크기가 깊고 구불구불한 자연적인 동굴은 굴(窟)이라 표현한다. 공(空)은 사람이 피신하거나 물건을 보관하기 위해 만든 인위적인 동굴이다. 흙은 파내고 바닥을 다져서 만들기 때문에 괭이류와 달구[工] 등의 도구를 사용했을 것이다. 하늘은 손으로 만질 수 없을 정도로 높고 크기 때문에 천공(天空)이라 표현했다. 또는 공(空)에는 마음의 상태에 비유하여 '허전하다, 헛되다'라는 뜻이 파생되었다. '비다' 이외에 '없다, 헛되다, 공허하다, 구멍을 뚫다, 통하다' 따위의 뜻으로 파생되었다. 공백(空白)은 '비어 있는 곳'의 뜻으로 채워지지 않은 공간이다. 글씨나 그림이 없거나 아무것도 없는 곳을 일컫는다.

◇ 청첩장은 좌우 **여백(餘白)**을 좀 더 넓히고 자간도 좀 넓혀야 시각적으로 읽기가 좋다.

◇ 친구에게 빌린 교재이기 때문에 교재의 **여백(餘白)**에 이미 강의 내용이 적혀 있었다.

◇ 실내 장식을 할 때는 상하좌우 균형을 잘 맞추면서 **여백(餘白)**을 적절히 처리하는 감각이 필요하다.

◇ 통장을 개설하는 신청서에 은행 직원이 표시한 **공백(空白)**에 본인의 서명이 필요하다고 했다.

◇ 여야의 강경 대치 상태에서 국회는 장기 **공백(空白)** 상태에 들어가 있고 해결책은 어디에도 보이지 않는다.

◇ 그 가수는 2년의 **공백(空白)**에도 불구하고 어제 방송된 프로그램에서 여전한 댄스 실력을 선사했다.

◇ 동양적 관념을 가진 예술가에게 벽은 채워진 **여백(餘白)**이며 문은 뚫어져 있는 **공백(空白)**이다.

### ◀ 완벽(完璧)-완전(完全)

| 완벽(完璧) | 결함이 없이 완전하다. | 질적 |
|---|---|---|
| 완전(完全) | 필요한 것이 모두 갖추어져 모자람이나 흠이 없다. | 양적 |

어떤 조건이나 상태가 충족되었을 때 완벽(完璧)과 완전(完全)이라 한다. 사전적 의미로는 '모두 갖춘 것'의 뜻을 가진 동의어(同義語)이다. 화용론 측면에서 '완벽'은 결함이 전혀 없는 질적인 상태를 말하고, '완전'은 모든 구성요소를 다 갖춘 양적인 상태를 강조한 것이다. 어떤 계약조건을 예로 들면, 쌍방이 합의하여 거래가 성사되는 것은 '완전한 거래'이다. 일부분 교환이나 환불이 발생할지라도, 그 계약은 수량이나 액수에 차이가 없는 '완전'한 것이다. 그러나 거래의 질적인 차이가 발생했으므로 '완벽한 계약'이라고 하지 않는다. 즉 '완벽'은 '완전'을 포함하는데, '완벽'이 상위개념이고 '완전'은 하위개념인 셈이다.

(A) <u>완벽한</u> 승리

(B) <u>완전한</u> 승리

예문(A)는 상대 팀이 5:0, 4:0 등 승점을 전혀 얻지 못한 경우이다. 예문(B)는 상대 팀이 5:2, 4:1 등 노력했으나 전혀 역전할 승점을 얻지 못한 경우이다.

(C) <u>완벽한</u> 제품

(D) <u>완전한</u> 제품

상품이나 의상 등 기계로 대량으로 제작되는 물품은 '완벽'할 수 없다. 예문(C)는 흠이 없는 제품이라는 뜻이 되므로 어색한 표현이다. 예문(D) 제품에는 사용에 불편함이 없는 '완성'의 수식어가 올바른 표현이다.

완(完)은 '마치다'라는 뜻을 가진 글자이다. 전국시대 고문자[[illegible]]에서 처음 사용되었는데, 궁전[宀]과 줄지어 서다[二]와 사람[儿]을 결합하여 많은 신하가 서 있는 '넓은 궁전'이라는 회의문자였다. 소전[[illegible]]에서 형태를 계승하여 집[宀]과 으뜸[元]을 결합한 형성문자이며, '궁전의 완성'으로 뜻이 바뀌었다. 소전[[illegible]]에서 으뜸[元]은 '사람의 머리'를 본뜬 것으로 '우두머리, 최고(통치자), 처음' 따위의 뜻을 내포하고 있다. 따라서 완(完)은 '군주가 기거하는 궁전을 마쳤음'을 뜻하게 되었다. '마치다' 이외에 '다스리다, 완전하다, 튼튼하다, 둥글다, 너그럽다' 따위의 뜻으로 파생되었다. 완료(完了)·완비(完備)·완결(完決)·보완(補完)·미완성(未完成) 등으로 활용 단어들이 있다.

벽(璧)은 '둥근 옥구슬'이란 뜻을 가진 글자이다. 주대(周代) 이후 제기(祭器)의 장식품이었던 '옥 고리'이다. 금문[[illegible]]에 처음 보이며, 현재의 자형은 소전[[illegible]]에서 비롯되었다. 금문 이전의 고문자[[illegible]]를 보면 둥근 모양의 옥 장식품을 본뜬 형태였다. 고대 제사용 그릇은 매우 신성한 물건이었고, 옥으로 만든 장식용 고리는 고도의 세공기술로 만들었다. 벽(璧)은 흠이 없는 둥근 옥 장식품을 말하며, 가운데 둥근 구멍이 있다. 화씨벽(和氏璧) 이야기에 언급되는 벽(璧)은 초문왕(楚文王)이 변화(卞和)가 발견한 진귀한 옥을 세공한 둥근 인장(印章)이다. 세월이 흘러서 조(趙) 혜문왕(惠文王)이 소유하게 되었다. 진(秦) 소양왕(昭襄王)이 15개의 성으로 유혹하였고, 이에 조나라의 인상여(藺相如)가 사신이 되어 가져갔다. 그는 소양왕의 속임수에 넘어가지 않고 화씨벽을 다시 온전하게 조나라로 가져왔다. 이야기 속의 화씨벽은 '흠결이 없고 가장 아름다운 빛깔을 발산하는 옥'이다. 완벽(完璧)은 화씨벽처럼 흠결이 전혀 없는 완전함을 일컫는다.

전(全)은 '온전하다'라는 뜻을 가진 글자이다. '안전(安全)-안정(安定)' 부분에서 설명한 바 있다. 완전(完全)은 필요한 것이 모두 갖추어져 모자람이나 흠결이 없음을 일컫는다.

◇ <오징어 게임>이 성공한 것은 성기훈 역 배우처럼 거의 **완벽(完璧)**에 가까운 연기력 덕분이다.

◇ 이 조각상은 해부학적으로 한 치의 어긋남 없는 **완벽(完璧)**하고 사실적인 남성의 모습을 표현하고 있다.

◇ 그의 성격은 **완벽주의자(完璧主義者)**에 가까워 타인과 친해지기 어렵고 우울증에 취약하다.

◇ 극우세력과 기득권 세력을 심판하는 선거에서 국민은 **완전(完全)**한 민주주의 국가를 이룩하기 위해 적극적으로 투표했다.

◇ 외곽 순환 고속 도로가 **완전(完全)** 개통을 앞두고 있어 시내 교통체증의 불편함이 해소될 것이다.

◇ 장마철에 산사태가 발생한 섬마을은 강력한 태풍으로 인해 현재 **완전(完全)**히 고립 상태가 되었다.

### ◀ 욕구(慾求/欲求)-욕망(慾望/欲望)

| 욕구(慾求) | 무엇을 얻거나 무슨 일을 하고자 바라다. | 본능 |
|---|---|---|
| 욕망(慾望) | 부족을 느껴 무엇을 가지거나 누리고자 탐하다. | 개인 |

무엇을 얻고자 바라는 마음을 욕구(慾求)와 욕망(慾望)이라고 한다. 심리적인 측면에서 '욕구'는 본능적이고 생리적인 현상이며 비난할 수 없는 것이다. '욕망'은 개인적이고 충동적인 현상이며 절제되지 못하면 비난의 대상이 된다. 대체로 '욕구'와 '욕망'은 동시에 생겨나고 해소된다. 그러나 '욕구'는 일정한 충족의 단계에서 해소되어 멈추지만, '욕망'은 더 충족하려는 욕심(慾心)의 단계에서 '욕구'와 다르다. 심지어 탐욕(貪慾)의 단계에 이르면 비난받고 파멸의 길로 나아간다. 매슬로(Maslow)는 인간의 '욕구'를 생존·안전·사랑·자존·자기실현 등 다섯 단계로 분류했다. 배고픔은 생존의 '욕구'인데 피자와 김밥 중 하나를 선택하여 '욕구'를 해소할 수 있다. '욕망'은 피자와 김밥을 모두 먹는다거나 진귀한 음식을 찾는 것이다. 인간은 '욕망'의 동물이므로 스스로 감당할 정도까지는 비난받지 않는다. 만약 감당할 수 없는 단계까지 이르면 파멸할 수밖에 없다. 더 비싼 옷을 입고 싶어서 월급 대부분을 의상비용으로 지출한다면 파멸의 '욕망'이다.

(A) 누구나 행복을 추구하는 욕구가 있다.

(B) 금전만능의 욕망을 위해 살아간다.

예문(A)는 보편적인 인간의 '욕구'를 말한 것이다. '욕망'으로 교체하면 어색할 뿐 아니라 집착증을 앓는 환자의 변명이 된다. 예문(B)는 자존과 자기실현의 욕구를 확충하려는 욕망을 표현한 것이다. 금전만능의 '욕구'란 존재하지 않으므로 '욕구'로 교체하면 비문이다. '욕구'는 실현이

가능하고 보편성을 가진 본능이며, 만족감을 느끼는 심리상태이다. '욕망'은 아직 실현되지 않은 것을 이루려는 개별성이며, 만족감의 한계가 없기에 절제력이 필요하다.

욕(慾)은 '탐내다'라는 뜻을 가진 글자이다. 글자의 구성은 계곡[谷]과 부족하다[欠]와 마음[心]을 결합한 회의문자이다. 본래 춘추시대까지 '欲'을 사용하다가 전국시대에 이르러 '慾'이 혼용되었고, 마음속에 생겨나는 욕구를 표현한 글자였다. 금문[[illegible]:[illegible]]을 보면, 계곡의 물을 마시고 싶은 모습을 본뜬 것이다. 고대 맑은 물을 마시고 싶은 욕구를 형상화했다. 고문자[[illegible]:[illegible]]를 보면, 계곡[谷]과 마음[心]을 결합한 형태가 출현했고, 맑은 물을 마시고 싶은 욕심을 형상화했다. 소전[[illegible]]에서는 맑은 계곡의 물에 머리를 감는 모습으로 통일되었다. 몸을 단정히 하고 꾸미고자 하는 자존의 욕구를 표현한 것이다. 예서[[illegible]]는 금문의 형태를 계승하여 생존의 욕구를 강조했다. 해서[欲:慾]부터 두 글자가 완전히 분리되었다. '欲'은 주로 술어적 의미로 사용되었고 본능적인 '욕구'를 표현했고, '慾'은 '욕구'와 '욕망'의 심리적 의미로 사용되었다.

구(求)는 '원하다'라는 뜻을 가진 글자이다. 본래 동물의 피륙으로 만든 가죽옷[裘]을 형상화한 글자였다. 갑골문[[illegible]]은 옷[衣]에 털이 달린 모양을 본뜬 것이다. 금문[[illegible]:[illegible]]에도 털옷을 계승된 형태가 존재하는 이유이다. 현재의 자형[求]과 연관된 갑골[[illegible]]과 금문[[illegible]]을 보면, 야생 동물의 표피를 본뜬 글자이다. 소전[[illegible]:[illegible]]을 거쳐 예서[[illegible]:[illegible]]부터 현재의 자형으로 통일되었고, 해서[求]가 등장하면서 완전히 하나의 형태로 통용되었다. 고대인들은 추운 날씨를 견디기 위한 의식주 해결이 급선무였다. 특히 가죽옷은 피부를 보호하고 체온을 유지하는 훌륭한 방편이었다. '원하다' 이외에 '탐하다, 취하다, 모으다, 가리다, 묻다, 힘쓰다, 갖옷' 따위의 뜻으로 파생되었다. 욕구(慾求)는 물질이든 가치든 그것을 얻기 바라는 본능적인 심리이다.

망(望)은 '바라보다'라는 뜻을 가진 글자이다. 갑골[ : ]에는 두 종류의 자형이 보인다. 땅바닥에 서서 바라보는 모습과 흙더미 위에 서서 바라보는 모습이다. 눈[目]의 형태가 가로[罒]인 경우는 마주 보는 것이고, 세로[目]인 경우는 하늘을 쳐다보는 것을 나타낸 것이다. 갑골[ : ]의 눈은 '멀리 바라보는 모습'을 본뜬 것이다. 금문[ : : ]은 세 종류의 자형으로 분류된다. 땅 위에서 바라보는 자형, 달을 추가한 자형, 달을 바라보는 자형 등이다. 전국시대의 고문자[ : ]는 높은 곳을 표시하기 위해 흙[土]으로 변모했고, 높은 곳에 올라 멀리 바라보는 뜻을 명확하게 나타냈다. '壬'의 형태는 사람[人]과 높은 곳[土]을 축약한 것이다. 소전[ ]과 예서[ : ]는 위를 향하는 시선과 눈을 크게 뜬 모양이다. 망(望)의 구성은 우러러보다[亡]과 달[月]과 서 있는 사람[壬]을 결합한 회의문자이며, 본래 '우러러보다'의 뜻이었다. '바라보다' 이외에 '바라다, 바라보다, 망보다, 엿보다, 기다리다, 그리워하다, 원망하다' 따위의 뜻으로 파생되었다. 욕망(慾望)은 부족함을 채우려는 심리상태이며, 소유와 향유를 향한 끊임없는 탐욕까지 포함하는 개념이다.

◇ 4차 산업의 발전으로 더욱 편리한 생활을 추구하는 본능적인 **욕구(慾求)**가 날로 높아져 가고 있다.

◇ 그는 공부를 통해 인정받고 싶어 하는 **욕구(慾求)**와 교육자로서 존경받는 사람이 되고 싶어 한다.

◇ 심리학에서는 에로스를 단순히 관능적인 사랑의 상징으로만 보지 않고 인간과 인간의 관계 **욕구(慾求)**라고 일컫는다.

◇ 권력 의지는 모든 살아있는 동물이 가지고 있는 원초적 **욕망(慾望)**이며, 존재의 내적 본질이다.

◇ 그는 세속적인 사랑이나 **욕망(慾望)**이 가득한 생활에서 벗어나 혼자 몸으로 걸식하며 사는 것을 이상으로 삼았다.

◇ 그는 마음속 깊은 곳에 숨겨 왔던 **욕망(慾望)**을 드러냈다.

## ◀ 우려(憂慮)-염려(念慮)

| 우려(憂慮) | 근심하거나 걱정하다. | 무방비 |
|---|---|---|
| 염려(念慮) | 앞일에 대하여 여러 가지로 마음을 써서 걱정하다. | 예측 |

어떤 사건이나 사람에 대해 걱정하고 근심하는 심리를 우려(憂慮)와 염려(念慮)라고 한다. 사람은 뜻하지 않은 일들을 겪으면서 정확하게 미래를 예측할 수 없는 삶을 살아간다. '한 치 앞도 모르는 인생'이란 속담을 보더라도 언제 어떤 일이 닥칠지 걱정하며 살아간다. '우려'는 예측하지 못하여 불안한 심리상태이다. '염려'는 예정된 사실에 대해 마음을 정하지 못하는 것이다. 즉 불확실하여 대응을 준비할 수 없을 경우는 '우려'이다. 앞으로 닥칠 일이 예측하여 미리 준비하는 걱정은 '염려'이다.

(A) 지구의 기후변화가 <u>우려</u>된다.

(B) 어머니의 건강이 <u>염려</u>된다.

예문(A)에서 기후변화의 피해를 예측하는 경우라면 '염려'를 사용해도 된다. 그러나 기후변화를 인위적으로 조절할 수 없기에 '우려'가 자연스러운 표현이다. 예문(B)에서 건강하고 젊은 어머니라면 '우려'를 사용해도 된다. 그러나 병약하거나 늙은 어머니라면 건강이 나빠질 소지가 있기에 '염려'가 올바른 표현이다. 화용론 측면에서 두 단어는 미래를 걱정하는 뜻으로 유의어(類義語)이다. 다만 두 단어는 걱정거리에 관해 예측할 수 있느냐 없느냐에 따라 활용의 차이점이 있다. 한편 예문(A)처럼 '우려'는 외부 환경으로부터 오는 공포에 대한 걱정이다. 예문(B)처럼 '염려'는 내면 심리로부터 생겨나는 불안에 대한 걱정이다.

우(憂)는 '걱정하다'라는 뜻을 가진 글자이다. 금문[ : : ]에 처음 보이며, 손으로 얼굴을 감싸는 모습을 본뜬 회의문자이다. 고문자[ : ]에는 머리를 감싸고 마음을 억누르는 형태가 있고, 천천히 걷는 형상을 추가한 형태가 있다. 소전[ ]과 예서[憂]에서 현재의 자형이 비롯되었음을 알 수 있다. 글자의 구성은 머리[頁]·감싸다[冖]·마음[心]·걸음[夊] 4개의 요소를 결합한 회의문자이다. 머리부터 발끝까지 '마음을 졸이는' 모습을 형상화한 글자였다. '걱정하다' 이외에 '고통, 앓다, 질환, 근심, 상 당하다, 고생하다, 가엾게 여기다' 따위의 뜻으로 파생되었다. 우국(憂國)·우울(憂鬱)·우환(憂患)·우수(憂愁)·기우(杞憂)·적우(積憂) 등 대표적으로 활용되는 단어이다.

려(慮)는 '조바심'이라는 뜻을 가진 글자이다. 금문[ ]을 보면 겹겹이 쌓인 걱정 또는 마음에 응어리진 걱정을 본뜬 회의문자이다. 고문자[ ]와 소전[ ]의 구성을 보면, 호랑이[虍]와 생각[思]이 결합한 형태로 변모했다. 고대인들이 야산이나 숲에서 호랑이와 마주치지 않으려는 조바심을 표현한 것이다. 일설에는 걱정거리가 호랑이 문양처럼 걱정이 줄줄이 이어져 있음을 나타냈다고 보는 견해도 있다. 호랑이[虍]가 부수로 사용되는 경우, 호랑이처럼 맹수를 뜻하기도 하고, 호랑이의 문양을 나타내기도 한다. 려(慮)의 금문[ ]을 기준으로 계승 관계가 있으므로 호랑이 문양으로 대체된 것이다. 따라서 걱정거리가 겹쳐진 것을 형상화했다고 보는 편이 합당하다. 맹수는 인간에게 무서운 대상이고 공포의 대상이기도 하다. 고대인은 호랑이를 피하려는 조바심을 가질 수밖에 없을 것이다. '조바심' 이외에 '생각하다, 헤아려보다, 근심하다, 걱정하다, 어지럽히다, 꾀하다, 계획, 의혹' 따위의 뜻으로 파생되었다. 우려(憂慮)는 막연히 미래를 걱정하는 뜻이며, 피해를 예측할 수 없어서 대응할 준비조차 없는 걱정거리이다.

념(念)은 '생각하다'라는 뜻을 가진 글자이다. 갑골[:]을 보면 입[口]과 마음[心]이 결합한 회의문자이다. 입의 모양이 상하 뒤집힌 것은 머금고 있는 입을 형상화한 것이다. 즉 함(含)의 뜻으로 표현된 자형인 셈이다. 금문[:]과 고문자[]에서는 마음속에 품고 있는 생각을 형상화했다. 소전[]과 예서[]를 거치면서 해서[念]의 형태로 변천해왔다. 념(念)은 본래 '마음속에 맴도는 생각'의 뜻이었고, '생각하다'라는 인간의 기억력을 나타내는 글자가 되었다. 이외에 '외우다, 읽다, 삼가다, 불쌍히 여기다, 귀여워하다' 따위의 뜻으로 파생되었다. 염려(念慮)는 앞으로 겪게 될 일에 대해 예측하여 걱정하는 뜻이며, 여러 가지로 마음을 써서 걱정하는 심리상태이다.

◇ 보건 당국에서는 미확인 바이러스가 발견되어 백신이 개발되기 전까지 사망자가 속출할 **우려(憂慮)**가 있다고 경고했다.

◇ 행정 경험이 별로 없고 범죄 의혹까지 있는 장관을 임명하여 제대로 직무를 수행할 수 있을지 **우려(憂慮)**하는 분위기이다.

◇ 금전 거래의 계약서를 작성할 때는 위조의 **우려(憂慮)**가 있으므로 반드시 꼼꼼하게 확인할 필요가 있다.

◇ 국민이 반대하는 정책을 강하게 밀어붙인다면 오히려 역작용을 불러일으킬 **염려(念慮)**가 있다.

◇ 아내는 아이들만 달랑 남겨두고 여행을 떠나기가 **염려(念慮)**스러운지 계속 머뭇거리고만 있었다.

◇ 선생님께서 **염려(念慮)**해 주신 덕으로 잘 지내고 있습니다.

## ◀ 운명(運命)-숙명(宿命)

| | | |
|---|---|---|
| 운명(運命) | ① 인간을 포함한 모든 것을 지배하는 초인간적인 힘<br>② 앞으로의 생사나 존망에 관한 처지 | 동적 |
| 숙명(宿命) | 날 때부터 타고난 정해진 운명 | 정적 |

운명(運命)과 숙명(宿命)은 인간의 의지로 벗어날 수 없는 하늘의 섭리로 결정되는 힘이다. '운명'은 인간과 자연을 지배하는 신에 의해 생사나 존망이 결정되는 힘이다. '숙명'은 이미 모든 생명체에 원초적으로 타고난 운명이 있다는 것이다. 고대인은 인간의 의지와 무관한 자연의 섭리를 신봉했다. 주역(周易)의 팔괘(八卦)를 통해 천문을 해설하고, 토정비결(土亭祕訣)을 통해 '운명'을 점치고, 사주팔자(四柱八字)를 통해 운세를 공부하고, 관상(觀相)을 통해 마음을 관찰한다. 이러한 주술적 미신은 하늘의 지배를 벗어날 수 없다는 '숙명'에서 비롯되었다. 즉 인간의 미래는 확신할 수 없지만 결정되어 있다는 것이다. 정적인 '숙명'이다. 천지인(天地人)의 관계 설정부터 우주의 해와 달 그리고 별의 움직임까지 자연의 섭리에 순응하며 살아가는 것은 '운명'이다. 즉 세상의 생사존망(生死存亡)은 의지와 실천에 따라 변하면서 결정되어 간다는 것이다. 동적인 '운명'이다.

(A) <u>운명적인</u> 만남

(B) <u>숙명적인</u> 만남

예문(A)는 만남을 미화한 것이고, 예문(B)는 만남을 극화시킨 것이다. '운명'은 주로 긍정적이고 우연의 의미를 강조한 것이고, '숙명'은 부정적이고 필연의 의미를 내포한 것이다.

운(運)은 '움직이다'라는 뜻을 가진 글자이다. 소전[illegible]에서 처음 보이며, 군대 전차[軍]와 이동하다[辵]를 결합한 회의문자이다. 본래 '이동하다'의 뜻으로 사용되었다. 군대[軍]의 구성은 포진하다[冂]와 수레[車]의 결합이다. 공격 대형으로 진을 치는 군대를 형상화한 글자인 셈이다. 고대 공격용 전차는 말이 끌기도 하고 병사들이 밀기도 했다. 고문자[illegible]의 형태로 보아 병사들의 힘으로 이동하는 모습을 본뜬 것이다. 말이 끄는 기마용 전차는 빠른 속도로 이동하겠지만, 인력으로 움직이는 전차는 대공 무기를 탑재하여 느리게 움직였을 것이다. 하늘의 행성이나 달의 움직임은 마치 평탄치 않은 지형으로 나아가는 군대처럼 느껴졌을 것이다. '움직이다' 이외에 '나르다, 옮기다, 돌리다, 가다, 가지고 놀다, 운용하다, 하늘의 궤도' 따위의 뜻으로 파생되었다. 운동(運動)·운전(運轉)·운용(運用)·운행(運行)·기운(氣運)·행운(幸運)·국운(國運) 등 활용되는 단어들이 있다.

명(命)은 '명령'이라는 뜻을 가진 글자이다. 갑골[illegible]을 보면, 관청[亼]과 명령하는 사람[illegible]을 결합한 회의문자이다. 본래 '명령하다'라는 뜻이었다. 금문[illegible]과 소전[illegible]에서 말하다[口]를 덧붙여 그 뜻을 명확하게 나타냈다. 일설에는 무릎 꿇은 사람은 명령을 받는 사람으로 보는 견해도 있다. 명령을 하달하든 받든 '명령하다'라는 뜻에는 변함이 없다. 고대 형법의 세칙이 자세하게 규정되어 있지 않았고, 관청의 명령으로 분쟁과 갈등을 해결하며 사회질서를 바로잡았다. 상급기관의 지시나 명령은 생사(生死)·존망(存亡)까지 관장하였고, 반드시 목숨을 걸고 지켜야 하는 법률이었다. '명령하다' 이외에 '생명, 규정, 가르치다, 증표, 법도, (이름을) 정하다' 따위의 뜻으로 파생되었다. 운명(運命)은 '하늘의 명령'이라는 뜻에서 인간의 의지를 초월하는 신성한 섭리를 일컫는다. 즉 누구도 확인할 수도 없고 거부할 수도 없는 하늘의 명령인 셈이다. 언제나 변화하고 있는 삼라만상의 운명은 자연의 섭리에 순응하는 것이라 믿었다. 여기에 인간의 생명도 하늘에 의해 '운명'이 결정된다고 믿었다.

숙(宿)은 '자다'라는 뜻을 가진 글자이다. 갑골[]과 금문[]을 보면, 집[宀]과 사람[亻]과 돗자리[㐁,百]를 결합한 회의문자이며, 본래 '잠자리'를 뜻하는 글자였다. 밤하늘 수많은 별이 반짝이고 움직이지 않은 듯이 보인다. '별자리'는 사람도 밝은 대낮에 일을 마치고 어두운 밤에 집으로 돌아와 잠을 자는 것에서 파생된 뜻이다. 그래서 수(宿) 발음으로 '별자리'라는 뜻이 내포되어 있었다. '자다', '별자리' 이외에 '머물다, 묵다, 숙소, 당직, 나이가 많다, 지키다, 찾다' 따위의 뜻이 파생되었다. 숙명(宿命)은 '정해진 운명'이란 뜻에서 출생·성별·생로병사 등 인간의 삶의 궤적이 이미 하늘에서 결정해 놓았음을 일컫는다. 즉 삼라만상의 생성과 소멸은 인간의 의지로 피할 수도 거부할 수도 없는 자연의 섭리인 셈이다.

◇ 불법과 비리를 저지르고 당당하던 독재자도 국민의 거센 반발에 몰락하는 **운명(運命)**에 처하였다.

◇ 힘의 논리가 앞서는 국제 사회에서는 강대국에 의해 약소국의 **운명(運命)**이 좌우되기도 했다.

◇ 이 일은 회사의 **운명(運命)**과 관계되는 중차대한 일이니 꼭 비밀을 지켜 주셔야 합니다.

◇ 어쩌면 그들은 **숙명적(宿命的)**으로 헤어지지 않으면 안 되는 불행한 한 쌍이었는지도 알 수 없었다.

◇ 경마장의 말은 인간을 위해 달리며 살아가지만, 목숨이 다하는 순간까지 달리며 살아야 하는 **숙명(宿命)**일 것이다.

◇ 한국과 일본은 불행한 과거사로 인해 스포츠 경기에서도 승패에 매달리는 **숙명적(宿命的)**인 관계이다.

### ◀ 운반(運搬)-운송(運送)-운수(運輸)

| | | |
|---|---|---|
| 운반(運搬) | 물건 따위를 옮겨 나르다. | 소량 |
| 운송(運送) | 사람을 태워 보내거나 물건 따위를 실어 보내다. | 차량 |
| 운수(運輸) | 운송이나 운반보다 큰 규모로 실어 나르다. | 업종 |

탈것으로 옮기거나 실어 나르는 뜻을 가진 단어에는 운반(運搬)·운송(運送)·운수(運輸) 등이 있다. 모두 일본식 단어로서 근대 이후에 등장했다. '운반'은 주로 소량의 물건이나 동물 따위를 실어 나르는 것이며, '운송'은 주로 차량으로 물건을 전달하는 것을 말한다. 즉 보내는 사람과 받는 사람 사이에 물건을 교통편을 이용하여 배송(配送)한다. '운수'는 사람과 사물 모두 포함하여 이동하는 교통수단이며, 실어 나르는 규모가 큰 운송업 분류 명칭이다. '운반'은 탈것이 아니라도 사람의 힘으로 물건을 옮기는 것이 포함된 단어이다.

(A) 문 앞까지 운반해 주세요.

(B) 환자를 운반하는 도구를 준비했다.

예문(A)에서 생략된 목적어는 물건이며 인력으로 옮겨달라는 뜻이다. 예문(B)에서 환자는 옮기는 대상이기 때문에 '운반'이 어색하지 않고, '운송'으로 교체해도 무방하다.

(C) 비행기로 신속하게 운송했다.

(D) 퀵서비스는 서류 운송까지 한다.

예문(C)에서 목적어는 사람이나 물품이 모두 가능하며, 물품이라면 '운반'을 사용해도 무방하다. 예문(D)는 서류를 나르는 서비스이고 행위의 주체가 사람이므로 '운송'을 사용한 경우이다.

(E) 명절에 운수업이 성수기라고 한다.

(F) 최근 운수사업에 투자했다.

예문(E)에서 '운수업'은 업종의 분류이고, /운수하다/라는 단어는 사전에만 수록되어 있을 뿐 실제 사용하지 않는다. 예문(F)에서도 업종의 분류로서 '운수사업'이라고 명시한 경우이다.

운(運)은 '나르다'라는 뜻을 가진 글자이다. '운명-숙명'에서 설명한 바 있다.

반(搬)은 '옮기다'라는 뜻을 가진 글자이다. 소전[[illegible]]에 처음 보이며, 젓다[扌]와 배[舟]와 삿대[殳]를 결합하여 '배로 옮기다'를 뜻하는 형성문자이다. 반(般)은 '배를 젓다'의 뜻을 가진 고문자[[illegible]]에서 비롯된 글자이다. 고대 세금으로 거둔 물품은 주로 배를 이용하여 중앙으로 옮겼다. 일설에는 삿대[殳]를 '휴대용 무기' 또는 '몽둥이'로 풀이하는 견해도 있다. 세금을 징수하는 선적에는 병사가 동행했으므로 설득력이 있는 견해이다. '무기'라고 보는 견해는 수렴한 지역 물품을 조정에 도착할 때까지 해적이나 도적으로부터 보호하기 위함이었다. 다만 일반 사람들도 육로보다 배를 이용한 수로가 편리했기 때문에 '삿대'로 풀이한 것이다.

'옮기다' 이외에 '이사하다, 나르다'의 뜻으로 활용된다. 운반(運搬)은 주로 물건을 실어 나른다는 뜻이고, 소규모의 사람이나 동물을 힘써 옮기는 의미가 있다.

송(送)은 '보내다'라는 뜻을 가진 글자이다. 금문[[illegible]]과 소전[[illegible]]을 보면, 걸어가다[辵]와 불[火]과 맞잡다[廾]를 결합한 회의문자이다. 본래 먼 곳으로 떠나는 손님을 배웅할 때 가는 길을 밝혀주는 불빛을 표현한 글자이다. 불[火]과 맞잡다[廾]를 결합한 불씨[灷:[illegible](선)]이 통용되었으나 사용 빈도가 극히 낮았다. 인류가 불을 숭배한 것은 어둠을 밝혀 통행 안내의 목적도 있고, 체온을 유지하거나 음식을 익혀 먹는 목적도 있기 때문이다. 송(送)에는 어두운 길을 밝히는 뜻이 내포되어 있다. '보내다' 이외에 '전달하다, 배웅하다, 알리다, 다하다, 좇아 버리다' 따위의 뜻이 파생되었다. 운송(運送)은 '실어 보내다'의 뜻으로 사람이나 물품을 전달하는 것을 뜻한다. 물건의 경우는 보내는 사람과 받는 사람이 내포된 의미가 있다. 사람의 경우는 탈것을 수단으로 이동시켰다는 뜻이다.

수(輸)는 '실어 옮기다'라는 뜻을 가진 글자이다. 금문[[illegible]]에 처음 보이며, 수레[車]와 집[亼]과 배[舟]와 젓다[巜] 등 4개 요소가 결합한 회의문자이다. 본래 육로와 수로를 통해 물건을 실어 나르는 작업을 뜻하는 글자였다. 소전[[illegible]]에도 그대로 계승되었다. 유(兪)의 고문자[[illegible]:[illegible]:[illegible]]들을 보면 일종의 판옥선(板屋船)을 본뜬 형태이다. 글자의 구성은 집[余]와 배[舟]를 결합하여 배 위에 지붕을 올린 형태이다. 이것은 장거리 운항하며 생활하는 공간인 동시에 폭우를 피하는 구조이다. 세곡(稅穀)을 운반하는 역할의 조운선(漕運船)이 연상된다. 수(輸)는 육로[車]와 수로[舟]를 통해 물건을 나르는 작업을 표현한 글자이다. 수입(輸入)·수출(輸出)·수송(輸送) 등 부피가 크고 수량이 많은 물건을 나르는 단어에 사용

**된다. 그리고 수혈(輸血)·밀수(密輸)·공수(空輸) 등 필요에 따라 긴박하게 사물을 공급하는 상황적 단어로 활용된다. 운수(運輸)는 사람과 사물을 실어 나르는 업종을 말하며, 비교적 큰 규모의 이동방식이나 체제를 갖춘 사업을 일컫는다.**

◇ 황하 하구의 동영시는 빠른 물살에 운반(運搬)된 흙이 오랫동안 퇴적되면서 형성된 새로운 삼각주 도시이다.

◇ 여성은 운반(運搬)하기 쉽고 기술 익히기가 쉬운 길이가 짧은 스키를 선택하는 것이 좋다.

◇ 이른 새벽 농수산시장에는 싱싱한 해물을 운반(運搬)하는 냉동 트럭을 기다리는 상인들로 북적거렸다.

◇ 유리 제품이 운송(運送) 중에 파손되지 않도록 충분하게 포장하고 던지지 말라는 주의 스티커를 붙였다.

◇ 이집트는 새로 개통한 제이 수에즈 운하를 통해 해상 운송(運送)의 중심으로 거듭날 계획을 하고 있다.

◇ 두 항공사가 통합하면 여객과 화물 운송(運送) 실적 기준으로 세계 10위 이내의 대형 항공사가 재탄생합니다.

◇ ○○버스 운수업체(運輸業體)는 수도권 배차 간격을 줄이기 위해 신입 버스 기사를 대대적으로 모집했다.

◇ 언론에서 항공 운수(運輸) 노동자들의 파업을 부정적으로 보도하면서 파업으로 인한 피해액을 산출했다.

◇ 현재 이 물량은 육상 운수(運輸)를 통해 항만으로 이동하는데 우리나라 물류비용이 GDP 대비 12%에 이른다.

## ◀ 운영(運營)-운용(運用)

| | | |
|---|---|---|
| 운영(運營) | ① 조직이나 기구, 사업체 따위를 관리하고 운용하다.<br>② 어떤 대상을 관리하고 운용하여 나가다. | 경영 |
| 운용(運用) | 무엇을 움직이게 하거나 부리어 쓰다. | 사용 |

'운영(運營)'은 일정한 목적을 위해 조직하고 관리하는 시스템을 작동 경영하는 것이다. '운용(運用)'은 목적에 맞추어 동원되고 소요되는 부속 단위를 사용하는 것이다. '운영'이 하급단위를 통제하는 상위개념이고, '운용'은 상급단위를 지원하는 하위개념이다. 화용론 측면에서 보면, 조직적인 경영을 '운영'이라고 하고, 부속적인 사용을 '운용'이라고 한다.

(A) 공장의 <u>운영</u>방식을 바꾸었다.

(B) 투명하게 자본을 <u>운용</u>했다.

예문(A)에서 공장은 일종의 조직이므로 '운영방식'이라고 한 것이다. 공장의 기계나 작업팀 따위의 부분적인 변경이라면 '운용방식'으로 교체해도 무방하다. 예문(B)에서 자본은 유동자산으로 금전적 하위개념이므로 '운용'을 사용해야 자연스럽다. 국립국어원에서 두 단어의 차이점을 다음과 같이 설명하고 있다. '운영'은 주로 국가·학교·정당·기업·상점·학회·대회 등과 어울려 사용되고, '운용'은 자본·인력·기금·예산·물품 등과 어울려 사용되는 말이다.

운(運)은 '움직이다'라는 뜻을 가진 글자이다. '운명-숙명'에서 설명한 바 있다.

영(營) '다스리다'라는 뜻을 가진 글자이다. 금문[𤇾]은 두 개의 횃불을 밝힌 형태인데, 어둠을 밝혀 외부의 적이나 야생 동물의 접근을 차단하는 모습이다. 고문자[𤇾]와 소전[營]을 보면, 두 개의 횃불[炏]과 축조한 울타리[冂]와 거주 구역[呂]을 결합한 회의문자이다. 고대 통치구역의 경계가 뚜렷하지 않았고, 국경 분쟁이 발생하면 군대가 일대를 주둔했다. 병영(兵營)·목 진지(陣地)의 원시 형태로 군대를 배치하게 된다. 금문[]의 횃불에서 소전[]의 영역을 추가한 것은 밤낮으로 지켜야 하는 구역을 표시한 것이다. 불빛[熒]·반딧불[螢]·힘쓰다[勞] 따위의 글자는 불빛은 강조했고, 어두운 밤을 밝게 비추는 불빛과 관련되어 있다. 영(營)은 본래 '불을 밝혀 일하다'라는 뜻이었다. 이외에 '짓다, 재다, 꾀하다, 계획하다, 다스리다, 두려워하다, 오락가락하다, 변명하다' 따위의 뜻으로 파생되었다. 운영(運營)은 '부지런히 일하게 하다'라는 뜻으로 어떤 조직을 관리하고 감독하는 것이다. 일시적이거나 순간적인 역할에 머물지 않고 끊임없이 작동되도록 꾸려나간다. 작은 가게라도 이익을 창출하고 유지해야 하므로 '운영한다'라는 표현을 쓴다. 규모가 큰 기업이라면, 더 큰 조직을 갖추고 직원을 관리하고 손익계산을 감독하므로 '기업 운영'이라고 일컫는다.

용(用)은 '사용하다'라는 뜻을 가진 글자이다. '사용-이용'에서 설명한 바 있다. 운용(運用)이란 '사용하여 작동하다'라는 뜻으로 어떤 목적에 부합하는 부속품을 작동시키는 것이다. 일종의 조직을 구성하는 도구나 품목이 '운용되다'라고 일컫는다.

◇ 건강을 위해 채식하는 사람이 늘어나서 도심에 유기농 채소 전문 음식점을 **운영(運營)**할 계획이다.

◇ 외국인 방문객을 위한 한옥 마을이 본격 **운영(運營)**에 들어갔다.

◇ 외식업이나 미용실 등을 **운영(運營)**하는 사업자들에게 지역 화폐가 불황 극복의 주요 마케팅 수단으로 인기가 높다.

◇ 저축은행이 고객의 예금을 변칙적으로 **~~운용~~(運用)**한 비리를 지적받았고, 운영진 모두에게 법적 책임을 물었다.

◇ 펀드형 상품은 펀드별로 **~~운용~~(運用)**되기 때문에 수익률이 높은 금융 기관의 펀드를 선택하는 것이 유리하다.

◇ 정부는 금융 시장의 불안을 해소하기 위하여 통화 정책을 탄력적으로 **~~운용~~(運用)**하고 있다.

## ◀ 원인(原因)-이유(理由)

| | | |
|---|---|---|
| **원인(原因)** | 어떤 사물이나 상태를 변화시키거나 일으키게 하는 근본이 된 일이나 사건 | 사건류 |
| **이유(理由)** | 어떠한 결론이나 결과에 이른 까닭이나 근거 | 사실류 |

세상에는 수많은 사건이 발생하는데, 그 과정에 다양한 상황이나 까닭이 존재한다. 원인(原因)과 이유(理由)는 사건의 결과에 이르게 되는 객관적·주관적 상황이나 까닭이다. '원인'에는 객관적으로 연계된 사건이 존재하고, '이유'에는 주관적으로 연계된 사실(까닭/변명/핑계)이 있을 수 있다. 신호등 설치의 사례를 보면, '원인'에는 빈번한 사고 또는 교통 혼잡 등 객관적 사건들이 있다. '이유'에는 인적·물적 피해를 막기 위함 또는 정체로 인한 불편을 해소하기 위함 등 주관적 설명이 수반된다. '원인'은 필연적인 인과관계에 놓인 사건을 말하며, '이유'는 그 사건과 연관된 사실을 말한다.

(A) 선수들의 정신력이 승리의 **원인**이다.

(B) 건강한 **이유**는 매일 운동하기 때문이다.

예문(A)에서 패배는 탈락이나 해체 등 객관적 사건이 발생하기에 승리에 대한 강한 정신력으로 싸웠다는 뜻이 내포되어 있다. 예문(B)에서 건강을 위해서 부지런히 운동한다는 사실을 설명한 것이다.

(C) 저출생 현상의 **원인**과 **이유**

예문(C)에서 '원인'은 경제력이나 인생관 등 필연적인 사건을 내포하는 의미이다. '이유'는 자녀 비용에 대한 부담이라든가 개인적인 삶에 대한 위축 등 다양한 근거들이 있을 수 있다.

원(原)은 '시초'라는 뜻을 가진 글자이다. 금문[原:原]을 보면, 기슭[厂]과 샘[泉]을 본뜬 상형문자이며, 본래 '샘물'을 뜻하는 글자였다. 냇물이 흘러 강으로 흘러가는데, 그 물의 원류가 산기슭에서 솟아나는 샘물이다. 강물의 수원(水源)은 깊은 계곡에서 비롯되었기에 모든 사물의 시원(始原)을 일컫는다. 물[氵]을 글자의 앞에 덧붙여 물줄기의 '시초'를 나타내는 '源'와 통용되었다. 산기슭을 강조하여 고원(高原)·평원(平原)처럼 '언덕'이란 의미로도 활용된다. 이외에 '찾다, 캐묻다, 거듭하다, 언덕, 들판, 기인하다' 따위의 뜻으로 파생되었다.

인(因)은 '말미암다'라는 뜻을 가진 글자이다. 갑골[因]과 금문[因]을 보면, 돗자리[口]와 사람[大]을 결합한 회의문자이다. 본래 '돗자리'를 뜻하는 글자였다. 소전[因]과 예서[因]에서도 형태를 계승하여 사람이 누워있는 '돗자리'를 뜻했다. 사람의 행위나 동작에 있어서, 누운 상태는 잠을 자거나 생각할 뿐 아무런 일도 하지 않는다. 사람이 기립하여 움직이면서 어떤 일이든 하기 위해 행동하고 동작한다. '돗자리'는 일하기 직전의 상태를 의미하고 '바탕, 시작, 출발' 따위의 뜻이 파생되었다. 그리고 사람이 깔고 앉거나 누울 수 있는 '돗자리'는 몸을 맡기는 것이므로 '의탁하다, 의존하다, 의거하다, 의지하다' 따위의 뜻이 파생되었다. 원인(原因)은 '일의 시초'라는 뜻으로 어떤 사물이나 상태를 변화시키거나 일으키게 하는 근본이 된 일이나 사건을 일컫는다. 주로 객관적이고 필연적인 인과성을 가진 사건이다.

리(理)는 '이치'라는 뜻을 가진 글자이다. '수리-수선'에서 설명한 바 있다.

유(由)는 '까닭'이라는 뜻을 가진 글자이다. 갑골[[illegible]:[illegible]]과 금문[[illegible]]을 보면 뾰족한 무엇이 위로 솟은 모양과 입의 모양을 결합한 상형문자이다. 유(由)의 자원(字源)에 관련된 견해는 아직 명확하게 정리되지 않았으며, '등불'과 '새싹' 등으로 해설하는 학자가 주류를 이룬다. 전국시대의 고문자[[illegible]]를 보면, 흙[土]의 형태로 변모했다. 마치 화분에 담긴 나무가 새순을 내민 모양이다. 《설문해자》에 수록되지 않아 소전의 자형은 알 수 없다. 일부 자전(字典)이나 연구서에 보이는 소전[由]은 날조된 자형이다. 현재의 자형은 예서[由]와 해서[由]에서 비롯되었다. 한편 중국에서는 유(由)에 대해 투구[冑(주)]의 자원(字源)을 같은 것으로 본다. 갑골[[illegible]:[illegible]]에서 금문[[illegible]:[illegible]]과 고문자[[illegible]:[illegible]]가 유래하였고, 머리에 쓰는 투구[冑]의 윗부분으로 설명한다. '까닭'과 머리에 장식한 쇠붙이나 깃털이 무슨 상관이 있는지 설명하지 못하고 있다. 고대 모자에 장식한 투구[冑]는 '새싹'이 돋아난 모양을 빗대어 파생된 글자로 보아야 한다. 심지어 대나무 그릇[甾]의 원래 자형으로 보는 견해도 있다. 갑골[[illegible]]·금문[[illegible]]·소전[[illegible]]을 제시하며, 대나무로 엮어 만든 그릇을 본뜬 상형문자라고 주장한다. 유(由)의 자형과 매우 흡사하여 '대나무 그릇'으로 유추할 수는 있지만, 후대에 '까닭'이란 뜻으로 굳어지는 변천 과정을 설명하지 못하고 있다. 유(由)의 갑골[[illegible]:[illegible]]과 금문[[illegible]]에서 본래의 의미를 찾아야 한다고 본다. 이 글자는 고문자[[illegible]]와 예서[[illegible]]의 형태로 변모해 왔다. 땅에 돋아난 '새싹'으로 보는 견해가 현재 사용되는 유(由)를 가장 적합하게 설명해준다. 씨앗으로부터 '새싹'이 나오기 전까지 어떤 나무의 종자인지 알 수 없다. '새싹'은 그 나무의 '뿌리' 종류를 판단하는 '근거'가 된다. 어떤 사건의 근거가 되는 사실을 '까닭'이라고 하는 것이다. 이외에 '말미암다, 도리, 좇다, -로부터, 행하다, 꾀하다, (나무의) 움, 쓰다' 따위의 뜻으로 파생되었다. 이유(理由)는 '사리에 맞는 까닭'이라는 뜻으로 어떤 결론이나 결과에 이르게 되는 근거를 일컫는다. 그 사건을 설명하는 내용이며 다소 주관적인 견해까지 내포하는 단어이다.

◇ 어린이와 청소년만 걸리는 급성간염이 전 세계적으로 번지고 있는데 이 병의 원인(原因)은 아직 알려진 게 없다.

◇ 군사 역사전문가인 제러미 블랙은 2100년까지 인구가 폭증하고 식량부족이 미래 전쟁의 원인이 될 것으로 전망했다.

◇ 초중등학교 급식 문제를 학교장의 재량에만 맡긴 것이 단체 식중독 문제의 원인(原因)이 되었다.

◇ 스마트폰이 여행 도우미로 사랑받는 이유(理由)는 각종 여행 정보 앱과 예약 및 결재가 동시에 가능하기 때문이다.

◇ 그녀의 마음을 얻지 못한 이유(理由)는 자주 삐지고 투덜대는 자신의 태도 때문이라고 생각하지 못했다.

◇ 교사와 공무원들이 정치 활동을 이유(理由)로 파면되는데 교육감은 왜 선거를 통해 선출해야 하는가?

### ◀ 의미(意味)-의의(意義)

| 의미(意味) | 말과 글, 행위와 현상이 무엇을 뜻하는 것 | 느낌 |
|---|---|---|
| 의의(意義) | ① 말과 글의 속뜻<br>② 어떤 사실이나 행위 따위가 갖는 중요성이나 가치<br>③ [언어] 하나의 말이 가리키는 대상 | 추가 |

의미(意味)와 의의(意義)는 말이나 글 따위에 내포된 속뜻을 일컫는 동의어이며 대다수 교체해서 사용해도 무방하다. '의미'는 단순히 글이 말 자체가 가지고 있는 속뜻에 대한 주관적인 느낌이다. 즉 느낌 자체를 표현하는 가치 중립적 개념인 셈이다. '의의'는 글이나 말을 다른 사회적 가치 또는 중요성에 대한 객관적인 느낌이다. 즉 느낌에 다른 가치를 부여하는 개념인 셈이다.

(A) 마지막 구절의 <u>의미</u>는 가족의 소중함이다.

(B) 그 구절의 <u>의의</u>는 가족과 사회에 관한 역할이다.

예문(A)에서 '의미'는 가족을 소중하게 여기게 하는 마지막 구절이다. 예문(B)에서 '의의'는 가족은 사회를 구성하는 근본적인 공동체이므로 사회적 역할을 한다는 구절이다. 예문(A)에서 '의미'는 느낌을 표현한 것이므로 '의의'로 교체하면 어색하다. 예문(B)에서 '의의'는 공동체 역할이라는 추가된 가치를 표현했으므로 '의미'로 교체하면 부자연스럽다. '의미'는 일대일 대응의 표현이라면, '의의'는 다원적 가치를 추가한 표현이다. 특정한 글이나 말에 대한 해석은 '의미'이고, 그 주제는 '의의'라고 할 수 있다.

의(意)는 '(마음속의) 뜻'을 지칭하는 글자이다. 금문[]에 처음 보이며, 말소리[音]와 내뱉다[口]를 결합한 회의문자이다. 본래 '입에서 나오는 말'을 뜻하는 글자였다. 소전[]에서 아랫부분이 마음[]으로 변모

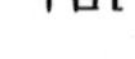

되어 마음속에서 나오는 말을 형상화했다. 한자에서 '소리'를 뜻하는 '聲'과 '音'은 차이점이 있다. '聲'은 발음·발성처럼 입에서 나는 외마디 소리이고, '音'은 가락·곡조처럼 소리의 연음으로 형성되는 소리이다. 고대 사람의 말은 마음에 있는 생각이라 여겼다. '말소리[音]'는 머리로 계산하거나 계획하는 지능적 활동이 아니라, 마음속에 품고 있는 심리적 활동으로 보았다. 일설에는 의(意)의 본래 독음이 '음'이었고 말소리[音]와 마음[心]을 결합한 형성문자로 보는 견해가 있다. 의(意) 상고음(上古音)에 '음'으로 발음되는 운서(韻書)가 존재하지 않으므로 설득력이 없는 견해이다. '뜻' 이외에 '생각, 사욕, 의심, 헤아리다' 따위의 뜻으로 파생되었다. 고의(故意)·주의(注意)·성의(誠意)·창의(創意)·함의(含意) 등으로 활용되는 사례가 있다.

미(味)는 '맛'이라는 뜻을 가진 글자이다. 전국시대의 고문자[[illegible]:[illegible]]에 처음 사용된 것으로 추정된다. 소전[[illegible]]을 보면, 머금다[口]와 새순[未]을 결합한 형성문자이다. 미(未)는 본래 나뭇가지에 새순이 돋아나서 무성해지는 것을 본뜬 글자이다. 즉 나뭇가지로서 온전하지 않은 상태를 표현했는데, '아직 -아니다'의 뜻으로 파생되었다. 미(味)는 머금다[口]를 덧붙여 음식을 삼키지 않고 '음미하다'라는 뜻이다. 일설에는 나무가 무성해지듯이 '입안에서 맴도는 풍부한 맛'으로 설명하는 견해가 있다. 그리고 가느다란 가지를 빗대어 '맛의 미세한 차이를 느끼다'라고 설명하기도 한다. 미(未)는 소전에서 '아직 -아니다'라는 부정의 단어로 활용되었고, 미(味)에서 '아직 삼키지 않았다'라는 뜻으로 결합했다고 보는 것이 합당하다. '맛보다' 이외에 '기분, 취향, 맛들이다, (오랑캐의) 음악' 따위의 뜻으로 파생되었다. 의미(意味)는 '뜻을 음미하다'라는 기본적인 의미에서 글이나 말 그 자체에 내포된 뜻을 말한다. 즉 일원론적 '의미'

로써 단어나 말투에 담긴 직접적이고 주관적인 느낌이다.

의(義)는 '올바르다'라는 뜻을 가진 글자이다. 갑골[[illegible]:[illegible]]을 보면, 양 뿔[羊]과 삼지창[戈]을 결합한 회의문자이다. 고대 양의 뿔을 장식한 지팡이는 권세가 또는 제사장을 상징하는 신성한 물건이다. 본래 권세가의 무력 집행은 합당한 이유가 있음을 형상화한 글자였다. 즉 '올바르다'라는 뜻이다. 금문[[illegible]:[illegible]] 중에는 양 뿔[羊]과 나[我]를 결합한 형태이다. '我'는 개인용 무기를 강조한 것이며, 스스로 몸을 지키는 '정당방위'의 뜻이 내포된 글자이다. 나중에 1인칭 지시대명사 '나'의 뜻으로 굳어졌다. 의(義) 설문해자[義] 형태는 창을 휘두르는 모양[[illegible]:[illegible]]을 축약한 것이다. 현재의 자형은 소전[義]에서 비롯되었다. '올바르다' 이외에 '옳다, 바르다, 정의, 의리, 뜻, 법도, 예절, 용모' 따위의 뜻이 파생되었다. 의의(意義)는 말이나 글 따위의 올바른 뜻이며, 어떤 사실이나 행위 따위가 갖는 중요성이나 가치를 일컫는다. 의미(意味)가 원론적인 속뜻 자체를 일컫는데, 의의(意義)는 다원적인 속뜻으로 중요성이나 가치를 부연하거나 추가하는 표현이다.

◇ 대한민국 국호에는 '넓은 땅'이라는 **의미(意味)**가 있는데, 광활한 영토 국가 고조선의 후예라는 자긍심에서 유래했다.

◇ 세상을 함께 살아간다는 것은 타인과 경쟁하는 것이 아니라 자기 자신의 한계와 경쟁하라는 **의미(意味)**이다.

◇ 브라질 국가대표와 친선경기를 한 것은 월드컵 본선에서 우루과이와 대결을 대비하는 **의미(意味)**가 있다고 할 수 있다.

◇ 참여 문학과 순수 문학의 사회학적 **의의(意義)**에 대한 해묵은 논쟁이 문단의 젊은 비평가들에 의해 재연되고 있다.

◇ 쉬운 한글 사랑과 정확한 한자어 사용은 한민족 언어의 문화적 **의의(意義)**를 발전시키는 일이라 여긴다.

◇ 단편 소설은 삶의 한 단면을 해부하여 핵심만을 날카롭게 건져 올리는 데에 **의의(意義)**가 있다.

## ◀ 은폐(隱蔽)-엄폐(掩蔽)

| 은폐(隱蔽) | 덮어 감추거나 가리어 숨기다. | 기술적 |
|---|---|---|
| 엄폐(掩蔽) | 가리어 숨기다. | 물리적 |

사람이나 사물을 숨기는 것을 은폐(隱蔽) 또는 엄폐(掩蔽)라고 한다. 그 대상을 어떻게 숨기느냐의 차이점이 있다. '은폐'는 기술적으로 시각·청각에 의해 발각되지 않도록 지형지물을 이용한다. 대체로 군사 용어에 자주 사용하는데, 주위의 색과 구별하기 힘들도록 비슷하게 만든다. '엄폐'는 물리적으로 다른 사물을 이용하여 직접 대상이 발각되지 않도록 차단한다. '은폐'는 나무나 바위 등 주변 환경을 이용하는 것이고, '엄폐'는 건물이나 가림막 등 다른 사물을 이용하는 것이다. 특히 '은폐'와 '엄폐'는 사건의 진상이 드러나지 않도록 숨기는 현상까지 포함한다.

(A) 공중 공격에 대비하여 동굴로 **은폐**시켰다.

(A-1) 경찰은 **은폐**하여 수사결과를 축소 발표했다.

(B) 병력이동을 **엄폐**하여 적들의 감시를 벗어났다.

예문(A)에서 '은폐'는 기존 존재하는 것을 이용하거나 사실을 숨긴 경우이다. '엄폐'로 교체하면 비문이 된다. 예문(B)에서 '엄폐'는 다른 사람으로 오인하거나 위장한 경우이다. '은폐'로 교체하면 기존 지형지물을 완벽하게 이용하여 병력이동이 됐다는 뜻이 될 수도 있다. 그러나 '엄폐'

는 군복을 입지 않거나 적의 복장으로 속여서 병력을 이동시켰다는 뜻이다.

은(隱)은 '숨다'라는 뜻을 글자이다. 고문자[隱]과 설문해자[隱]를 보면, 산기슭[阜]과 조심하다[㥯]을 결합한 형성문자이다. 은(㥯)의 구성은 손톱[爪]·공구[工]·붙잡다[手]·마음[心] 4가지 요소가 결합한 형태이다. 공사에서 작업 공구를 조심해서 다루고, 마음을 다해서 긴장한다. 본래 '신중하다, 진지하다'라는 뜻이었다. 은(隱)에 산기슭이나 언덕 따위를 나타내는 '阜[阝]'을 덧붙여 천연의 지형물을 적극적으로 이용한 것이다. 즉 '고의로 숨기고 조심스럽게 행동하다'라는 뜻인 셈이다. 이외에 '수수께끼, 점치다, 근심하다, 기대다, 쌓다, 음흉하다, 무게 있다' 따위의 뜻으로 파생되었다. 은유(隱喩)·은퇴(隱退)·은어(隱語)·은신(隱身)·은둔(隱遁)·측은(惻隱) 등 활용되는 단어가 있다.

폐(蔽)는 '덮어 감추다'라는 뜻을 가진 글자이다. 소전[蔽]에 처음 보이며, 초목[++]과 너들너들하다[敝]를 결합한 형성문자이다. 《설문해자》에서 '빽빽한 작은 풀'이라고 풀이했다.[76] 고문자[蔽]를 보면, 고대 장례나 제사에 낡고 해진 의상을 지칭하여 스스로 낮춤말로 사용되었다. 즉 폐의(敝衣)·폐인(敝人) 등으로 활용했다. 글자의 구성은 찢어진 옷과 몽둥이를 잡은 형태이다. 폐(蔽)는 초목[++]을 덧붙여 오랫동안 쌓이고 덮어진 형태이다. 마치 자연스럽게 형성된 지형지물로 보이도록 덮어 감추었다. '덮어 감추다' 이외에 '가리다, 해지다, 무성하다, 개괄하다, 판단하다, 울타리, 도달하다' 따위의 뜻으로 파생되었다. 은폐(隱蔽)는 '덮어 숨기다'라는 뜻으로 시각적으로 발견하지 않도록 숨기는 것이다. 군사훈련에서 은폐술(隱蔽術)은 주변의 사물에 뒤섞여 식별하기 어려울 정도의

76) 蔽, 蔽蔽, 小艸也. 從艸, 敝聲.

인위적이고 기술적인 방법을 연습하는 훈련이다.

엄(掩)은 '가리다'라는 뜻을 가진 글자이다. 소전[[illegible]]을 보면, 손[扌]과 가리다[[illegible]]를 결합한 형성문자이다. 가리다[[illegible]]의 금문[[illegible]]에서는 번개[[illegible]]와 사람[大]의 상하 위치가 바뀐 형태이다. 하늘에서 천둥이 치고 번개가 번쩍이면, 사람은 긴급하게 몸을 숨기거나 손으로 머리를 감싸는 동작을 취한다. 이 글자에 '갑자기'와 '가리다'라는 뜻이 내포된 이유이다. 전국시대 고문자[[illegible]]와 소전[[illegible]]에서 현재의 자형으로 변모되었다. 글자의 구성은 사람[大]과 번개[电]를 결합한 회의문자이다. 고대 번개에 사람이 죽으면 머리를 감싸서 매장했던 풍습이 있다. 엄(掩)은 손[扌]을 덧붙여 사람의 코와 입을 눌러 '질식(窒息)시키다'라는 뜻이 파생되었다. '가리다, 숨기다, 갑자기' 이외에 '그치다, 엄습하다, (문을) 닫다, (물을) 붇다, 바로잡다, 아우르다' 따위의 뜻으로 파생되었다. 엄폐(掩蔽)는 '가리어 숨기다'라는 뜻으로 어떤 사물이나 건물을 이용하여 숨는 것이다. 화용론 측면에서 차이점은 '은폐'가 발각되지 않도록 위장(僞裝)한 것이고, '엄폐'는 눈치채지 못하도록 가장(假裝)한 것이다. 주변의 물체를 이용한 것은 '은폐'이고, 가림막을 이용한 것은 '엄폐'인 셈이다.

◇ 쌍용자동차 측에서는 공개 모터쇼까지 신모델 SUV의 제원과 외형을 철저하게 **은폐(隱蔽)**시켜 궁금증을 자아냈다.

◇ 그녀는 진귀한 미술품 전시행사를 주최하며 많은 부를 축적했으나, 과거 콜걸 생활을 사회 활동이라 **은폐(隱蔽)**시켜 왔다.

◇ 공중 공격에 대비하여 미리 **은폐(隱蔽)**했기 때문에 전투기 편대의 공습에 충분히 살아남을 수 있었다.

◇ 예비군 대상 VR 훈련에서 방탄모를 쓰고 총을 든 채 **엄폐(掩蔽)**와 사격을 반복하는 실전연습이 흥미롭다.

◇ KBS 2TV '1박 2일'은 유명 연예인들이 일반인 모습으로 **엄폐(掩蔽)**하여 게임을 수행하는 프로그램이다.

◇ 병력은 훈련장에 도착한 이후 병참 시설과 사령부 등을 설치하고, 모든 시설은 위장막으로 **엄폐(掩蔽)**됐으며 일부 시설은 지하에 지어졌다.

## ◀ 이탈(離脫)-일탈(逸脫)

| | | |
|---|---|---|
| 이탈(離脫) | 어떤 범위나 대열 따위에서 떨어져 나오거나 떨어져 나가다. | 행동 |
| 일탈(逸脫) | 정하여진 영역 또는 본디의 목적이나 길, 사상, 규범, 조직 따위로부터 빠져 벗어나다. | 정신 |

이미 정해진 범위나 대열을 벗어나면 '이탈(離脫)이라고 한다. 이미 정해진 규율이나 목적을 벗어나면 '일탈(逸脫)이라고 한다. 두 단어는 '벗어나다'라는 관점에서 비슷한 개념을 내포하고 있는 단어이다. 그러나 실제 사용되는 개념은 서로 전혀 다른 단어이다. 머나먼 길을 달리는 기차의 경우, 철로라는 일정한 궤도를 벗어나면 '이탈'이라 하고, 고의로 출발 또는 도착 시각을 무시하고 어기게 되면 '일탈'이라고 할 수 있다.

(A) 공무원은 근무지를 <u>이탈</u>할 수 없다.

(B) 공수처에서 검찰의 <u>일탈</u>을 처벌한다.

예문(A)에서 '이탈'은 지정된 근무지를 벗어나는 행위를 말한다. '일탈'로 교체할 수 없다. 예문(B)에서 '일탈'은 검찰의 복무규정을 어기는 것을 말한다. '이탈'로 교체할 수 없다. 대체로 '일탈'은 추상적 규범이나 원칙에 대한 정신적 태도가 올바르지 않음을 말한다. ‘이탈’은 실제적 범위나 대열에서 벗어난 행동으로 분리된 상태를 일컫는다.

리(離)는 ‘떠나다’라는 뜻을 가진 글자이다. 전국시대 고문자[離]와 소전[離]을 보면, 포획하다[禼]와 새[隹]를 결합한 형성문자이다. 포획하다[禼]에 대한 견해는 크게 세 가지가 있다. 첫째, 짐승의 형상을 가진 산신(山神)이며 독음은 ‘곡’이다. 고대 깊은 산속에 떠돌아다니는 맹금류의 일종인데, 야생 짐승의 위계와 생사를 관장하는 신적 존재라고 믿었다. 둘째, 작은 새를 포획하는 형태라고 본다. 갑골[[illegible]:[illegible]]에는 새의 날갯짓과 망태 그물을 결합한 것이 있고, 손동작을 추가한 것이 있다. 즉, 새를 잡기 위해 그물을 휘두르고, 새는 본능적으로 그물을 피해 공중으로 흩어져 날아간다. 셋째, 정들었던 둥지를 떠나는 새의 모습이다. 새는 나무 위에 알을 낳고, 공중으로 날아갈 정도로 자라면 둥지를 떠난다. 리[禼]는 이러한 새의 생태를 나타낸 글자이다. 여기에 날짐승을 강조하여 새[隹]를 덧붙여 리(離)가 파생되었다. 이 글자의 의미에 ‘떠나다[=別]’와 ‘만나다[=遭]’라는 이중적인 뜻이 내포되어 있다. 둥지의 관점에서는 새가 떠나는 것이고, 공중으로 날아다니는 새의 관점에서는 본연의 삶을 만나는 것이다. 특히 ‘만나다’라는 뜻에는 어려움 · 질병 · 죽음 따위의 부정적인 상황에 마주치는 운명의 의미가 내포되어 있다. 이외에 ‘떼어놓다, 흩어지다, 가르다, 늘어놓다, 잃다, 겪다, 근심’ 따위의 뜻이 파생되었다.

탈(脫)은 ‘벗어나다’라는 뜻을 글자이다. 전국시대 고문자[脫]에서 비롯되었고 자형은 소전[脫]과 예서[脫]로 계승되며 변함이 없었다. 글자의 구성은 살코기[肉]와 허물[兌]을 결합한 회의문자이다. 본음은 허물[兌]로부터 ‘태’였으나 7세기 한자음의 변천을 거치면서 ‘탈’로 변했다.

허물[兌]은 매미나 뱀이 허물을 벗는 것을 본뜬 회의문자이다. 오랜 관습이나 강한 억압을 벗어나는 뜻으로 활용되었다. 일설에는 글자의 구성을 보조개[八]와 입[口]과 사람[儿]의 결합으로 보며, 환하게 웃는 사람을 본뜬 글자로 설명한다. 의미는 육신의 고통이나 압박감을 벗어나서 기쁘게 웃는 모습이다. 전국시대 여러 서적에서 '기뻐하다[=悅]'의 뜻이 널리 통용되었다. '벗어나다, 기뻐하다' 이외에 '나오다, 잃다, 떨어지다, 빠지다, 풀다, 사면하다, 거칠다, 소홀하다' 따위의 뜻으로 파생되었다. 이탈(離脫)은 '머물지 않고 벗어나다'라는 뜻으로 어떤 범위나 대열 따위에서 떨어져 나갔음을 말한다. 즉 전체 조직이나 영역에서 분리된 상태이다.

일(逸)은 '달아나다'라는 뜻을 가진 글자이다. 갑골[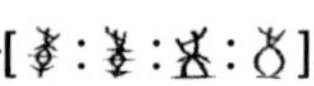]의 형태는 매우 다양한데, 대체로 가다[止]와 서다[立]를 결합한 회의문자이다. 서다[立] 부분의 모양이 변형된 형태라서 여러 견해가 있다. 첫째, 수갑이나 형틀의 모양으로 보는 견해이다. 즉 구속되었던 노예가 달아나는 것을 표현했다. 포로가 되거나 노예가 되면, 생활은 고통스러운 억압을 받는다. 노예는 그곳을 벗어나 편안하게 살고 싶은 욕망을 갖기 마련이다. 더 나은 삶의 터전을 찾아 옮기는 행동을 하게 된다. 이에 '달아나다'라는 뜻이 내포되어 있다. 둘째, 땅 위에 당당하게 서 있는 사람으로 보는 견해이다. 즉 독립적이고 독자적인 생활을 추구하는 자립심을 표현했다. 타인에게 간섭받고 복종하는 삶을 벗어나는 행동인 셈이다. 이에 '편안하다'라는 뜻이 내포되어 있다. 셋째, 사람을 피해 달아나는 토끼라고 보는 견해이다. 금문[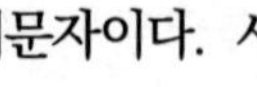]과 소전[]을 보면, 달아나다[辵]와 토끼[兎]를 결합한 회의문자이다. 사람 주변에서 먹이를 구하는 동물들은 인기척에 놀라 도망가고 몸을 숨긴다. '달아나다, 편안하다' 이외에 '없어지다, 잃다, 뛰어나다, 즐기다, 숨다, 그르치다, 빠르다' 따위의 뜻으로

**파생되었다. 일탈(逸脫)은 '달아나서 몸을 숨기다'라는 뜻으로 기본적인 규칙이나 도리를 준수하지 않는 마음을 말한다. 즉 관념적 범위를 위반하여 올바르지 않은 태도를 보이는 경우를 일컫는다.**

◇ 비행기 탑승객은 기류 변화가 심할 경우 승무원의 안내에 따라 좌석을 **이탈(離脫)**하는 것이 금지되어 있다.

◇ ○○○의원은 차기 대권 도전을 위해 지지층의 재결집과 더불어 **이탈(離脫)** 세력을 재흡수하는 계획을 세웠다.

◇ 금리 차등 적용은 저금리로 인한 고객 **이탈(離脫)** 방지와 여유 자금 조절 등을 위한 새로운 시도이다.

◇ 대통령이 지방 선거 기간에 각 지역을 순회하는 계획은 정치적 중립을 **일탈(逸脫)**한 행위로 볼 수 있다.

◇ 노년층 이혼이 급증하는 사회문제는 폐쇄적인 가족 중심주의를 **일탈(逸脫)**하고자 하는 개인주의 풍조에 원인이 있다.

◇ 무한 경쟁과 서열 중시의 학교 교육은 젊은이들의 사회 부적응과 저항적 **일탈(逸脫)**을 초래하는 근본적인 원인이다.

### ◀ 인가(認可)-허가(許可)

| 인가(認可) | 인정하여 허가하다. | 추가됨 |
|---|---|---|
| 허가(許可) | 행동이나 일을 하도록 허용하다. | 풀어줌 |

어떤 행동이나 일을 하도록 허용한다는 뜻을 가진 인가(認可)와 허가(許可)는 비슷한 단어이다. 모두 법적인 효력을 가지며 실질적 권리를 부여한다는 의미가 내포된 용어이다. '인가'는 제삼자에게 법률적으로 보증함으로써 권리와 효력을 부여하는 것이다. 프랜차이즈나 분점의 경우 자본금으로 설비를 갖출 수 있지만, 본사나 본점의 '인가'를 얻은 후에 운영할 수 있다. '허가'는 금지되거나 단절된 행위 또는 작업을 법률적으로 상대방에게 권한을 부여하는 것이다. 토지나 건물의 경우 매매대금으로 거래를 할 수 있지만, 관청의 '허가'를 통해 적법한 사용이 가능하다.

(A) 대안학교 <u>인가</u>신청서를 제출했다.

(B) 국내 면세점에서 북한 대동강맥주 판매를 <u>허가</u>했다.

예문(A)에서 '인가'는 교육부로부터 인정받는 학교 설립 신청서를 제출했다는 의미이며, '허가'로 교체할 수 없다. 예문(B)에서 '허가'는 금지품목의 판매를 허용했다는 뜻이며, '인가'로 교체할 수 없다. 《호 국어사전》에 의하면, '인가'는 당사자의 법률 행위가 정상적으로 효력을 갖도록 하는 데 필요한 보완행위이다. 법인 설립 인가의 경우, 법인 설립은 누구나 할 수 있지만, '인가'를 받지 못하면 효력이 없어지게 된다. 따라서 '인가'는 그 법률 행위를 보증하는 요건이다. '허가'는 하면 안 되는 사실 행위를 일정한 경우에 할 수 있도록 허용하는 행위이다. 자가용으로 영업할 경우, 허가 없이 한 행위는 처벌의 대상이 되며, 그 행위

자체는 무효가 되지 않고 책임을 묻는다.

인(認)은 '인정하다'라는 뜻을 가진 글자이다. 전국시대 고문자[㣼]와 소전[訒]을 보면, 말하다[言]와 참다[刃=忍]를 결합한 형성문자이며, 본래 '말을 더듬다'라는 뜻이었다. 차마 말을 잇지 못하고 머뭇거림을 표현했다. '과묵하다, 둔하다, 무디다, 느리다, 참다, 엎드러지다' 뜻이 파생되었다. 한대(漢代) 이전 '말을 더듬다[訒]'에는 '인정하다[認]'의 뜻도 포함되어 통용되었다. 예서[認]에 이르러, 말하다[言]와 참다[忍]가 결합한 형태가 출현했다. 현재의 자형은 예서[認]에서 비롯되었다. 일설에는 글자의 구성이 말하다[言]와 칼날[刃]의 결합으로 본다. '잘라 말하다'라는 뜻이라 주장한다. 어떤 사물이나 안건에 대해 단도직입으로 결정함을 표현했다. 이에 '인식하다, 식별하다, 판별하다, 알다, 행하다, 인정하다' 따위의 뜻이 파생되었다.

가(可)는 '가능하다'라는 뜻을 가진 글자이다. '가능성(可能性)-개연성(蓋然性)' 부분에서 설명한 바 있다. 더 자세하게 살펴보면, 갑골[可]을 보면, 흥겨운 몸짓[丂=丂]과 흥얼거림[口]을 결합하여 '기꺼이 일하다, 긍정하다' 뜻을 나타낸 형성문자이다. 《설문해자》에서 '뼈 사이의 살'[肎(肎)=肯]의 글자라고 해설했는데, '분해하다, 알맞다'라는 뜻으로 파생되었다. 흥겨운 몸짓[丂]의 위치가 우측에 놓인 형태[叵=叵]도 함께 통용되었다. 독음은 '파'[叵=叵]이며 '어렵다, 안되다'라는 부정적인 뜻이었다. 춘추전국시대 고문자[可:可:可]에는 상단에 '一'을 추가하여 몸짓 동작을 강조한 자형이 보인다. 금문에서는 긍정과 부정의 형태[可-叵]가 모두 보이며, '一' 모양이 없는 형태였다. 현재의 자형은 금문[可]과 소전[可]에서 계승되면서 비롯되었다. 이외에도 다양한 의미 해석을 시도한 학자가 있는데, 크게 '노래'와 '속삭임' 두 가지 견해로 나눌 수 있다. 갑골의 '[illegible]'를 나뭇가지 또는 도끼의 자루[柯]의 본자로 보며, '가(可)'는 노동할 때 추임새 또는 노랫가락의 뜻으로 풀이했다. '허가하다, 찬성하다'의 뜻으로 굳어졌고, 함께 부르는 노동요의 뜻으로 '哥'와 '歌'의 형태가 출현했다. 또 다른 견해를 보면, 갑골의 '[illegible]'는 팔꿈치를 구부리고 귓속말하는 모습으로 풀이했다. '가(可)'는 속삭이거나 기침할 때 손동작을 본뜬 글자였다. '허가하다, 허용하다'라는 뜻으로 파생되었다. 이외에 '마주 대하다, 견디다, (병이) 낫다, 들어 주다, 옳다, 넉넉하다' 따위의 뜻으로 활용되었다. 인가(認可)는 '인정하여 하락하다'라는 뜻으로 사용 권한의 법률적 효력을 보증함을 말한다. 사물이나 행위의 권한을 공인하여 더 넓게 범위를 추가하게 된다. 법인 설립에 대한 인가, 사업 양도에 대한 인가, 활동 영역에 대한 인가 등 법률적으로 공인하는 뜻이다.

허(許)는 '허락하다'라는 뜻을 가진 글자이다. 금문[[illegible]]을 보면, 말하다[言]와 대응하다[午=許]를 결합하여 '응답하다'라는 뜻을 가진 형성문자이다. 고대 오(午)는 허(許)의 독음과 매우 흡사하여 혼용되었다. 전국시대 고문자[[illegible]:[illegible]]에 좌우 위치가 바뀐 형태가 보이며, 말을 주고받는 모습이다. 이에 '허락하다, 승낙하다'의 뜻이 파생되었다. 일설에는 금문[[illegible]]의 구성에 뒷부분 '오(午)'를 '저(杵)'의 축약형으로 보는 견해가 있다. '저(杵)'는 방아나 절구에 곡식을 빻거나 찧는 '절굿공이' 뜻이다. 두 사람이 절굿공이를 내려칠 때 '이영차' 추임새 소리에 맞춰 박자를 맞춘다. 이에 '호응하다, 편들다, 받아주다' 따위의 뜻이 파생되었다. 《설문해자》에서는 허(許)를 '듣다'라고 풀이하여, 상대방의 말을 '들어주다'의 뜻으로 설명했다. 이에 '약속하다, 축원하다, 바라다' 따위의 뜻이 파생되었다. 허가(許可)는 '허용하다'라는 뜻으로 금지된 행동이나 업무를 하

**도록 허용함을 일컫는다. 대체로 제삼자에게 권한을 부여하여 법률적인 효력을 갖게 한다. 토지 허가, 운행 허가, 통행 허가, 건축 허가 등 차단된 문제를 법률적으로 풀어준다는 뜻이다. '인허가(認許可)'는 인가와 허가를 통칭하여 유의어로서 통칭한 것이다. '인가'와 '허가'는 서로 다른 개념을 가진 법률적 용어이다.**

◇ 신임 시장은 우리 동네에 탄소배출이 심한 제조공장을 인가(認可)하여 주민들의 반발을 사고 있다.

◇ 법원이 내릴 결정은 직권으로 회생안을 인가(認可)할 것인가, 아니면 표결 결과대로 회생안을 폐지할지 여부다.

◇ 중국 정부는 정식 인가(認可)를 받기 전에 외국 업체가 판권비를 미리 받아 가는 것을 금지했고, 이를 어길 경우는 수입 금지 등 강력한 제재를 가하기로 했다.

◇ 평택항 부근에 수입품 허가(許可) 신청도 없이 물건을 암매매하는 상인들이 모여 암시장을 이루고 있었다.

◇ 당국이 유독 극우 단체에만 정치 집회를 허가(許可)해 준 까닭은 공권력 남용으로 비난받는 이유이다.

◇ 이렇게 아름다운 산에 골프장 건축 허가(許可)를 내준 행정 담당자의 무분별을 탓하지 않을 수가 없다.

# ㅈ

### ◀ 재간(才幹)-재능(才能)

| 재간(才幹) | 어떤 일을 할 수 있는 재주와 솜씨, 수단과 방도(方途) | 신체적 |
|---|---|---|
| 재능(才能) | 어떤 일을 하는 데 필요한 재주와 능력(선천적/후천적) | 잠재적 |

어떤 것에 관해 뛰어나게 잘할 수 있는 재주를 재간(才幹)과 재능(才能)이라 한다. '재간'은 어떤 일을 할 수 있는 솜씨인데, 신체로 보여줄 수 있는 재주를 말한다. '재능'은 어떤 일을 할 수 있는 능력인데, 선천적 또는 후천적 잠재력이 숙달된 재주이다. 두 단어는 '어떤 일을 할 수 있는' 뜻을 가진 유의어인 셈이다. 차이점 측면에서 보면, 눈으로 보여주는 능력이 '재간'이며, 눈에 보이지 않는 능력은 '재능'이다. '재간'은 어떤 일을 할 수 있는 수단이나 방도까지 포함하는 개념을 갖고 있다.

(A-1) 그는 축구에 <u>재간</u>이 있다.

(A-2) 그의 말솜씨를 당해 낼 <u>재간</u>이 없다.

(B) 음악적 <u>재능</u>이 뛰어나다.

예문(A-1)에서 '재간'은 공을 다루는 재주 또는 축구 경기를 잘 이끄는 능력을 말한다. 예문(A-2)에서 '재간'은 상대를 제압하는 수단을 말한다. '재능'으로 교체하면 어색한 표현이다. 예문(B)에서 '재능'은 음악 분야에 대한 소질이나 감각을 지니고 있다는 뜻이다. '재간'으로 교체하면 어색하다. 예문(A-2)와 예문(B)에서 '재주'로 교체하면 문장의 의미에 차이는 거의 없다.

재(才)는 '재주, 재치'의 뜻을 가진 글자이다. 갑골[ ]과 금문[ ]을 보면, 땅에서 새싹이 돋아난 모양[屮(철)]을 본뜬 지사문자(指事文字)이다. 본래 '싹'의 뜻이었으나, 사람의 본성에 잠재된 '재주'를 비유한 것이다. 부수는 손[扌=手]이지만 아무런 관련이 없다. 갑골 시기에는 '존재하다, 있다'의 '在'와 똑같은 형태를 유지했다. 금문[+土]에 이르러 땅[土]을 덧붙여 '在'가 분리되었다. '土' 부수의 글자로서 기둥을 세운 움집, 즉 '살아있는 존재'의 뜻으로 파생되었다. 그리고 '才'의 갑골[[ ▽ ]에서 수평의 '一'은 방어선이고, 수직의 'ㅣ'은 적을 무찌르는 공격을 나타낸 것이다. 교차된 부분[▽]은 적을 방어하는 병사들의 능력이다. '가까스로, 겨우'의 뜻으로 사용되었는데 '纔'의 본자였다. '纔'는 토끼사냥에서 큰 토끼와 작은 토끼를 끈으로 매단 모양이다. '별반 차이가 없다, 근소한 차이'의 뜻이었다. '재주' 이외에 '본바탕, 근본, 기본, 겨우, 조금' 따위의 뜻을 파생되었다.

간(幹)은 '줄기, 뼈대'의 뜻을 가진 글자이다. 본자는 '榦'이며 금문[倝]과 소전[榦]을 보면, 동트다[旦]와 햇살[人]과 빛남[木]을 결합한 형성문자이다. 글자의 구성에서 해지다[莫]에서 획순을 줄여 동트다[旦]를 형상화했는데 '아침 해'의 뜻을 나타냈다. 햇살[人]은 약한 햇볕을 본뜬 것이다. 빛남[木]은 눈부신 모양을 본뜬 것이다. 즉, 아침 햇살[倝]은 독음과 뜻을 겸하고 있고, 빛남[木]을 추가하여 날이 밝아서 일할 수 있는 환경을 나타낸 것이다. 따라서 본래 '아침에 일하다'라는 뜻이었다. '일하다, 종사하다, 용무, 담당하다' 따위의 뜻이 파생되었다. 그러나 본자[榦]의 구성에서 나무[木]를 강조하여 줄기식물의 지지대를 뜻하게 되었다. 가지나 토마토 등 줄기식물은 스스로 수직으로 성장할 힘이 없어서 나무 지지대[干]를 사용했다. 이에 '줄기, 뼈대, 견디다, 체구, 근본, 본체' 따위의 뜻이 파생되었다. 재간(才幹)은 '솜씨, 재주'의 뜻으로 신체를 이용하여 어떤 일을 할 수 있는 능력이나 수단이다.

능(能)은 '능력'이라는 뜻을 가진 글자이다. '가능성(可能性)-개연성(蓋然性)에서 설명한 바 있다. 갑골[能]·금문[能] 소전[能]을 보면, 곰의 형상을 본뜬 상형문자이다. 본래 '곰'의 뜻이었으나, 후에 곰의 손발 4개를 추가한 '熊'이 등장하면서 '재주'의 뜻으로 굳어졌다. 곰은 앉고 서는 동작도 하고 사람처럼 먹는 자세도 취하며 무게중심도 잘 잡고 외나무 다리를 건너기도 한다. 곰은 다양한 모습을 보여주어 '재주'를 가진 동물로 여겼다. 글자의 구성을 보면, 큼직한 머리[厶(나)]·덩치[⺝=肉]·발톱[匕] 등을 결합한 상형문자이다. 고대 곰은 사람의 목숨을 해치는 동물이었는데, 곰을 길들여서 사람이 모인 장소에 재주를 넘게 하여 구경거리로 삼았다. '능력' 이외에 '재능, 재주, 기량, -을 할 수 있다' 따위의 뜻으로 파생되었다. 재능(才能)은 '재주와 능력'의 뜻으로 어떤 일을 해내는 데 필요한 재능이다. 선천적이든 후천적이든 잠재적으로 가진 소질이나 자질이다.

◇ 손흥민은 돌파력과 슛팅력 등 축구선수로서 갖춰야 할 모든 **재간(才幹)**을 가진 월드 클래스로 인정받았다.

◇ 그는 **재간(才幹)**도 있고 지혜도 있고 마음보도 그만하였으면 그다지 나무랄 데가 없다.

◇ 서른 살에 그런 큰돈을 무슨 **재간(才幹)**으로 장만했을까?

◇ 행복한 삶은 타고난 **재능(才能)**만으로 이루어지는 것은 아니다.

◇ 그는 수강생의 **재능(才能)**을 일깨워 주는 '일타 강사'이다.

◇ 그는 이 분야에 아주 명민하고 **재능(才能)** 있는 사람이다.

## ◀ 전략(戰略)-전술(戰術)

| 전략(戰略) | ① [군사] 전쟁을 전반적으로 이끌어 가는 방법/책략 (전술보다 상위 개념)<br>② 정치 경제 따위의 사회 활동을 하는 데 필요한 책략 | 성공책 |
|---|---|---|
| 전술(戰術) | ① [군사] 전쟁, 전투 상황에 대처하기 위한 기술/방법 장기적이고 광범위한 전망 (전략의 하위개념)<br>② 일정한 목적을 달성하기 위한 수단이나 방법 | 대응책 |

전쟁이나 조직 사이에 승패를 겨누거나 대결하는 경우, 전략(戰略)과 전술(戰術)이 필요하다. '전술'은 승패와 대결의 결과를 성공적으로 이끄는 방법이다. '전술'은 그 과정에 대처하며 목적을 달성하기 위한 대응방식이다. '전술'은 전반적인 계획이고, '전술'은 부분적인 계획이다. 상대를 제압하기 위한 '전략'은 상위개념이고, 실전 상황에 유리하게 적용하는 하위개념이다.

(A) 신제품에 대한 판매 <u>전략</u>을 발표했다.

(B) 적군의 약점을 공격하는 <u>전술</u>이 필요하다.

예문(A)에서 회사는 신제품 판매 성공을 위해서 필요한 방법을 발표한 것이다. 예문(B)에서 아군은 적군의 약점을 찾아내어 공략한다는 의미이다. 사회 활동을 하는 데 필요한 인생관처럼 자기 자신 안에 품고 있는 신념이나 철학이 있기 마련이다. 이것은 인생 전체를 관통하는 '전략'이다. 상대방에 따라 대응하는 데 필요한 처세술이나 대인 관계는 상황에 따라 변하는 수단과 방법이므로 '전술'인 셈이다. 화용론 측면에서, '전략'은 어떤 일을 성사시키고 성공을 위한 방법이다. '전술'은 어떤 상황과 사안에 따라 처리하는 대응책이다.

전(戰)은 '싸우다'라는 뜻을 가진 글자이다. 금문[:]과 소전[]을 보면, 도구[]와 무기[]가 결합한 회의문자이다. 본래 '사냥' 또는

'전쟁'의 뜻이었다. 도구[单]는 개인용 사냥 도구로써 양손의 손잡이와 갖옷을 입고 긴 막대기를 형상화한 상형문자이다. 대체로 '홑, 혼자, 개인, 외롭다'라는 뜻을 나타내는 단어이다. 금속성 무기를 제조하지 못했던 오랑캐들이 사용하는 무기였기에 '오랑캐'(선)를 지칭하기도 한다. 무기[戈]는 막대 끝에 날카로운 칼날을 결합한 무기를 본뜬 상형문자이다. 주로 적의 다리를 공격하는 무기로써 창을 다루는 기술이 필요한 개인용 무기이다. 도구와 무기는 사냥감이든 적이든 무찌르기 위해 사용했기에 '싸우다'라는 뜻이 내포되어 있다. 이외에 '경기, 시합, 경쟁, 두려워하다, 흔들리다' 따위의 뜻이 파생되었다.

략(略)은 '노략질하다'라는 뜻을 가진 글자이다. 소전[畧]에 처음 보이며, 밭[田]과 발걸음[夂]과 구획[口]이 결합한 회의문자이다. 본래 '남의 땅에 들어가다'라는 뜻이었다. 즉, 상대방의 토지를 침범하거나 재물을 약탈하는 상황을 형상화한 것이다. 발걸음[夂]과 구획[口]은 개인소유의 땅의 경계를 그은 '各'(각)이며 '개개인, 각자'의 글자이다. 고대 관청에서 토지를 관리하였으나, 천재지변에 의해 그 경계가 분명하지 않아 분쟁이 끊이지 않았다. 특히 오랜 기간이 지나면 강의 물줄기는 바뀌게 되고, 붕괴나 지진 등 지형의 변화에 따라 영토는 고정되지 못했다. 현대에도 토지대장이 정비되어 있지만, 자연적인 변화는 토지분쟁이 발생하는 주요 원인이다. 땅의 경계는 주변의 자연물이나 별도의 이정표를 세워서 단순한 도형으로 그리게 된다. 이에 '간략하다'라는 뜻이 파생되었다. '노략질하다, 간략하다' 이외에 '다스리다, 침략하다, 생략하다, 약탈하다, 범하다, 날카롭다, 경계, 대략, 대강, 거의, 꾀' 따위의 뜻이 파생되었다. 전략(戰略)은 '싸워서 노략질하다'라는 뜻으로 상대방을 제압하는 전체적인 계략이다. 대체로 군사 전략의 개념으로 활용되지만, 일반적인 사회생활에서도 정치·경제 측면에서 성공적인 핵심 계획이다.

술(術)은 '방법'이라는 뜻을 가진 글자이다. 전국시대 고문자[術]에 처음 보이며, 소전[術]을 보면, 동작[行]과 손재주[朮]가 결합한 회의문자이다. 본래 '기술을 부리다'라는 뜻이며, 눈으로 보여주는 기술을 말한다. 눈으로 볼 수 없는 내면의 수양을 지칭하는 '道'와 상대적인 의미이다. 그런데 《설문해자》에서 '도읍을 가로지르는 길'77)이라고 잘못 풀이하면서 본래 의미를 추측할 수 없게 만들었다. 심지어 '朮'(출)의 구성은 열 가지[十]와 여덟 가지[八]와 점[丶]의 결합이라 보며, '열여덟 가지의 무술'이라고 풀이하는 견해도 등장했다. 손재주[朮]의 갑골[朮]을 보면 손[又]과 나누다[八]를 결합한 회의문자였다. 손으로 사물을 쪼개는 기술을 형상화한 것이다. 《설문해자》에서는 '찹쌀'의 뜻을 가진 고문자[秫(출)]의 이체자로 분류[秫]했다. 또 다른 견해를 보면, 손재주[朮]의 금문[朮]은 굽은 막대를 손으로 반듯하게 펴는 기술이라고 풀이했다. '기술을 부리다'에 근접한 견해라고 볼 수 있지만, 막대를 펴는 기술에 집착하는 것은 지나친 주관적 설명이라 하겠다. '기술' 이외에 '방법, 수단, 꾀, 계략, 기교, 학술, 짓다, 서술하다' 따위의 뜻이 파생되었다. 전술(戰術)은 '싸우는 기술'이라는 뜻으로 적군과 상대하는 부분적인 계략이다. 대체로 군사 전술의 개념으로 활용되지만, 일정한 목적을 달성하기 위한 수단이나 방법이다.

77) 術, 邑中道也.

◇ 이번 시합에서 우승하기 위해 강팀의 전략(戰略)을 철저하게 분석하고 대비하는 훈련을 했다.

◇ 그는 전문성의 세분화 전략(戰略) 이외에도 윤리성과 도덕성을 갖추는 것이 경쟁력을 높인다고 믿었다.

◇ 보수 정당의 안일한 대북 전략(戰略)과 성급한 정책 남발로 인해 경제 질서를 혼란에 빠뜨렸다.

◇ 러시아가 화학 무기 및 생물학 무기를 쓸 경우, 미국과 나토에서도 유사한 전술(戰術)로 대응할 것으로 봅니다.

◇ 한국 축구대표팀은 축구 강호들의 전술(戰術) 구사력과 개인기에 비교해 크게 뒤떨어지지 않았다.

◇ 아무리 뛰어난 전략(戰略)과 전술(戰術)을 가졌어도 그것을 수행할 병사가 우수하지 않고서는 전투에서 승리할 수 없다.

## ◀ 정당(正當)-타당(妥當)

| | | |
|---|---|---|
| **정당(正當)** | 이치에 맞아 올바르고 마땅하다. | 행위 |
| **타당(妥當)** | 일의 이치로 보아 옳다. | 논리 |

**사회생활 속에서 어떤 일에 대해 도덕적으로 올바르고 당연하다고 생각되는 일을 /정당(正當)-하다/와 /타당(妥當)-하다/를 쓴다. '정당'은 옳다고 여기는 행위이고, '타당'은 이치에 부합하는 논리이다. 두 단어는 의미상 동의어이며, 대체로 '정당'이 상위어, '타당'이 하위어이다. '타당'은 주장·견해·판단·논리 등 옳고 당연함을 말이나 글로 표현하는 경우에 쓴다. '정당'은 그 '타당'한 내용이 행위로 반영된 일을 표현한 것이다. 영어로 번역할 경우, '정당'은 공정하고 옳음의 /justifiable/이**

고, '타당'은 합리적이고 이유가 있는 /reasonable/이다.

(A) 계약을 통해 **정당**한 거래가 이루어졌다.

(B) 그의 말이 **타당**하다고 믿는 사람이 많다.

예문(A)에서 '정당'은 합법적 거래행위를 표현한 것이다. 계약 절차를 거친 행위이므로 '타당'으로 교체할 수 없다. 예문(B)에서 '타당'은 사람들에게 믿음을 주는 근거와 논리가 있었다는 표현이다. 말과 글에 대해 '정당'을 쓰지 않는다.

(C) 무턱대고 **정당**/**타당**한 이유 없이 의심했다.

(D) 사회적 약자를 조롱하는 것이 **정당**/**타당**한 행동인가?

예문(C)와 (D)에서 '정당'과 '타당' 모두 쓸 수 있다. '정당'의 경우, 이치에도 맞고 올바른 행동인지 묻는 말이 된다. '타당'의 경우, 약자를 보호하는 사회적 합의를 깨뜨리는 것이 논리적으로 맞는지 묻는 말이 된다. '정당'은 정의로운 행동을 내포하는 의미이고, '타당'은 논리적인 이치를 내포하는 의미이다. 두 단어의 반의어는 '부당(不當)'이다.

정(正)은 '바르다'라는 뜻을 가진 글자이다. 갑골[ : : : ]을 보면, 구역/경계선[口/一]과 가다[ ]를 결합한 회의문자이다. 여러 갑골문의 공통점은 아랫부분 ' '(가다=止)이고, 차이점은 윗부분은 '口/•/一' 등 세 가지 모양이다. 윗부분에 대한 견해는 네모[口]를 도시 또는 목적지, 점[•]을 목표물, 선[一]을 사냥 대상 등 다양하게 주장한다. 금문[ : : : ]에서도 갑골문의 자형을 계승했다. 아랫부분 '가다'의 '止' 모양이 변모했다. 《설문해자》에서 소전[ ]를 '옳다'라고 풀이했고, 고문자[ : ]를 멈추다[上]과 가다[止/足]의 결합으로 설명했다.[78] 그 당시 학

---

78) 正, 是也. 從一, 一以止. 凡正之屬皆從正. , 古文正, 從二, 二, 古文上字. , 古文正, 從一, 從足, 足亦止也.

자들은 혼란이나 문란한 것을 바로잡는 일이라 해석했다. 고대 《시경》을 비롯한 기록에서 '공격하다, 정벌하다'의 '征'(정)의 뜻으로 쓰인 사례가 있다. 후한(後漢) 시기에 와서 '바로잡다, 올바르다'의 '正'(정)의 뜻이 파생되었다. 일설에는 적의 성을 공격하는 장면을 형상화한 글자라고 주장한다. 침략하는 명분에는 합당한 이유가 있어야 하듯이, '정당하다'라는 뜻이 생겨났다. 이외에도 '바람직하다, 다스리다, 결정하다, 순수하다, 말리다, 본처, 적자, 정월' 따위의 뜻이 추가되며 쓰였다.

당(當)은 '마땅하다'라는 뜻을 가진 글자이다. 전국시대에 처음 보이는 자형[當]이다. 글자의 구성은 지붕[尙]과 땅[田]을 결합한 형성문자이다. 지붕[尙]의 구성은 펴지다[八]와 집/창문[向]의 결합으로 '펴져나가다, 증가하다'라는 뜻이었다. 고대 초가집 지붕에는 호박이나 줄기식물을 가꾸었고, 지붕으로 덮으면 더위를 막아주기도 하고 비를 막아주기도 했다. 대체로 '尙'은 주로 '집'을 뜻하는 글자로 쓰였다. '當'의 유래와 밀접한 금문[[illegible]]을 보면, 지붕 아래에 햇볕이나 비를 피하는 모습이다. '당하다, 마주하다, 당면하다' 따위의 뜻이 생겨난 것이다. 또 다른 금문[[illegible]]은 전쟁 중에 몸을 웅크리고 숨은 모습이다. '마주하다, 필적하다, 대항하다, 막다, 방어하다'라는 뜻이 파생된 유래이다. 《설문해자》에서 '땅의 가치를 비교하다'라고 풀이했다.79) '저당잡다, (임무) 맡다, 균형되다, 어울리다, 비교하다' 따위의 뜻이 파생되었다. 이외에 '마땅, 밑바닥, 갚음, 갑자기, 주관하다, 벌주다' 따위의 뜻이 있다. 정당(正當)은 '이치에 맞고 올바르다'라는 뜻으로 사리에 어긋남이 없는 정의로운 행위이다.

타(妥)는 '온당하다'라는 뜻을 가진 글자이다. 갑골[[illegible]:[illegible]]을 보면, 빗질[爪(조)]과 여자[女]를 결합한 회의문자이다. 본래 곱게 머리를 빗질하

---

79) 當, 田相値也. 從田, 尙聲.

는 여성의 모습으로 '꾸미다'라는 뜻이었다. 금문[:]에서 빗의 위치가 고정되지 않은 자형이 보인다. 빗이 좌측에 있으면 '올림머리'이고, 우측에서 있으면 '내림머리'이다. 한자의 유래는 갑골문이 발견된 상(商)나라 때이지만, '妥'는 모계사회 때 생성된 원시 자형에 속한다. 소전[]의 자형은 청대(淸代) 단옥재(段玉裁)가 추가한 글자이다. 춘추전국시대는 부계사회였고, '꾸미다'의 '妥'가 쓰이지 않았고, '고삐'의 '緌'가 생성되었다. 《설문해자》에 '妥'를 수록하지 않았고, '緌'가 포함[80]된 이유이다. '緌'의 구성은 끈[糸]과 꾸미다/꼬다[妥]를 결합하여 '말의 고삐'의 뜻이 되었다. 여성의 '올림머리' 모양을 '고삐'로 여겼다. 일설에는 '妥'를 여자의 머리채를 움켜잡는 장면이라 풀이하며, 여성을 복종시키는 것이 '당연하다, 마땅하다'라는 뜻이라 주장한다. 이것은 모계사회를 배경으로 형성된 원시 문자에 대한 몰이해에서 비롯된 오류이다. '妥'는 본래 '꾸미다'의 뜻이었고, 모계사회에서 집안이 평안한 상황이므로 '온화하다, 온당하다, 안치하다' 따위의 뜻이 파생되었다. 타당(妥當)은 '온당하고 마땅하다'라는 뜻에서 이치에 맞고 합리적인 논리이다.

◇ 발명동호회와 기업개발부의 협업은 미래산업을 개척하기 위해 어떤 설명보다 명확하고 **정당(正當)**한 이유가 될 수 있다.

◇ 최저임금 인상 요구는 노동권을 존중하는 선진국 사회로 나아가는 **정당(正當)**한 사회운동이다.

◇ 일제가 자행했던 반인륜적 전쟁범죄에 대해 진정한 사과와 **정당(正當)**한 배상이 반드시 선행되어야 할 것이다.

---

80) 緌, 車中靶也. 從糸, 妥聲.

◇ 그의 주장이 **타당(妥當)**한지 상대편의 생각도 들을 예정이다.

◇ 새로운 학설이 성립하려면 먼저 **타당(妥當)**한 근거와 객관적인 실험 데이터가 검증되어야 한다.

◇ 법적 판단에서는 구속 사유가 **타당(妥當)**할지 몰라도, 정치적 목적에 따라 선택적 정의 실현이라고 생각했다.

## ◀ 제약(制約)-제한(制限)

| 제약(制約) | 조건을 붙여 내용을 제한하다. | 조건 |
|---|---|---|
| 제한(制限) | 일정한 한도를 정하거나 그 한도를 넘지 못하게 막다. | 범위 |

어떤 대상(물)에 대해서 기준 또는 규정에 따라 금지하는 명령을 취한다. 제약(制約)과 제한(制限)은 유의어이지만, 개념의 차이가 분명하여 쓰임에 유의할 필요가 있다. '제약'은 법·제도·규정·도덕·상황 따위의 조건을 붙여 내용을 금지한다. '제한'은 일정한 한도 또는 범위를 넘지 못하게 한다. 도로의 경우 차도와 인도를 구분하는 차선 또는 경계가 있다. 도로마다 안전을 위해 차량의 속도를 '제한'한다. 사람이 통행하는 인도에는 위험을 방지하기 위해 전동 탈것을 '제약'한다. 고속도로에 자전거와 오토바이를 운행하지 못하도록 '제한'한다. 교통법규를 정하고 표지판을 설치하여 차량 운전을 '제약'한다. '제약'은 조건에 따른 금지사항이고, '제한'은 범위에 따른 금지사항이다.

(A) 기숙사 생활에는 여러 가지 제약이 있기 마련이다.

(B) 청소년에게 술과 담배를 판매하지 못하도록 제한한다.

예문(A)에서 '제약'은 기숙사에서 준수해야 하는 규정이며 조건이다. 취사행위 · 고성방가 · 복장 등 타인의 생활을 방해하는 행동이 금지된다. '제한'으로 교체하면 불확실한 규정이 되므로 어색하다. 예문(B)에서 '제한'은 청소년에 속하는 나이 범위이다. 성장기 신체 발육과 정신건강에 해로운 술과 담배를 판매하지 못하도록 하는 금지 조치이다. '제약'으로 교체해도 무방하지만, 청소년의 나이는 범위로 보는 것이 상식적이다. 술과 담배에 대한 판매 조건은 애연가이며, 청소년 여부만 따지는 일이 아니다.

제(制)는 '절제하다'라는 뜻을 가진 글자이다. 금문[制]에 처음 보이며, 무성한 나무[未]와 칼[刂]에 가지치기[ノ]를 결합한 회의문자이다. 본래 갑골[枤]의 자형은 마른 나무[木]와 사람[人]이 결합하여 '키가 큰 사람'의 '枤'[枤:枤(체)]의 원시 글자이다. '制'(제)는 칼[刂]이 덧붙은 자형으로 '가지치기'의 뜻이었다. 나무의 가지를 다듬는 일은 나무를 곧게 자라게 하거나 불필요한 부분을 제거하여 성정을 돕기 위함이다. 소전[制]에는 가지치기[ノ] 부분이 생략되어 있다. 《설문해자》에서 '다듬다'라고 풀이했고, 모양을 내기 위해 다듬는 것이고, 일설에는 '멈추게 하다'[止]의 뜻으로도 쓰인다고 소개했다.[81] 현재의 자형은 예서[制]에서 비롯되었다. 나무의 가지를 '다듬는' 행위는 자연 상태대로 버려두지 않고 인위적인 '규정'에 맞추어 '절제' 또는 '억제'하는 의미를 내포하고 있다. 이외에 '마름질하다, 절제하다, 억제하다, 금지하다, 바로잡다, 만들다, 법도' 따위의 뜻이 파생되었다.

약(約)은 '묶다'라는 뜻을 가진 글자이다. 금문[約:約]에 처음 보이며, 가는 실[糸]과 구기[勺(작/약)]를 결합한 형성문자이다. 본래 구기는 국자보다 작고 오목한 형태인데, 숟가락처럼 손잡이가 긴 형태이다. '約'(약)

81) 制, 裁也. 從刀, 從未. 未, 物成有滋味, 可裁斷. 一曰止也. 制, 古文制如此.

은 이체자이다. 조금씩 펴서 마시는 도구이며 '검소하고 절약하다'라는 의미가 내포되어 있다. '絶'(절)의 갑골[ : ]과 자형이 비슷하다. 글자의 좌우 칼[刀] 모양을 허리 굽은 사람[人]으로 풀이하는 견해가 있다. 갑골문 단계에서 '約'(약)과 '絶'은 같은 뿌리의 자형이라고 주장한다. '約'(약)은 소전[ ]에서 '絶'[ (절)]'과 전혀 다른 형태로 변모했다. 갑골[ : ]의 자형은 '絶'의 원시 글자로 분류했다. 《설문해자》에서 끈으로 '묶다'라고 풀이했다.[82] 고대 자주 사용하는 도구를 분실하지 않기 위해 끈으로 매달아 놓았다. '묶다' 이외에 '노끈, 맺다, 아끼다, 인색, 빈곤, 따르다, 오그라들다, 약속, 대략' 따위의 뜻으로 파생되었다. 제약(制約)은 '절제하고 아끼다'라는 뜻으로 조건을 붙여 그 내용을 금지하는 일이다. 불허(不許)와 비슷한 단어이다.

한(限)은 '한정하다'라는 뜻을 가진 글자이다. 소전[ ]에 처음 보이며, 언덕[阜]과 눈[目]과 등 돌린 사람[匕]을 결합한 회의문자이다. 언덕에 가로막혀 더 멀리 바라볼 수 없는 사람을 형상화한 글자이다. 금문[ : ]에도 형태가 같은 자형이 있지만, 인명에만 쓰이고 의미가 내포된 단어로는 사용되지 않았다. 《설문해자》에서 '막히다'라고 풀이했고, 문설주(門榍柱)와 같은 뜻이라 설명했다.[83] 전국시대 나라마다 국경을 지정할 때 주로 산언덕과 강기슭을 경계로 삼았다. 지역 주민의 생활 영역과 무관하게 정치적인 이유로 왕래는 차단되었고 소식이 끊기게 되었다. '限'은 침범할 수 없는 경계가 된 산언덕을 멀리 바라보는 장면을 형상화한 글자이다. '艮'(간)에 '어렵다, 가난하다, 그치다, 멈추다'라는 뜻이 있다. 갑골[ : (간)]을 보면 멀리 바라보는 늙은이의 모습을 형상화한

82) 約, 纏束也. 從糸, 勺聲.
83) 限, 阻也. 從𨸏, 艮聲. 一曰門榍也.

회의문자이다. 늙은이[匕] 부분은 등을 돌린 사람이며, 실망하거나 포기한 듯한 모습으로 풀이한다. '限'(한)에서 언덕[阜]을 덧붙여 통행이 금지된 경계를 강조한 것이다. '막히다, 한정하다' 이외에 '경계를 짓다, 끝, 가지런하다, 기한, 문지방' 따위의 뜻이 파생되었다. 제한(制限)은 '한도를 정하다'라는 뜻이며, 일정한 범위 또는 한도를 제시하여 그 이상 넘지 못하도록 금하는 것이다.

◇ 탈북민은 북한의 **제약(制約)**을 견디지 못하는 사람들이 목숨을 걸고 다른 나라로 망명한 것이다.

◇ 후보자토론회에서는 유권자에게 공정한 검증을 받기 위해 발언하지만, 시간의 **제약(制約)**이 있다.

◇ 상대평가는 학생의 지적 능력을 계발하지 못하고 자율권을 **제약(制約)**하는 비교육적인 방법이다.

◇ 도시 주변의 자연환경을 보전하여 시민의 생활환경을 확보하기 위하여 난개발을 **제한(制限)**한다.

◇ 차량 운행을 **제한(制限)**하는 엄격한 교통법규는 미세먼지와 탄소 배출을 줄이는 조치이다.

◇ 학교 교실에서 휴대전화의 사용을 **제한(制限)**하는 문제에 대해 인권위원회에서 인권침해라고 유권해석을 내렸다.

### ◀ 조절(調節)-조정(調整)

| 조절(調節) | 균형이 맞게 바로잡다. 또는 적당하게 맞추어 나가다. | 수치 |
|---|---|---|
| 조정(調整) | 어떤 기준이나 실정에 맞게 정돈함. | 등급 |

수치나 등급을 어떤 기준에 따라 균형을 맞추거나 알맞게 바꿀 때, 조절(調節)과 조정(調整)은 발음과 개념이 유사하다. 엄격한 구별법은 '조절'은 수치의 균형을 맞추는 것이고, '조정'은 등급의 균형을 맞추는 것이다. '조절'은 부피와 분량처럼 수치로 표시할 수 있는 대상을 적당하게 맞추는 것이다. '조정'은 수준과 상황처럼 변화 가능한 대상을 적당하게 맞추는 것이다. 국립국어원에서는 두 단어가 /-하다/를 붙이는 타동사이므로 목적어에 따라 쓰임이 다르다고 설명한다.

(A) 체중을 <u>조절</u>하다./실내 온도를 <u>조절</u>하다./호흡을 <u>조절</u>하다.

(B) 대학 정원을 <u>조정</u>하다./출근 시간을 아침 7시로 <u>조정</u>했다./이 카메라는 거리를 자동으로 <u>조정</u>해 준다.

예문(A)에서 '조절'은 수치를 알맞게 맞추는 뜻이다. 체중/실내 온도/호흡 등 표준이 되는 수치에 균형을 맞춘다는 의미가 있다. '조정'으로 교체할 수 없다. 예문(B)에서 '조정'은 기준을 실정에 알맞게 맞추는 뜻이다. 대학 정원/출근 시간/거리 등 실정에 맞게 상황 또는 기준을 변경하는 의미가 있다. '조절'로 교체할 수 없다. 영어로 구별하면, '조절'은 /control/이고, '조정'은 /adjust/이다. '조절'은 범위 안에서 수치를 바꾸는 것이다. '조정'은 상황의 변화를 가하여 문제점을 바로잡는 것이다.

조(調)는 '고르다(=한결같다)'라는 뜻을 가진 글자이다. 소전[䛨]에 처음 보이며, 말씀[言]과 두루/골고루[周]를 결합한 회의문자이다. 본래 평화롭고 질서 있는 주(周)나라 사람처럼 공평하고 반듯한 말투를 표현한 글자이다. 《설문해자》에서 '평화롭다'라고 풀이했다.[84] 고대 주대(周代)에 나라마다 풍습이 다르고 문물이 다르지만, 서로 만나서 교역하고 교류하면서 평화롭게 지냈다. 두루/골고루[周]의 갑골[[illegible]:[illegible]]을 보면, 가지런한 밭[田]을 형상화한 상형문자이다. 농가/농작[•]의 부호가 있는 글자도 있다. 금문[[illegible]:[illegible]]에서도 자형을 계승하여 농업기술의 전수[口]를 나타내는 부호를 덧붙였다. '口'에 대해 혹자는 주대(周代)의 영토라고 주장하고, 혹자는 통치자의 명령이라고 설명한다. 그러나 농경사회에서 농작 관련된 구술(口述) · 구전(口傳)으로 풀이함이 타당하다. '調'(조)는 오밀조밀하고 농경이 잘 발달하여 풍요로운 '周'에 말씀[言]을 덧붙여 '고르다, 한결같다, 적합하다, 어울리다, 헤아리다, 갖추다' 따위의 뜻이 파생되었다.

절(節)은 '마디'라는 뜻을 가진 글자이다. 금문[[illegible]:[illegible]:[illegible]]에 다양한 자형들이 보이는데, 대나무[竹]와 밥먹다[卽]를 결합한 회의문자이다. 본래 대나무로 만든 밥그릇을 든 사람이 '밥을 먹다'라는 뜻이었다. 소전[[illegible]]에 대해 《설문해자》에서 '대나무 마디'라고 풀이했다.[85] 고대 대나무 마디는 일종의 증표로 사용한 부절(符節) 이외에 개인용 밥그릇으로 사용했다. 밥을 먹는 장면을 형상화한 '卽'(즉)의 구성은, 음식[白]과 고개 숙이다[匕]와 쪼그려 앉다[卩]를 결합했다. 음식에 '가까이' 다가가 쪼그려 앉는다는 것은 '곧/이제' 먹는다는 의미이다. '卽'(즉)은 '밥을 먹다'에서 '곧'의 뜻으로 굳어져 통용되었다. '節'(절) 역시 '대나무 밥그릇'에서 대나무 줄기의 생김새를 본떠 '마디'의 뜻이 굳어진 것이다. '마디'의 뜻으로부터 의식행사에서 무릎을 꿇는 '예절'로 의미가 확장되었다. 악보의

---

84) 調, 和也. 從言, 周聲.
85) 節, 竹約也. 從竹, 卽聲.

마디를 지칭하여 '박자, 가락'의 뜻으로 쓰였다. 이외에 '절개, 절기, 절도, 명절, 항목, 단락, 절약, 절제, 우뚝하다, 요약하다, 제한하다' 따위의 뜻이 파생되었다. 조절(調節)은 '적절한 마디'의 뜻에서 균형에 맞게 바로잡거나 수치를 맞추는 것이다.

정(整)은 '가지런하다'라는 뜻을 가진 글자이다. 금문[]에 처음 보이며, 묶다[束]와 치다[攴]와 바로잡다[正]를 결합한 형성문자이다. 일설에는 통치자의 명령[敕(칙)]과 바로잡다[正]의 결합으로 풀이하며, 국법으로 무질서를 바로잡는 행위라고 설명한다. 소전[]에 대해 《설문해자》에서 '가지런하다'라고 풀이했다.86) 고대 춘추전국시대 산동성(山東省) 일대에 제(齊)나라가 있었다. 이 지역은 화북평원의 동쪽에 위치하며 산과 구릉이 낮아서 농경에 접합하였다. '齊'(제)의 갑골[]·금문[]·소전[]을 보면, 곡식의 이삭이 가지런한 모양을 본뜬 상형문자이다. 제(齊)나라는 철제 농기구가 발달하고 농경하기에 적합한 기후와 날씨를 갖고 있었다. '가지런하다'라는 '整'(정)은 무질서한 사회질서를 바로잡는 통치 기술을 말한다. 국가의 기강을 바로잡고 혼란을 부추기는 반대론자를 처단하는 정치적 행위로서 '가지런함'이다. 이외에 '정리하다, 정돈하다, 정연하다, 온전하다, 단정하다' 따위의 뜻이 파생되었다. 조정(調整)은 '가지런하게 만들다'라는 뜻이며, 기준이나 실정에 맞추어 문제점을 해소하는 것이다.

---

86) 整, 齊也. 從攴, 從束, 從正, 正亦聲.

◇ 정부는 급속한 환율 상승에 대해 적극적인 시장안정조치 대신 속도 **조절(調節)**에 무게를 두고 있다.

◇ 분노 **조절(調節)** 장애가 아니더라도 평소 화를 잠재우는 방법을 배우고 실천하도록 한다.

◇ 가전업계에서는 수요에 맞춰 생산량 **조절(調節)**에 돌입하면서 올해 출하량 전망치를 하향 **조정(調整)**했다.

◇ 평균 임금과 최저임금을 상향 **조정(調整)**하는 것은 노동자의 복지를 개선하기 위함이다.

◇ 법무부는 검사의 수사권 **조정(調整)**이 위헌이라고 주장하며 헌법재판소에 위헌 심의를 청구했다.

◇ 지방 자치 단체는 재산세와 토지세 세율을 **조정(調整)**해 재원을 더 확보하기로 했다.

## ◀ 존경(尊敬)-존중(尊重)

| | | |
|---|---|---|
| 존경(尊敬) | 남의 인격, 사상, 행위 따위를 받들어 공경하다. | 상급 |
| 존중(尊重) | 높이어 귀중하게 대하다. | 하급 |

상대방의 의견과 행동에 대해 인정하고 동조하는 경우, 자신을 낮추어 존경(尊敬)을 쓰고, 자신을 낮추지 않고 존중(尊重)을 쓴다. '존경'은 웃어른이나 상급자의 인격과 성품에 대해 높게 받드는 마음가짐이다. '존중'은 친구나 동급자 이하 상대의 언행에 대해 중요하다고 보는 관점이다. '존경'이 상급자를 대하는 마음가짐이고, '존중'은 동료나 하급자를 바라보는 관점이다. '존경'의 반의어는 경멸(輕蔑)·능멸(凌蔑)이고,

'존중'의 반의어는 경시(輕視)·천시(賤視)이다. '존경'은 상대방을 섬기는 태도이고, '존중'은 지위고하와 무관하게 의견과 언행 자체의 가치에 동조하는 것이다.

(A) 사회적 약자를 위해 헌신한 데레사 수녀가 <u>존경</u>스럽다.

(B) 부모는 자녀의 의견도 <u>존중</u>하며 배려해야 한다.

예문(A)에서 '존경'은 타인을 위해 봉사하고 희생한 정신을 기리며 섬기는 마음이다. '존경'은 /-하다/를 붙이면 타동사이고, /-스럽다/를 붙이면 형용사가 된다. '존중'은 /-하다/만 붙이는 타동사이며 교체하면 어색하다. 예문(B)에서 '존중'은 의견을 인정하고 소중하게 생각하는 시각이다. 상대가 자녀이므로 '존경'과 교체할 수 없다. 영어로 구별하면, '존경'은 숭배의 뜻이 내포된 /venerate/이고, '존중'은 높게 평가하는 /respect/이다. '존경'은 상대방 그 자체에 대한 절대평가이고, '존중'은 우열의 관점에서 비교 우위이다.

존(尊)은 '높이다'라는 뜻을 가진 글자이다. 갑골[[illegible]:[illegible]]을 보면, 술그릇[[illegible]=酉]과 두 손[[illegible]]를 결합한 회의문자이다. 고대 제사장이 제물로 바치는 술잔을 높게 떠받든 장면을 형상화한 것이다. 금문[[illegible]:[illegible]]에서 술잔 윗부분[八]을 강조하여 추가했다. 이것은 하늘을 향하는 술잔의 방향이며, 제사에 참석한 빈객에게 술잔을 현시하는 제례(祭禮)이다. 《설문해자》에서는 고문자[[illegible]]와 소전[[illegible]]에 대해 '술그릇'이라 풀이했는데, 6가지 예법을 소개하고 제사의 빈객을 대접하는 예절이라고 설명했다.87) 고대 제사에 진상하는 술은 오래도록 묵인 황주(黃酒)이다. 하늘의 신명(神明)이나 조상을 모시는 제례에서 술잔을 두 손으로 공손히 떠받들고

---

87) 尊, 酒器也. 從酋, 廾以奉之. 《周禮》六尊: 犧尊·象尊·著尊·壺尊·太尊·山尊, 以待祭祀賓客之禮. [illegible], 尊或從寸.

복을 기원했다. 이러한 모습에서 '공경하다'라는 뜻이 파생되었다. 현재의 자형은 예서[尊]에서 비롯되었다. '높이다' 이외에 '공손하다, 우러러보다, 소중히 여기다, 따르다, 좇다, 향하다, 어른, 높은 사람' 따위의 뜻이 파생되었다. '술통, 술잔, 술 단지'를 뜻할 때는 /준/ 발음이다.

경(敬)은 '삼가다'라는 뜻을 가진 글자이다. 갑골[ : ]을 보면, 머리에 장식을 위로 세운 사람이 앉은 모습을 본뜬 상형문자였다. 현재 중국에 거주하는 소수민족 중에 묘족(苗族)은 치우천왕을 시조로 모시며 머리 장식을 전통으로 삼고 있다. 동이족의 관습을 계승한 민족으로 알려져 있다. 금문[ : ]에서 명령[口]을 덧붙이거나 몽둥이[攴]를 들고 있는 형태로 변모했다. 고대에는 전쟁이 빈번하여 젊은 남성들이 부족하여 다른 지역에서 포로를 데려와 노예로 삼았다. '敬'(경)에 명령[口]은 풍습에 순화시키는 의미이며, 몽둥이[攴]는 도망가지 못하도록 처벌하거나 강제 부역에 순응하게 만드는 단속을 뜻한다. '苟' 모양에서 윗부분[丷]은 양의 뿔을 본뜬 것인데 온순한 태도이며, 아랫부분[勹]은 허리를 굽힌 모습인데 복종하는 자세이다. '敬'에 몸가짐과 언행을 조심하는 의미를 내포하고 있다. 일설에는 귀를 쫑긋 세운 개의 모양[苟]이고, 몽둥이[攴]로 사람의 말에 따르도록 길들였다고 주장한다. 《설문해자》에서 소전[敬]에 대해 '엄숙하다'라고 풀이했다.[88] 사람의 태도에 대한 표현이므로 개의 모양이라는 주장은 억측에 가깝다. '삼가다' 이외에 '공경하다, 공손하다, 정중하다, 예의가 바르다, 훈계하다' 따위의 뜻이 파생되었다. 존경(尊敬)은 상급자를 '높게 평가하고 언행을 삼가다'라는 뜻에서 인품과 사상을 섬기며 따르는 마음가짐이며, 공경하는 태도로 경외심을 갖는 것이다.

88) 敬, 肅也. 從攴, 苟.

중(重)은 '중요하다'라는 뜻을 가진 글자이다. 갑골[ : ]을 보면, 사람[人]과 봇짐[東]를 결합한 회의문자이다. 봇짐[東]은 곡물을 가마니에 넣고 동여맨 모양을 본뜬 글자이다. 금문[ : : : : ]에서 사람이 봇짐을 매는 장면을 다양하게 형상화한 자형들이 나타난다. 무거운 봇짐을 매는 사람의 동작에 따라 여러 형태가 통용되었다. 이 가운데 금문[ ]에는 흙[土]을 덧붙인 자형이 대표적인데, 봇짐을 옮겨놓는 모습이다. 《설문해자》에서 소전[ ]에 대해 '두텁다'라고 풀이하면서 형성문자라고 설명했다.[89] 부수를 '里'로 분류했으나 '마을'의 뜻과 무관하다. 서개(徐鍇)는 벼슬아치보다 높은 사람으로 인품이 두터운 중요한 인물이라고 설명했다. '重'(중)에는 '무겁다'와 '겹치다' 두 가지 뜻이 존재하는 이유가 되었다. 갑골문과 금문에서는 무거운 봇짐을 표현한 글자였고, 소전[ ]에서 인품이 두터운 것으로 풀이했다. 그리고 봇짐의 내용물이 곡식 또는 이삭이라서 '중요하다, 귀중하다, 소중하다'라는 뜻이 파생되었다. 이외에도 '거듭하다, 조심하다, 곁들이다, 부어오르다, 더디다, 또다시, 무게, 중량, 위세, 중량' 따위의 뜻이 파생되었다. 존중(尊重)은 '높이고 중요하다'라는 뜻에서 상대방의 의견이나 행위에 대해 귀중하게 여기는 관점이다. 지위의 높고 낮음을 가리지 않고 상대방의 소중한 생각을 받아들이는 것이다.

89) 重, 厚也. 從壬, 東聲. 凡重之屬皆從重. 壬者, 人在土上, 故爲厚也.

◇ 한국 사회에서 오랫동안 국민의 **존경(尊敬)**을 받는 성공적인 정치인이 되기 위해서는 자기관리가 중요하다.

◇ 그는 불의에 맞서고 겸손한 마음 자세를 잃지 않았기에 많은 사람이 진심으로 **존경(尊敬)**하였다.

◇ 사회의 도덕성 회복을 위해 정직과 성실을 **존경(尊敬)**하는 사회 풍토가 조성되도록 노력했다.

◇ 이미 결정한 합의문에 대해서는 **존중(尊重)**하고 미진한 사항에 대해 어떻게 극복할지 고민했다.

◇ 세종대왕이 한글을 창제하면서 가졌던 애민사상에는 인간 **존중(尊重)**의 정신이 깔려 있다.

◇ 인격적으로 **존중(尊重)**받는 학교 문화 조성을 위해 남녀 학생 모두 '-씨'라는 호칭을 사용하기로 했다.

### ◀ 종합(綜合)-통합(統合)

| 종합(綜合) | 여러 가지를 한데 모아서 합하다. | 다양 |
|---|---|---|
| 통합(統合) | ① 둘 이상의 조직이나 기구 따위를 하나로 합치다.<br>② [심리] 여러 요소들이 하나의 전체를 이루다. | 단일 |

한국의 대학에는 비슷한 성격을 띤 학과들이 많다. 이러한 학과들을 어떤 방식으로 모으냐에 따라서 종합(綜合)과 통합(統合)의 차이점을 설명하면 쉽게 구별된다. 유사한 학과들이 유지되면서 단과대학 또는 학부 체제로 예속되면 '종합'이다. 관련 학과들을 하나로 합쳐서 새로운 하나의 학과를 만들면 '통합'이다. '종합'은 다양성을 유지하며 한데 모은 것이고, '통합'은 단일성을 추구하며 새로운 하나가 되는 것이다. '종합 세트'는 각 기능의 부품을 한데 묶은 것이다. '통합 제품'은 여러 기능이 합쳐진 하나의 제품이다. '종합 병원'은 내과 · 외과 · 이비인후과 · 치과 · 산부인과 등 다양한 진료 과목이 모여있는 병원이다. '통합 관리'는 생산 · 판매 · 고객센터를 동시에 운영하는 관리이다.

(A) 지난 올림픽에서 한국은 <u>종합</u> 9위를 차지했다.

(B) 포털 사이트는 <u>통합</u> 검색 방식을 채택하고 있다.

예문(A)에서 '종합'은 양궁 · 펜싱 · 체조 · 태권도 등 종목별 성적을 합친 것이다. 각 종목을 하나로 합칠 수 없으므로 '통합'으로 교체할 수 없다. 예문(B)에서 '통합'은 각 검색 프로그램을 연계시키는 방식이다. 각 검색 프로그램을 선택하지 않아도 되므로 '종합'으로 교체할 수 없다. 영어로 구별하면, '종합'은 연합의 뜻이 내포된 /unity/이고, '통합'은 합병의 뜻이 내포된 /merger/이다. '종합'은 다양한 낱개가 존재하면서 한데 모아진 형태이다. '통합'은 둘 이상의 낱개가 해체되면서 하나로 뭉쳐놓은 형태이다.

종(綜)은 '모으다'라는 뜻을 가진 글자이다. 소전[綜]에 처음 보이며, 실[糸]과 근본[宗]을 결합한 형성문자 겸 회의문자이다. 본래 베틀의 날실을 한 칸씩 걸러서 끌어 올리도록 맨 굵은 실, 즉 잉아[綜絲(종사)]를 형상화했다. 《설문해자》에서도 '베틀의 굵은 실'이라 풀이했다.[90] 근본[宗]은 제사를 지내는 사당을 본뜬 글자이다. 갑골[宗]을 보면, 집[宀]과 높다란 제단[丅]과 위패[一]를 결합한 회의문자이다. 고대 집안의 시조를 숭상하며 적장자(嫡長子)의 집에서 조상신의 위패를 모셨다. 금문[宗:宗:宗]에서 현재의 자형과 비슷한 형태를 갖추었다. '宗'(종)에는 '근본, 맏이, 으뜸, 우두머리, 종갓집' 따위의 뜻이 내포되어 있다. 앞부분에 실[糸]를 붙인 '綜'(종)은 베틀에서 '잉아'의 역할에 비유한 글자이다. 베틀에서 세로 날줄을 가로지르는 씨줄은 잉아에 의해 문양을 만들고 천을 짠다. 잉아는 하나의 천이 완성되는 과정에서 실들을 교차시키는 중요한 역할을 하는데, '짜다, 통제하다, 모으다, (피륙의 단위) 새' 따위의 뜻이 파생되었다.

합(合)은 '합치다'라는 뜻을 가진 글자이다. 갑골[合:合:合]을 보면, 그릇과 덮개를 본뜬 상형문자이다. 본래 '짝을 이루다'라는 뜻이었다. 금문[合]과 소전[合]은 갑골의 형태를 계승하여 비슷한 형태이다. 《설문해자》에서 '입을 다물다'라고 풀이했는데,[91] 갑골[合]과 금문[合]의 모양만 보고 잘못 설명한 것이다. 글자의 유래를 보면, 찬합이나 뚜껑이 있는 그릇을 덮은 모양을 본뜬 글자이고, 입을 모은 뜻으로 사용된 기록이 없다. 즉 '合'(합)은 입과 무관한 글자이다. '합치다' 이외에 '맞다, 만

---

90) 綜, 機縷也. 從糸, 宗聲.
91) 合, 亼口也. 從亼, 從口.

나다, 모으다, 대답하다, 싸우다, 적합하다, 짝, 찬합, 쪽문, 협문' 따위의 뜻으로 파생되었다. 종합(綜合)은 '모으고 합치다'라는 뜻에서 나누어진 낱개를 한데 모아놓은 상태이다. 각각의 개별성을 유지하면서 함께 연합된 것이다.

통(統)은 '거느리다'라는 뜻을 가진 글자이다. 소전[綂]에 처음 보이며, 실[糸]과 채우다[充]를 결합한 형성문자이다. 본래 몇 가닥의 실을 옭매어 놓은 '실패'를 뜻하는 글자였다. 실패는 반짇고리 도구 중 하나로서 여러 가닥의 실을 감아 두는 나무 조각이다. 《설문해자》에서 '실마리'라고 풀이했다.[92] 채우다[充]의 소전[𠫓]을 보면, 큼직한 얼굴 또는 배를 가진 사람의 모습이며, 마치 고릴라를 연상하는 글자였다. 글자의 모양으로 보면, 아이[子]를 거꾸로 쓴 '𠫓'에 두 다리를 벌린 아이[儿]를 결합한 회의문자이다. 《설문해자》에서 '성장하면서 키가 커지다'라고 풀이하면서, '자라다'라는 뜻을 가진 '育'(육)의 획수를 줄인 글자라고 설명했다.[93] 이후 '뚱뚱하다, 충만하다, 충실하다, 충당하다, 가득 차다, 수를 채우다, 가장하다' 따위의 뜻으로 파생되었다. '統'(통)은 '거느리다' 이외에 '실마리, 합치다, 계통, 갈래, 줄기' 따위의 뜻으로 파생되었다. 통합(統合)은 '합쳐서 거느리다'라는 뜻에서 여러 낱개가 하나로 합쳐진 것을 말한다. 즉 둘 이상의 조직이나 기구 따위를 하나로 합쳐진 것이다.

92) 統, 紀也. 從糸, 充聲.
93) 充, 長也, 高也. 從儿, 育省聲.

◇ 빅데이터는 거대한 데이터의 집합 또는 이를 저장、전송、처리하는 **종합(綜合)** 기술이다.

◇ 판소리는 음악, 문학, 연극적 요소가 결합한 **종합(綜合)** 예술적 성격을 띠고 있다.

◇ 금리 인상 조치는 실물 경기와 물가, 환율 등 경제 전반의 상황을 고려한 **종합적(綜合的)** 판단이다.

◇ 영상을 구성하는 요소들은 각 프레임 내의 요소들을 **통합(統合)** 하여 하나의 이미지로 보여주는 것이다.

◇ 전국에 분포된 대학의 수치가 학령인구보다 너무 많아 국립대학과 사립대학의 **통합(統合)**이 절실하다.

◇ 1987년 21살의 마이크 타이슨이 WBC·WBA **통합(統合)** 헤비급 챔피언이 되었다.

## ◀ 주관(主管)-주최(主催)

| 주관(主管) | 어떤 일을 책임을 지고 맡아 관리하다. | 진행 |
|---|---|---|
| 주최(主催) | 행사나 모임을 주장하고 기획하여 열다. | 기획 |

전시회나 연주회 등 모임에는 주최(主催)하는 조직 또는 개인이 있고, 주관(主管)하는 단체 또는 조직에서 행사를 관리한다. '주관'은 행사 전체를 진행하며 마무리까지 관리한다. '주최'는 행사의 규모·비용·장소 등 필요한 제반 사항을 점검하고 기획한다. '주관'은 집행 관리하는 책임이 있고, '주최'는 행사를 준비하는 책임이 있다. 예를 들어 태권도 대회의 경우, 태권도협회 또는 국기원과 같은 국가기관은 일정과 장소를

정하고 규모를 기획하는 '주최'가 된다. 이에 비해 그 대회의 임원과 위원 등 행사를 집행 관리하는 단체는 '주관'이 된다. 지역에서 열리는 대회라면, 태권도협회의 지부(支部)에서 행사를 준비하고 마련했으므로 '주최'가 되고, 참여하는 태권도장들은 행사를 진행하는 주체로서 '주관'이 된다. 개인 연주회나 소규모 전시회의 경우, 행사의 성격 및 규모를 기획하고 진행하므로 '주최'와 '주관'의 이중적 역할을 하는 편이다.

(A) 해당 업무를 <u>주관</u>하는 부서가 없어서 혼란스럽다.

(B) 이번 행사는 <u>주최</u> 측에서 모든 경비를 부담하기로 했다.

예문(A)에서 '주관'은 업무를 집행하고 관리하는 것이다. 업무를 '주최'하는 부서는 존재할 수 없으므로 교체할 수 없다. 예문(B)에서 '주최'는 행사의 비용과 규모를 결정하는 것이다. 비용 문제이므로 '주관'과 교체할 수 없다. '주관'은 실무적인 진행을 관리하는 곳이고, '주최'는 행사를 기획하는 곳이다. 행사의 성격에 따라 '주관'과 '주최'의 역할이 중복되거나, 어느 한쪽의 비중에 더 치중될 수도 있다.

주(主)는 '주인'이라는 뜻을 가진 글자이다. 전국시대 고문자[主:主]에 처음 보이며, 촛대[王]와 심지[丶]를 본뜬 상형문자이다. 본래 '밝혀 주다'라는 뜻이었다. '촛대'를 본뜬 원시 형태의 갑골[主]에서 유래한 글자이다. 소전[主]에 대해 《설문해자》에서 '등잔의 심지'라고 풀이했다.94) 중국의 언어학자들은 '柱'(기둥 주)·'京'(크다/높다) 등의 뜻과 연관된 글자라고 주장한다. 이것은 후세 활용된 단어들, 주체(主體), 주재(主宰), 주요(主要), 주인(主人), 군주(君主) 등에 집착하며, 《설문해자》의 뜻풀이를 부정한다. 그러나 고대 야간 활동을 필요한 등불의 용도는 사물이나 사람을 인지할 뿐만 아니라 생활을 연장해 주는 도구였다. '밝히다'라는

94) 主, 鐙中火主也. 𡈼, 象形. 從丶, 丶亦聲.

뜻은 '주인'의 행위이며, '중요한 역할'의 개념이 내포되어 있다. 촛대를 본뜬 갑골[[ 𠂤 ]은 '主'(주)의 원류 문자가 아니고 원시 형태의 부호라고 본다. '촛대의 심지'의 뜻을 확장하여 '상전, 임금, 당사자, 주인, 주관, 예시하다' 따위의 뜻이 파생되었다.

관(管)은 '관리하다'라는 뜻을 가진 글자이다. 소전[管]에 처음 보이며, 대나무[竹]와 악관[官]를 결합한 형성문자이다. 본래 아악기(雅樂器) 중 하나로 고음을 내는 피리 지(篪)의 대롱을 연주하는 뜻이었다. 《설문해자》에서 '6개 구멍의 피리'라고 풀이했다.95) 악관(樂官)은 궁중의 공식행사에 운영되는 아악(雅樂)에 참여하는 연주가이다. 이들은 연주 능력이 탁월하고 절묘한 기술을 소지하고 있었다. '管'(관)에 행사 분위기를 주도하며 '관리하는' 역할을 강조하는 의미를 내포하고 있다. 일설에는 붓[竹]과 관료[官]의 결합으로 보며, 관청에서 사용하는 서명 또는 도장을 뜻하며 '권한을 행사하다'라고 주장한다. '관리(관장)하다' 이외에 '대롱, 피리, 붓대, 맡다, 다스리다, 돌보다, (관악기를) 연주하다, 소견이 좁다, 꿰뚫다, 이해하다, 고정시키다' 따위의 뜻이 파생되었다. 주관(主管)은 '중심이 되어 관리하다'라는 뜻에서 어떤 일을 책임을 지고 맡아 진행하며 책임을 지는 것이다.

최(催)는 '재촉하다'라는 뜻을 가진 글자이다. 소전[催]에 처음 보이며, 사람[亻]과 높다[崔]를 결합한 형성문자이다. 본래 높은 자리에 있는 갑(甲)의 위치에 있는 사람을 뜻하였다. 발음을 나타낸 '崔'(최)의 소전[崔]을 보면, 높은 산[山]과 새[隹]를 결합한 회의문자이다. 새들이 날아오르는 '높은 산'을 형상화한 글자였다. 우뚝 솟아 낮은 구릉보다 더 돋보이고 험준한 산을 일컫는다. '催'(최)는 사람[亻]을 덧붙였는데,《설문해자》

95) 管, 如篪, 六孔. 十二月之音. 物開地牙, 故謂之管. 從竹, 官聲.

**에서 '을러대다'라고 풀이했다.[96] 위협적인 언동으로 을러서 남을 억누르는 태도를 뜻하는 글자라고 설명했다. '독촉하다, 재촉하다, 쳐오다, 학대하다, 방해하다, 베풀다' 따위의 뜻이 파생되었다. 주최(主催)는 '일을 재촉하는 주인'이라는 뜻에서 행사나 모임을 주장하고 기획하여 추진한다는 뜻이다.**

◇ 우리 학과는 작년에 총학생회에서 **주관(主管)**한 교내축구대회에서 우승을 거두었다.

◇ 국제 친선경기를 **주관(主管)**한 단체가 입장권 판매관리를 잘못하여 혼란을 부추겼다.

◇ 청년들은 젠더 정책의 **주관(主管)** 부서가 필요하다고 주장하지만, 정부는 여성가족부를 폐지할 예정이다.

◇ 국가대표팀은 현지 한인회가 **주최(主催)**하는 만찬에 초대받아 교민들과 함께 한국 음식을 먹었다.

◇ 피파(FIFA) **주최(主催)**로 열린 아시안게임 예선에서 우리나라가 일본을 2:0으로 이겼다.

◇ 경기도는 남북 관계 개선을 위해 심포지엄을 **개최(開催)**하여 평화 구축을 위해 토론했다.

◇ 대한체육회가 **주최(主催)**하고 각 시도 체육연맹이 공동 **주관(主管)**하는 대회의 경기 방식은 토너먼트식 경기이다.

---

96) 催, 相擣也. 從人, 崔聲. 《詩》曰:室人交遍催我.

## ◀ 주요(主要)-중요(重要)

| 주요(主要) | 주되고 중요하다. | 상대적 |
|---|---|---|
| 중요(重要) | 귀중하고 요긴하다. | 절대적 |

어떤 사실이나 사항이 가치 있고 핵심적이라면, 주요(主要)와 중요(重要)는 모두 쓸 수 있는 동의어이다. 다만 '주요'는 다른 것과 비교할 때 사용되며, '중요'는 그 자체로 귀중할 때 사용된다. 즉 '주요'는 상대적 개념이고, '중요'는 절대적 개념이다. 《훈민정음 사전》에서 두 단어의 개념 차이를 다음과 같이 설명했다. '주요하다'는 여럿 가운데서 어느 것이 두드러지거나 중심이 됨을 나타낸다. '중요하다'는 어떤 것이 매우 가치가 있음을 나타낸다. 따라서 '주요한 일'은 여러 가지 일 중 가장 중심이 되는 일이다. '중요한 일'은 매우 소중하고 가치 있는 일이다.

(A) 환경오염은 21세기 각국의 주요/중요한 위협이다.

(B) 그의 주요한 관심사는 취업을 위한 자격증 취득이다.

(C) 인간의 삶에 있어서 사랑은 가장 중요하다.

예문(A)에서 '주요'는 여러 위협 중에 환경오염이 비중이 높음을 말한 것이다. '중요'는 환경오염이 매우 위협적인 사안임을 강조한 것이다. 예문(B)에서 '주요'는 다른 것과 비교하여 자격증 취득이 가치가 있음을 말한다. '중요'로 교체하면 오직 자격증 취득만이 관심사임을 말한다. 예문(C)에서 '중요'는 사랑이 가장 소중한 가치를 지님을 말한다. '주요'로 교체하면 행복·희생·동행 등의 가치보다 더 높다는 뜻이다.

주(主)는 '중심'이라는 뜻을 가진 글자이다. '주관-주최'에서 설명한 바 있다.

요(要)는 '중요하다'라는 뜻을 가진 글자이다. 갑골[]의 모양을 보면, 머리[日]와 감싸다[] 그리고 여자[]를 결합한 회의문자이다. 본래 '(여성의 허리를) 감싸다'라는 뜻이었다. 일설에는 머리[日] 부분을 맑은 날[日]로 보며, '안락하다'라는 뜻을 가진 '晏'(안=晏)과 감싸다[]의 결합이라고 주장한다. 여성에게 호감을 보이며 '구애하다(사랑을 바라다)'라는 뜻이라고 풀이했다. 금문[]과 고문자[]의 자형은 갑골[]을 계승한 형태이다. 소전[]에 대해 《설문해자》에서 '몸의 중간'이라고 풀이했고, 허리를 본뜬 글자이며 고문자[]를 수록했다.97) 이후 '허리'의 글자는 '腰'(요)로 대체되었고, 신체의 중요 부위이므로 '중요하다'라는 뜻으로 굳어졌다. 현재의 자형은 예서[]를 거치면서 해서[要]에서 통일되었다. 부수는 《설문해자》에서 감싸다[臼]라고 했고, 현재 '襾'(덮을 아=襾)로 분류했지만, '덮다'라는 뜻과 무관하고 자형에서 따온 것이다. '감싸다, 바라다, 허리, 중요하다' 이외에 '요약하다, 맞히다, 모으다, 얻다, 누르다, 이루다, 기다리다, 조사하다, 언약하다, 으르다, 막다, 요컨대' 따위의 뜻이 파생되다. 주요(主要)는 '주된 중요한 것'이라는 뜻에서 어떤 것보다 비교적 가치가 더 높음을 일컫는다.

중(重)은 '무겁다, 귀중하다'라는 뜻을 가진 글자이다. '존경-존중'에서 설명한 바 있다. 중요(重要)는 '귀중하고 중요하다'라는 뜻에서 매우 가치가 있고 요긴한 것임을 일컫는다.

---

97) 要, 身中也. 象人要自之形. 從臼, 交省聲. , 古文要.

◇ 취업에 유리한 **주요(主要)** 학과로 학생들이 몰리면 한국 대학의 역할에 심각한 폐단을 초래할 것이다.

◇ 공정 거래 위원회에서 허위 과장 광고에 대한 사과문을 **주요(主要)** 일간지에 게재하라고 명령했다.

◇ 여야 대선 후보들은 불평등、양극화 해소를 **주요(主要)**한 공약으로 내세우며 경쟁하고 있다.

◇ 국제외교에서는 해당 국가들 사이의 쌍방적 이해관계를 조정해 나가는 것이 **중요(重要)**하다.

◇ 정치권의 대립으로 국회는 민생과 관련한 **중요(重要)**한 법안에 대해 검토조차 하지 않고 있다.

◇ 보수와 진보 세력이 팽팽하여 중도층의 표심이 이번 선거에 **중요(重要)**한 변수가 되었다.

## ◀ 지양(止揚)-지향(志向)-지향(指向)

| 지양(止揚) | 더 높은 단계로 오르기 위해 어떠한 것을 하지 않다. | 중지 |
|---|---|---|
| 지향(志向) | 어떤 목표로 뜻이 쏠리어 향하다. | 추구 |
| 지향(指向) | 작정하거나 지정한 방향으로 나아가다. | 방향 |

한자음이 서로 유사하여 혼동을 일으키는 단어 중에 지양(止揚)과 지향(指向/志向)이 있다. '지양'은 변증법의 개념으로 그 자체를 부정하면서 더 높은 단계에서 진보하는 것이나, 화용론 측면에서 어떤 것을 차단하거나 중지하는 뜻으로만 쓰인다. 실질적인 개념은 더 멀리 뛰거나 달리기 위해 잠시 움츠리는 것이다. '지향(志向)'은 의지나 노력을 기울여 목

표를 추구하는 단어이다. '지향(指向)'은 빛·소리·동작 등 물리적 반응으로 일정한 방향으로 나아간다는 뜻이다.

(A) 경쟁사 사이의 과장 광고는 지양되어야 한다.

(B) 홍익인간은 우리가 지향(志向)해야 할 이상적인 인간상이다.

(C) 우산도 없이 소나기를 맞으며 지향(指向) 없이 걸었다.

예문(A)에서 '지양'은 중단·금지의 뜻으로 쓰였다. 과장 광고는 더 나은 단계에서 필요한 행위가 아니므로 오용한 사례이다. '처벌' 또는 '단속'을 사용하는 것이 바람직하다. 예문(B)에서 '지향(志向)'은 이상적인 인간상으로 홍익인간 정신을 추구한다는 뜻이다. 예문(C)에서 '지향(指向)'은 일정한 방향의 뜻이며, 비를 맞으며 무작정 헤맨다는 뜻이다. 예문에서 '지양'·'지향(志向)'·'지향(指向)'을 서로 교체할 수 없다.

지(止)는 '멈추다'라는 뜻을 가진 글자이다. 갑골[]은 발자국[]을 본뜬 것이며, 발걸음을 멈춘 뜻이었다. 금문[]과 소전[]을 거치면서 현재의 자형이 되었다. 《설문해자》에서 '터를 잡다'라고 풀이했는데, 초목이 자라고 터가 생겨나는 것을 형상화했다.[98] 처음 '발자국을 남기다'의 뜻으로부터 '자리 잡다, 위치하다'라는 개념이 파생된 것이다. 고대 유목 생활을 '멈추고' 정착하는 농경사회로 변화했다. '터전을 잡다'라는 뜻의 글자는 '址'(지)가 대신하게 되었고, '止'(지)는 '멈추다, 그치다'라는 뜻으로 굳어졌다. 다른 요소와 결합하여 글자를 만들 경우, 사람의 행동 또는 동작을 나타내어 '가다'[止=之]라는 뜻으로 활용되었다. 의미상 '가다'와 '멈추다'라는 상반된 개념을 지닌 글자이므로 활용에 유의해야 한다. 이외에도 '그만두다, 금지하다, 억제하다, 없어지다, 머무르다, 만류하다, 사로잡다, 이르다' 따위의 뜻이 파생되었다.

98) 止, 下基也. 象艸木出有址, 故以止爲足. 凡止之屬皆從止.

양(揚)은 '드날리다'라는 뜻을 가진 글자이다. 금문[揚:揚:揚]을 보면, 태양[日]과 제단[丁/王] 그리고 떠받드는 손[手]을 결합한 회의문자이다. 본래 태양을 숭배하는 의식행사의 장면을 형상화한 글자였다. 고대 태양을 향해 제물을 두 손으로 높이 들어 바치는 모습이다. 소전[揚]에서 자형이 변모했는데, 《설문해자》에서 '드날리다'라고 풀이했고, 고문자[敭]를 소개했다.99) 고문자[敭]는 햇볕이 제단 위에서 내리비치다[昜(양)]와 북을 치다[攴]를 결합한 글자이다. 즉 의식행사에서 칭송하는 장면을 형상화한 것이다. '높이 들다'라는 뜻은 '揭'(게)가 대신하게 되었고, '揚'은 '(하늘을) 날다, (바람에) 흩날리다, (불이) 세차게 타오르다' 따위의 뜻이 파생되었다. 따라서 지양(止揚)은 '멈춘 후에 드날리다'라는 뜻에서 더 높은 단계로 오르기 위해 어떠한 것을 하지 않음이다.

지(志)는 '뜻, 의지'라는 의미를 지닌 글자이다. 금문[志]에 처음 보이며, 가다[止]와 마음[心]을 결합한 형성문자이다. 본래 '가고자 하는 마음'이란 뜻으로 행동하는 이유를 내포했다. 소전[志]에 대해 《설문해자》에서 '의지'라고 풀이했다.100) 마음속으로 생각하는 의도를 형상화한 것이고, 이성적인 판단과 즉흥적인 망설임을 포함하는 '추구하는 마음'이다. '마음, 생각, 본심, 감정' 따위의 뜻이 파생되었다. 예서[志:志]에서 두 종류의 자형이 생겨났고, 해서[志]에서 현재의 자형으로 통일되었다. 글자의 구성은 벼슬아치[士]와 마음[心]이 결합한 형태이지만, 가다[止=之=㞢]를 변형하여 '士'(사)가 되었다. 본래의 의미를 이해하기 어렵게 만들었다. 이외에도 '기록(=誌), 뜻을 두다, 알다, 기억하다, 문체(文體)의 하나' 따위의 뜻이 파생되었다.

---

99) 揚, 飛擧也. 從手, 昜聲. 敭, 古文揚, 從攴.
100) 志, 意也. 從心, 㞢, 㞢亦聲.

향(向)은 '방향'이라는 뜻을 가진 글자이다. '경향-동향'에서 설명한 바 있다. 지향(志向)은 '생각의 방향'이라는 뜻에서 어떤 목표를 세우고 이루려는 의지를 말한다.

지(指)는 '손가락'이라는 뜻을 가진 글자이다. 전국시대 고문자[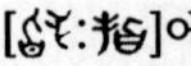]에 처음 보이며, 맛보다[旨]와 손[手]를 결합한 형성문자이다. 본래 '손짓'을 뜻했으나, '가리키는 방향'을 일컫는 글자였다. 손[手]의 위치가 앞쪽과 뒤쪽에 놓인 자형이 있었다. 소전[]에 이르러 현재의 자형으로 굳어졌다. 맛보다[旨]의 구성은 숟가락[匕]과 머금다[曰]의 결합이다. 맛을 보기 위해 숟가락을 핥는 모습이다. 대체로 '맛' 이외에 '깊은 뜻'이라는 의미로 사용되며, 취지(趣旨) · 교지(敎旨) · 종지(宗旨) · 요지(要旨) · 논지(論旨) 등이 대표적인 단어이다. 소전[]에 대해 《설문해자》에서도 '손가락'이라 풀이했다.[101] 손가락의 명칭은 '엄지'[巨指] · '검지'[食指] · '중지'[將指] · '약지'[無名指] · '소지'[小指]이다. '指'(지)에는 '손가락'이라는 뜻 이외에 '가리키다, 지시하다, 손짓하다, 곧두서다, 아름답다' 따위의 뜻이 파생되었다. 따라서 지향(指向)은 '손가락 방향'의 뜻에서 작정하거나 나아가려는 방향을 일컫는다.

101) 指, 手指也. 從手, 指聲.

◇ 진정한 사회통합은 사적 이기주의를 **지양(止揚)**하고 상호 존중하는 복지국가를 이룩하는 것이다.

◇ 전문성과 도덕성이 검증되지 않은 비선 실세들이 공기업 임직원으로 임명되는 악순환이 **지양(止揚)**될 것이다.

◇ 다문화 정책은 한국 문화만 강요하는 문제점을 극복하고 상대국 문화의 포용을 **지향(志向)**하는 데 있다.

◇ 한류는 전통문화와 현대문화의 공존을 **지향(志向)**하는 풍조이다.

◇ 야간 무대조명이 일시에 **지향(指向)**하는 곳은 한 마리의 새가 갇힌 새장이었다.

◇ 남해의 외딴 등대의 불빛이 어두운 밤바다를 **지향(指向)**하여 지나가는 배들의 안전 운항을 돕는다.

# ㅊ

### ◀ 차별(差別)-차이(差異)

| 차별(差別) | 둘 이상의 대상을 각각 등급이나 수준 따위의 차이를 두어서 구별하다. | 무시 |
|---|---|---|
| 차이(差異) | 서로 같지 아니하고 다름 | 비교 |

차별(差別)과 차이(差異)는 비교 대상을 서로 다르게 판단하거나 평가하는 동의어이다. 다만 '차별'은 어느 한쪽을 무시 또는 불이익을 주는 태도이다. 즉 '틀림'에 속한다. '차이'는 어느 한쪽이 가지고 있는 특성을 비교하는 표현이다. 즉 '다름'에 속한다. '차별'은 상반된 한쪽을 인정하지 않고 편향된 판단을 지칭한다. '차이'는 서로 다른 상태를 인정하고 구별하는 평가를 지칭한다. 인류 역사에서 근대까지 대부분 국가에서 '차별'을 정당화했지만, 현대 민주국가에서는 '차이'를 존중하고 '차별'을 배격하는 인권운동이 널리 퍼져있다. 백인-흑인, 남성-여성, 노인-소년, 경영자-노동자 등등 '차이'는 존재하지만 '차별'은 반(反)인권적이다. 영어로 바꾸면, '차별'은 죄의식을 부정하는 /discrimination/이고, '차이'는 다름의 /difference/이다. 그러나 동식물·사물·제도 등의 경우 '차이'에 따라 분류하고 '차별'에 따라 용어가 정해진다. 양성-음성, 암컷-수컷, 성숙-미숙, 강자-약자, 긍정-부정, 상급-하급 등등 이러한 구분하는 용어에서 '차이'와 '차별'은 유사한 개념이다.

(A) 한국의 교육제도는 성적에 따른 <u>차별</u>이 심한 편이다.

(B) 그들은 문화적 <u>차이</u>를 극복하고 행복하게 생활하고 있다.

예문(A)에서 '차별'은 개성과 적성 등 개별성을 인정하지 않는 문제점이 있음을 말한다. 비교할만한 단어를 전제하지 않았으므로 '차이'로 교체할 수 없다. 예문(B)에서 '차이'는 문화의 다름을 일컫는다. 어느 한쪽의

문화를 무시하거나 억압한 상황이라면 '차별'로 교체해도 무방하다.

차(差)는 '어긋나다(격차)'라는 뜻을 가진 글자이다. 금문[:[illegible]:[illegible]]에 처음 보이며, 이삭[来]과 손[又]과 도구[工/二]를 결합한 회의문자이다. 본래 곡물을 수확하여 '탈곡하다'라는 뜻이었다. 전국시대 고문자[[illegible]:[illegible]]의 모양으로 보면 윗부분은 '麥'(보리 맥)과 닮았고, 아랫부분은 탈곡기의 도구[工] 또는 좌우[左右]의 형태를 형상화했다. 좌우 방향과는 무관하며 손과 탈곡하는 도구를 병합한 형태이다. '탈곡하다'의 뜻은 '搓'(차)가 대신하였다. 소전[[illegible]]에 대해 《설문해자》에서 '다르다'라고 풀이했다.102) 이후 《광아(廣雅)》103)에서 '찧다'[磨]라고 풀이했는데, 금문과 고문자 기준으로 뜻을 풀이했다. 《설문해자》의 뜻으로부터 '어긋나다, 견주다, 가리다, 틀리다' 따위의 뜻으로 파생되었다. 이외에도 '(병이) 낫다, (사신을) 보내다, 기이하다, 뒤섞이다, 슬퍼하다, 지나치다, 약간' 따위의 뜻으로 확장되었다.

별(別)은 '구별하다'라는 뜻을 가진 글자이다. '구별-구분'에서 설명한 바 있다. 차별(差別)은 '어긋나게 구별하다'라는 뜻에서 둘 이상의 대상을 각각 등급이나 수준 따위의 차이를 두어서 구별하는 것을 일컫는다.

이(異)는 '다르다'라는 뜻을 가진 글자이다. 갑골[[illegible]:[illegible]:[illegible]]과 금문[[illegible]:[illegible]:[illegible]]을 보면, 가면[田]과 두 손[[illegible]]과 사람[大]을 결합한 회의문자이다. 본래 평범한 모습이 아닌 '가면을 쓴 사람'이라는 뜻이었다. 고대 제사장이나 무당은 치장한 모습을 갖추고 화려한 복장을 했다. '異'(이)는 일

---

102) 差, 貳也. 差不相値也. 從左, 𥳑文差從二.

103) 《광아(廣雅)》: 삼국시대 위(魏)나라 장읍(張揖)이 편찬한 백과사전류 서적이다. 한대(漢代) 학자들이 중국의 최초 자전(字典) 《이아(爾雅)》를 집록(集錄)했는데, 그 부족한 내용을 보충한 훈고서(訓詁書)의 성격을 띠고 있다.

반적인 인간 본연의 모습이 아니므로 '괴이하다, 이상야릇하다'라는 뜻으로 통용되었다. 소전[𢍰]에 대해 《설문해자》에서 '나누다'라고 풀이했다.104) 이것은 가면[田]을 구역[口]과 경계[十]의 결합으로 '밭의 경계, 이랑'으로 해석한 것이다. 두 손[𦥑]은 '양측, 쌍방'이며, 사람[大]은 '바라보다'[兀]이다. 밭의 이랑을 쌍방이 보는 앞에서 '나누다'라는 글자이며, 쌍방[廾]과 주다[畀]에서 뜻을 풀이했다. 일설에는 '田'을 광주리 또는 항아리라고 설명하며, 두 손으로 '갖다 바치다'라는 글자라고 주장한다. 그러나 '異'(이)는 '나누다, 나누어 주다, 갖다 바치다'의 뜻으로 사용한 사례가 드물다. 대체로 《설문해자》에서 '나누어 주다'는 뜻은 땅의 구역을 나누어 소유권이 '다르다'라는 뜻이 널리 통용되었다고 본다. 현재의 자형은 밭[田]과 모두[共]의 결합이지만, 고문자의 획수를 간략화한 형태일 뿐이다. '괴이하다, 다르다' 이외에 '뛰어나다, 진귀하다, 우대하다, 거스르다, 그 밖의, 재앙' 따위의 뜻이 파생되었다. 따라서 차이(差異)는 '어긋나고 다르다'라는 뜻에서 서로 같지 아니하고 다른 성질 또는 특성을 일컫는다.

◇ 유럽과 미국에서 백인종은 피부색이 다르다는 이유로 다른 인종을 **차별(差別)**하는 경향이 남아있다.

◇ 노동부는 임금 채용, 승진 등에 있어서 남녀를 **차별(差別)**하는 기업에 대해서는 사법 조치하겠다고 밝혔다.

◇ 학력에 대한 편견과 **차별(差別)**이 사회 저변에 깔려 있어서 능력위주의 인재선발을 방해하는 원인이다.

---

104) 異, 分也. 從廾, 從畀. 畀, 予也. 凡異之屬皆從異.

◇ 소설을 영화화할 경우 감독과 배우에 따라 원작과는 많은 **차이(差異)**가 생기기 마련이다.

◇ 우리는 나이 **차이(差異)**가 꽤 나지만 서로 장단점을 이해하고 보살펴주는 친구가 되었다.

◇ 문화는 고유성의 **차이(差異)**로서 각기 특성이 있을 뿐 우열을 가리는 것은 있을 수 없다.

## ◀ 참가(參加)-참여(參與)-참석(參席)

| 참가(參加) | 모임이나 단체 또는 일에 관계하여 들어가다. | 소속 |
|---|---|---|
| 참여(參與) | 어떤 일에 끼어들어 관계하다. | 역할 |
| 참석(參席) | 모임이나 회의 따위의 자리에 참여하다. | 출석 |

어떤 모임이나 행사에 동참하게 되는 경우, 참가(參加)와 참여(參與)는 다소 의미상 차이가 있다. 참석(參席)은 그 모임 또는 행사에 직접 출석했음을 일컫는다. '참가'는 모임의 구성원으로서 동참이고, '참여'는 모임에서 부여받은 역할을 하는 경우이다. 구성원이면서 역할을 했다면 '참가'와 '참여' 중 어떤 것을 사용해도 어색하지 않다. 화용론 측면에서 보면, '참가'는 소속감을 강조하는 단어이고, '참여'는 적극적인 역할을 강조하는 단어이다. 《훈민정음 사전》에서, '참가'는 일회적인 행사나 집회, 또는 전쟁 등에 나가 그것에 관계된 일을 하는 것이다. '참여'는 꾸준히 지속해야 하는 공적인 일이나 사회적인 운동 등에 관여하여 그것에 도움 주는 일을 하는 것이다. '참석'은 어떤 모임에 가서 단순히 그곳에 있는 상태를 일컫는다. 다음은 국립국어원에서 제시한 예문이다.

(A) <u>참가</u> 대상 / 전원 <u>참가</u> / <u>참가</u>에 의의가 있다.

(B) 홍보 부족인지 사람들의 <u>참여</u>가 너무 적었다.

(C) 선약이 있어서 그 모임에 <u>참석</u>이 어렵게 되었다.

예문(A)에서 '참가'는 소속된 인원이 동참하는 것이다. '참여'로 교체하면, 모임을 주도하거나 진행하는 인원이라는 뜻이 내포된다. '참석'으로 교체할 경우, 핵심 구성원을 뜻하여 자연스럽다. 예문(B)에서 '참여'는 모임이나 행사에서 주축이 되는 구성원을 말한다. '참가'로 교체하면 뭔가 어색한 느낌을 준다. 예문(C)에서 '참석'은 행사의 관계자로서 출석한 상태이다. 문맥에 따라 '참가'와 '참여'로 교체할 수 있다.

참(參)은 '참여하다'라는 뜻을 가진 글자이다. 갑골[[illegible]]에 처음 보이며, 비녀[厽]와 사람[人]을 결합한 회의문자이다. 본래 '머리를 가다듬다'라는 뜻이었다. 현재 비녀의 뜻은 '簪'(잠)이 대신하고 있는데, '參'(참)의 상고음(上古音)과 연관성이 있다. 고대 모계사회를 배경으로 생성된 글자이며, 신분이 높은 여성이 모임에 참가하기 위해 올림머리를 하는 모습을 형상화한 부호였다. 금문[[illegible]:[illegible]:[illegible]:[illegible]]은 앉은 자세와 꾸미다 또는 빛나다[彡]의 요소를 추가하거나, 또는 밝다[晶]는 의미 요소로 변모한 자형들이 통용되었다. 이것은 '參'(참/삼)의 독음(讀音)과 훈고(訓詁)에 변화가 생겼음을 알 수 있다. 첫째, 갑골을 계승하여 '참'으로 발음하며 '참여하다' 또는 '살피다'라는 뜻을 유지했다. 둘째, 겨울 밤하늘에 밝게 빛나는 3개의 별자리 오리온성운(Orion's Belt)105)을 지칭하며, '삼'으로

---

105) 오리온자리에 있는 성간 가스(星間gas)와 성간진(星間塵)으로 이루어진 성운(星雲). 지구에서의 거리는 약 1,500광년 떨어져 있으며, 망원경으로 보면 큰 물고기가 입을 벌리고 있는 모양이다. 2월 초순에 가장 환하게 비추며, 헤어진 사람 사이에 그리움을 상징하는 별자리로 알려져 있다.

발음하며 '셋' 또는 '별/식물의 이름'의 뜻이다. 전국시대 고문자[:]를 보면, 두 가지 음과 뜻을 가진 금문의 자형들을 계승하고 있다. 소전[]에 대해 《설문해자》에서 '별을 헤아리다'라고 풀이했는데, '晶'(정) 부수로 분류하고, ''(참여하다)을 축약형 문자라고 설명했다.[106] 이것은 이전의 두 가지 독음 중에서 '삼'을 선택했는데, '三'(삼)의 갖은자 사례에 편중된 견해이다. 현재 부수는 '厶'(마늘 모)이며, 예서[参]로 자형이 통일된 이후 두 가지 음과 뜻이 남아있다. 공자의 제자 증자(曾子)의 이름이 '參'인데, 증삼(Zēng Shēn:중국) 또는 증참(Zēng Cān:한국) 모두 사용하게 되었다. 앞서 설명한 뜻 이외에, '참'의 경우, '간여하다, 뒤섞다, 가지런하다, 뵙다, 높다, 가지런하지 않다, 무리' 따위의 뜻이 파생되었다. '삼'의 경우, '셋, 별 이름, 식물명(=蔘), 긴 모양' 따위의 뜻으로 파생되었다.

가(加)는 '더하다'라는 뜻을 가진 글자이다. '가공(加工)-가공(架空)'에서 설명한 바 있다. 참가(參加)는 '무리에 가담하다'라는 뜻에서 모임이나 단체 또는 일에 관계하여 소속원이 되는 것을 일컫는다.

여(與)는 '같이하다'라는 뜻을 글자이다. 금문[:]에 처음 보이며, 맞들다[臼+廾=舁]와 교환하다[与]를 결합한 회의문자이다. 본래 서로 협력하여 '식량을 건네다'라는 뜻이었다. 고대 생활환경이 매우 어려웠고, 생존을 위해 다양한 곡물에 대해 물물교환이 성행했다. 일설에는 '교환하다'의 '与'(여)를 '맞물리다'의 '牙'가 변형된 형태라 주장한다. 또 다른 견해는 숟가락[勺]에 물건[一]을 덧붙인 형태라고 주장한다. 그러나 전국시대 고문자[:]를 보면 '교환하다'[与]에 더 가까운 모양이며, 갑골문자를 다듬은 자형이다. 소전[]에 대해 《설문해자》에서 '한편이 되다'

106) , 商星也. 從晶, 㐱聲. , 或省.

라고 풀이했고, 고문자[□]를 소개했다.[107] '與'(여)는 물물교환의 장면을 형상화한 글자이며, 곡물·음식·상아·도구 등 생필품을 교환하는 뜻이다. 이에 '주다, 같이하다'라는 뜻으로 사용되었다. 이외에 '허락하다, 간여하다, 돕다, 기리다(=譽), 기록하다, 따르다, 의심하다, 무리, 만일, 미리, 및(과/와)' 따위의 뜻이 파생되었다. 따라서 참여(參與)는 '한편이 되다'라는 뜻에서 어떤 일을 주도하거나 진행하는 구성원으로서 관계하는 것을 일컫는다.

석(席)은 '자리'라는 뜻을 가진 글자이다. 전국시대 고문자[□:□]에 처음 보이며, 그늘/건물[厂/广]과 천/깔개[巾/□]를 경합한 회의문자이다. 깔개[□]는 사탕수수[甘蔗]의 '甘'의 축약형과 천[巾]을 결합한 '방석'을 말한다. 갑골[□]은 갈대나 대나무로 만든 '방석'을 본뜬 상형문자이다. 고대 앉는 자세는 땅바닥에 무릎을 꿇고 엉덩이를 뒤꿈치에 붙이는 일본식 정좌(正座)였다. 오래 앉아 있으면 다리나 발이 저려 쥐가 난다. 섬서성(陝西省) 일대에는 쪼그려 앉는 자세에 습관화되어 있는데, 다른 지역에서는 연회의 손님 자리에 '방석'을 안배하여 편하게 앉게 했다. 소전[□]에 대해 《설문해자》에서 '자리'라고 풀이했고, 고문자[□]을 소개했다.[108] '앉는 자리, 방석, 깔개' 이외에 '지위, 돗자리, 앉음새, 베풀다, 의뢰하다, 돛' 따위의 뜻이 파생되었다. 따라서 참석(參席)은 모임에서 '앉는 자리'라는 뜻에서 지정된 자리에 앉게 되는 출석의 상태를 강조하는 단어이다.

---

107) □, 黨與也. 從舁, 從与. □, 古文與.
108) 席, 藉也. 《禮》天子諸侯席, 有黼繡純飾. 從巾, 庶省聲. 㐺, 古文席, 從石省.

◇ 이벤트에 **참가(參加)**를 희망하는 사람들은 이번 주말까지 신분증을 지참하고 신청할 수 있다.

◇ 대규모의 해외 건설 공사에 우리나라와 외국의 기업이 컨소시엄을 구성하여 **참가(參加)**하기로 했다.

◇ 한국의 어린 피아니스트들은 유럽의 국제적인 콩쿠르에 **참가(參加)**하여 여러 차례 입상했다.

◇ 동북아시아의 미래산업 심포지엄에 IT분야를 선도해온 중소기업들이 대거 **참여(參與)**했다.

◇ 지난 주말에는 약 백만 명에 가까운 시위자가 **참여(參與)**한 대규모 집회가 열렸다.

◇ 지방 자치 제도가 활성화되어 지방 시민의 연대 의식과 정치 **참여(參與)**가 폭넓게 확장되고 있다.

◇ 세계 저명한 학자들이 21세기 문화교류의 중요성을 알리기 위해 한류 문화 행사에 **참석(參席)**했다.

◇ 나는 친구의 결혼식 **참석(參席)**을 위해 폴란드로 갔다.

## ◀ 체계(體系)-체제(體制)-체재(體裁)

| | | |
|---|---|---|
| 체계(體系) | 일정한 원리에 따라서 낱낱의 부분이 짜임새 있게 조직되어 통일된 전체 | 방식 |
| 체제(體制) | ① 정치 원리에 바탕을 둔 국가 질서의 전체적 경향<br>② 각 부분이 목적에 맞도록 유기적으로 통일된 전체 | 성격 |
| 체재(體裁) | 생기거나 이루어진 틀, 또는 그런 됨됨이 | 형식 |

하나의 객관적인 대상을 두고 체계(體系)·체제(體制)라는 두 단어는 발음과 의미가 비슷하여 혼동하기 쉽다. 한편 체재(體裁)는 '체제'보다 규모가 작은 단위 즉 하위개념이다. 사전적 의미로 보면, '체계'와 '체제'는 전체를 지칭하는 유의어이다. 그러나 '체계'는 전체의 내부가 어떤 방식으로 이루어졌는가를 말한다. '체제'는 전체의 외부가 어떤 성격을 띠고 있는가를 말한다. 즉, '체계'가 내부를 강조하는 개념이라면, '체제'는 외부를 강조하는 개념이다. 국립국어원에서 제시한 예문을 보면,

(A) **체계**가 잡히다. / **체계**를 세우다. / 정보 통신 **체계**를 마련하다.

(B) 냉전 **체제**가 다시 형성되다. / 새로운 지도 **체제**가 들어서다.

(C) 작품의 구성과 **체재** / **체재**에 구애되지 않다.

예문(A)에서 '체계'는 내부 통제 방식을 일컫는다. 짜임새 있게 조직된 내부이므로 '체제'로 바꿀 수 없다. 예문(B)에서 '체제'는 외부로 드러난 성격을 일컫는다. 유기적 질서의 경향이므로 '체계'로 교체할 수 없다. 예문(C)에서 '체재'는 외부로 드러난 성격이지만, 작품에 국한된 경향을 일컫는다. 개별적인 단위이므로 '체계'와 '체제'로 바꿀 수 없다.

체(體)는 '몸통'이라는 뜻을 가진 글자이다. 금문[]에 처음 보이며,

몸의 구조[身]와 그릇을 채우다[豊]를 결합한 회의문자이다. 본래 '몸의 성장이 완성되다'라는 뜻을 나타낸 글자였다. 전국시대 고문자[軆:軆:體]에서 앞부분이 뼈대[骨] 또는 살[肉]로 변모한 자형들이 출현했다. '軆·𣍯·體' 등 다양한 자형이 통용되었다. 소전[體]에 대해 《설문해자》에서 '12개의 신체구조'라고 풀이했다.109) 사람의 신체구조에서 중요한 부위를 밝히고 있지 않지만, 팔다리를 포함하여 '온전한 사람'의 조건이라 생각한 것 같다. 한대(漢代) 예서[體:體]에서 소전체 자형을 계승하여 현재에 이른다. 송대(宋代) 전후하여 속자인 '体'(체/분) 자형이 통용되었다. 속자는 두 가지의 음과 뜻으로 사용했는데, '體'(체)의 축약형과 '笨'(분)의 이체자였다. 현재 자형의 구성을 보면, 뼈[骨]와 풍성함[豊]을 결합한 회의문자이다. 풍성함[豊]은 제기[豆]와 제물[𡳾]의 결합이며, 곡물이나 고기를 바치는 제례(祭禮)를 뜻한다. '體'(체)는 예법에 맞는 행동거지의 뜻이 내포된 '성인'을 일컫는다. '몸통, 신체, 성인' 이외에 '몸소, 형상, 근본, 격식, 물체, 서체, 체득하다, 알아주다, 생각하다' 따위의 뜻이 파생되었다.

계(系)는 '잇다'라는 뜻을 가진 글자이다. 갑골[系:系]에 처음 보이며, 연결하다[爪]와 실[糸]을 본뜬 상형문자이다. 본래 '연결하다, 잇다'라는 뜻을 형상화한 글자였다. 금문[系:系]에도 갑골을 계승하여 두세 가닥의 실타래를 연결하는 형태가 유지되었다. 소전[系:系]에 대해 《설문해자》에서 '엮다' 또는 '매다'라고 풀이했다.110) 갑골과 금문의 자형에서 실을 연결하는 손 모양[爪]이 'ノ' 또는 '厂' 형태로 축약되었다. '系'(잇다)는 '係'(-갈래) 또는 '繫'(-매달다) 등과 함께 통용되면서 의미상 차이를 보이

---

109) 體, 總十二屬也. 從骨, 豊聲.
110) 系, 繫也. 從糸, ノ聲. 凡系之屬皆從系. 䲣, 系或從毄、處. 𦃇, 籒文系, 從爪, 絲.(徐鍇本) 系, 縣也. 從糸, 厂聲. 凡系之屬皆從系. 䲣, 系或從毄、處. 𦃇, 籒文系, 從爪, 絲.(段玉裁本)

지 않았다. 그러나 현대에 이르러 세 글자의 활용을 구별하고 있다. '系'는 계통(系統)·계보(系譜)·세계(世系) 등 '연결되다, 잇다'라는 뜻으로 사용된다. '係'는 관계(關係)·계장(係長)·계수(係數) 등 '갈래'의 뜻으로 사용된다. '繫'는 연계(連繫)·계류(繫留)·계사(繫辭) 등 '얽매인 상태'의 뜻으로 사용된다. 이외에 '묶다, 얽다, 매달다, 줄, 혈통, 핏줄, 죄수, 실마리' 따위의 뜻으로 파생되었다. 체계(體系)는 '물체의 내부 계통'의 뜻에서 일정한 원리에 따라서 낱낱의 부분이 짜임새 있게 조직되어 통일된 전체를 일컫는다. 즉 전체를 구성하는 내부를 강조한다.

제(制)는 '만들다'라는 뜻을 가진 글자이다. '제약-제한'에서 설명한 바 있다. 체제(體制)는 '물체가 만들어진 외부'의 뜻에서 각 부분이 원리 또는 목적에 맞도록 유기적으로 통일된 전체를 일컫는다. 즉 외부로 나타난 성격이다.

재(裁)는 '자르다'라는 뜻을 가진 글자이다. '결재-결제'에서 설명한 바 있다. 체재(體裁)는 '물체의 토막'의 뜻에서 부분적으로 통일된 형식을 일컫는다. 즉 부분적으로 나타난 성격이며, '체제'의 하위 개념이다.

◇ 이사(李斯)는 한비자(韓非子)의 법가사상을 계승하여 법치의 **체계(體系)**를 현실정치에 실험한 인물이다.

◇ 현대 기업경영의 핵심 요점은 업무를 최대한 빠르게 처리하는 성과 위주의 **체계(體系)**를 확립하는 것이다.

◇ 각종 변이 바이러스가 창궐하여 세계 모든 나라는 인간의 면역 **체계(體系)**에 비상한 관심을 기울이고 있다.

◇ 세계정세는 무역전쟁과 자원외교에 의해 국가 이기주의 **체제(體制)**를 구축하는 경향이 뚜렷하다.

◇ 북한에서는 독재 **체제(體制)**를 비판하는 문인과 예술인을 1급 정치범으로 분류하여 숙청했다.

◇ 개인용 컴퓨터에서 여러 작업을 동시에 제어하는 새로운 운영 **체제(體制)**가 환영받고 있다.

◇ 한국과 일본은 긴밀한 협조 **체재(體裁)** 아래 북한과의 관계 정상화를 위한 노력을 해야 할 것이다.

◇ 신문에 연재된 내용의 글이라도 단행본의 편집 **체재(體裁)**에 따라서 전혀 다른 느낌이 든다.

◇ 유명한 소설을 뮤지컬로 각색하여 등장인물 사이에 갈등하는 장면이 극적 **체재(體裁)**로 승화되었다.

## ◀ 체념(諦念)-포기(抛棄)-단념(斷念)

| 체념(諦念) | 희망을 버리고 아주 단념하다. | 성찰 |
|---|---|---|
| 포기(抛棄) | ① 하려던 일을 도중에 그만두어 버리다.<br>② 자기의 권리나 자격, 물건 따위를 내던져 버리다. | 중단 |
| 단념(斷念) | 품었던 생각을 아주 끊어 버리다. | 결심 |

인생은 끊임없는 선택과 결정을 하는 드라마와 같다. 어떤 일에 대해 불가능을 판단하고 그만두는 결정을 '단념(斷念)'이라 한다. 희망과 현실의 괴리 속에 스스로 불가능함을 깨닫고 '단념'하는 것은 '체념(諦念)'이다. 목표를 설정하고 추구하다가 상황 또는 여건에 의해 중단하는 것은 '포기(抛棄)'이다. '체념'과 '포기'는 모두 '단념'의 개념에 포함된다. 내면적인 이유로 '단념'한다면 '체념'에 가깝고, 외부적인 여건으로 '단념' 한다면 '포기'에 가깝다. '체념'은 내면적인 성찰과 고통을 수반하지만, '포기'는 외부적인 힘에 굴복하거나 중단하는 태도이다.

(A) 시간이 흐를수록 오랜 침묵은 체념으로 변했다.

(B) 가난 때문에 희망을 포기하는 것은 어리석은 짓이다.

예문(A)에서 '체념'은 내면적인 고민의 결과이다. '단념'과 교체해도 무방하지만, '포기'로 교체하면 외부적인 압력과 여건이 전제되어야 한다. 예문(B)에서 '포기'는 외부적인 상황 때문에 그만두는 것이다. '단념'과 교체해도 무방하지만, '체념'으로 교체하면 외부적인 요인[가난]이 전제되었기 때문에 부자연스럽다. '체념'은 세상의 이치나 운명 등 본질적 개념을 깨닫고 스스로 받아들이는 마음이다. '포기'는 주변 환경이나 비교 대상 등 구체적 압박감을 느끼고 자포자기하는 마음이다. '체념'은 자아를 알게 되었기 때문이고, '포기'는 대상의 힘을 알게 되었기 때문이다.

체(諦)는 '살피다'라는 뜻을 가진 글자이다. 소전[䛢]에 처음 보이며, 말씀[言]과 최고급[帝]을 결합한 형성문자이다. 본래 타인에게 전달하는 말의 수준이 자세하고 설득할 수 있는 단계를 뜻했다. 고대 '帝'(제)는 하늘과 땅의 이치를 깨달은 최고 권위의 통치자이며, 신중한 통찰력을 갖춘 명령을 내려 만인을 지배했다. 제왕은 하늘과 자연의 변화를 살펴 인간의 말로 설명하고, 국가를 운영하는 권위를 갖추게 된다. '諦'(체)에 대해 《설문해자》에서 '자세히 알다'라고 풀이했다.[111] 스스로 객관 대상에 대해 철저하게 통찰하고 그 한계를 깨닫는 것을 말한다. '살피다, 깨닫다' 이외에 '진실, 이치'의 뜻이 내포된 글자이다.

념(念)은 '생각'이라는 뜻을 가진 글자이다. '우려-염려'에서 설명한 바 있다. 체념(諦念)은 '살펴서 생각하다'라는 뜻에서 가능하지 않은 것을 깨닫고 마음을 비웠음을 의미한다. '단념'보다 진지한 성찰이 내포된 단

111) 諦, 審也. 從言, 帝聲.

어이다.

포(抛)는 '던지다'라는 뜻을 가진 글자이다. 소전[拋]에 처음 보이며, 손[扌]과 구부리다[尢=尤]와 힘[力]을 결합한 회의문자이다. 본래 손으로 물건을 잡고 힘껏[拋] 던지는 동작을 형상화했다. 《설문해자》에서 '버리다'라고 풀이했다.112) 주로 '던지다, 버리다, 집어던지다, 던져 버리다'의 뜻으로 사용된다. '던지다'의 '投'(투)는 일정한 궤도나 방향으로 '던지는' 것인데, 본래 '두드리다, 치다'에서 유래한 글자였다.

기(棄)는 '버리다'라는 뜻을 가진 글자이다. 갑골[棄:棄]의 모양은 갓난아기[子]·양수[丷]·삼태기[𠀠]·두 손[廾] 등으로 구성된 복잡한 요소들이 결합한 회의문자이다. 본래 죽은 아기를 버리는 장면을 형상화했고, '버리다'라는 의미를 표현했다. 금문[棄:弃]과 소전[棄]에서도 갑골의 자형을 축약한 형태를 유지했다. 《설문해자》에서 '(숫자가) 줄다'라고 풀이했고, 고문자[弃]와 주문(籀文)[棄]이 수록되어 있다.113) 생명을 잃거나 온전하지 않은 물건을 빼는 경우까지 포함하는 의미로 사용되었다. 현재의 자형[棄]은 두 손[廾] 대신 나무[木]로 교체되어 본래의 뜻을 알기 어렵게 되었다. '버리다, 줄다' 이외에 '그만두다, 돌보지 않다, 꺼리어 멀리하다, 물리치다, 잊다' 따위의 뜻이 파생되었다. 포기(抛棄)는 '던져 버리다'라는 뜻으로부터 일·물건 및 권리·자격을 중도에 그만두는 의미이다. "중도에 하차하다." 또는 "중단하다"와 같다.

단(斷)은 '끊다'라는 뜻을 가진 글자이다. '단절-두절'에서 설명한 바 있다. 단념(斷念)은 '생각을 끊다'라는 뜻으로부터 그동안 마음속에 품어왔던 생각이나 계획을 더이상 갖지 않게 되는 것이다.

---

112) 抛, 棄也. 從手, 從尤, 從力, 抛, 或從手.

113) 棄, 捐也. 從廾, 推𠦒棄之, 從𠫓. 𠫓, 逆子也. 弃, 古文棄. 棄, 籀文棄.

◇ 기득권의 반칙과 불법에 대해 시민들이 묵인하고 **체념(諦念)**하였다면 정의로운 세상은 오지 않았을 것이다.

◇ 의사는 분명히 회복 가능하다고 말했지만, 중환자는 **체념(諦念)**하며 생기를 잃은 것 같다.

◇ 문화의 오락성은 정치와 사회 현실에 무관심해지고 미래에 대한 희망을 쉽게 **체념(諦念)**하는 결과를 초래했다.

◇ 등산하는 버릇이 몸에 박여 이제는 **포기(抛棄)**할 수 없다.

◇ 교통사고로 다리를 심하게 다쳐서 당분간 비보이 동작을 **포기(抛棄)**하고 공연 구경만 했다.

◇ 정치에 대한 환멸감으로 그는 의원직을 **포기(抛棄)**하고 고향으로 내려가 농사를 지었다.

◇ 우리 대표팀이 비록 한 번 패하긴 했으나 예선 통과를 **단념(斷念)**하기에는 너무 성급하다. (≠체념, ≑포기)

◇ 기적에 가까운 행운을 믿지 않는 현명한 사람은 누구보다 **단념(斷念)**이 빠른 편이다. (≑체념, ≠포기)

## ◀ 취미(趣味)-취향(趣向)

| 취미(趣味) | 전문적으로 하는 것이 아니라 즐기기 위하여 하는 일 | 습관 |
|---|---|---|
| 취향(趣向) | 하고 싶은 마음이 생기는 방향/경향　=기호(嗜好) | 선택 |

사람은 누구나 직업을 갖고 금전적 성취를 얻으며 살아간다. 전문적인 활동은 직업이나 가업으로 생활의 필수요건인데, 여가 활동은 개인적인 재미와 만족을 위한 생활의 선택사항이다. 자신만의 즐거움을 주는 것을 '취미(趣味)' 또는 '취향(趣向)'이라고 한다. '취향'은 즉흥적으로 마음이 생겨나는 선택이고, 상황에 따라 변할 수 있는 반응이다. '취미'는 정기적으로 흥미를 느끼는 습관이고, 성취에 따라 만족감이 채워지는 즐거움이다. '취향'은 '취미'가 되기 이전의 상태이므로 두 단어를 혼동하기 쉽다. 여러 물건 중에 선택하고 구매하는 단계는 '취향'의 영역이다. 그 물건을 이용하고 만족감을 느끼는 단계는 '취미'의 영역이다.

(A) 3개월 전부터 바둑을 취미로 삼는 동아리에 활동 중이다.

(B) 여러 물감이 준비되어 있으니 취향에 따라 골라 그려보세요.

예문(A)에서 '취미'는 오랜 시간 재미와 흥미를 느끼는 습관이다. 여러 동아리 중에서 선택하는 단계였다면 '취향'으로 바꿀 수 있지만, 일정한 기간[3개월]이 전제되어 있으므로 교체하면 어색하다. 예문(B)에서 '취향'은 여럿 중에 즉흥적으로 선택하는 개인적인 반응이다. '취미'로 교체할 수 없고, 비슷한 뜻을 가진 기호(嗜好)와 바꾸어 쓸 수 있다.

취(趣)는 '추구하다'라는 뜻을 가진 글자이다. 금문[]에 처음 보이며, 달리다[走]와 획득하다[取]를 결합한 형성문자이다. 본래 목표를 성취하기 위해 달리는 '목표 지향'의 뜻이었다. 전국시대 고문자[:]를 거쳐 소전[]에 이르기까지 금문의 자형을 계승했다. 고대 '取'(취)는 전쟁에

서 적의 왼쪽 귀를 잘라 전리품으로 삼았던 풍습에서 유래한 글자이다. '趣'(취)에서는 목표로 삼는 대상을 의미하며, '추구하다'라는 뜻을 나타낸 것이다. 《설문해자》에서 '빠르다'라고 풀이했다.114) 한대(漢代) 전후 '빠른 속도' 또는 '다급한 재촉'의 뜻으로 사용되었다. '빠른 전파력'[趣襲], '세금 징수의 독촉'[趣民收斂], '빠른 집행'[趣執] '바쁜 복역'[趣役] 등. 당송대(唐宋代) 전후 '깊은 의미' 또는 '흥겨운 느낌'의 뜻으로 확장되었다. '폭넓은 의도'[以博其趣], '의미부여'[趣寄], '뜻을 살리다'[養趣], '멋스러움'[趣尙] 등. '趣'(취)에는 두 종류의 뜻이 널리 유포되어 활용되었는데, '빠르다'라는 뜻은 글자의 앞부분 '走'(주)에 비중을 둔 사례이고, '의미'라는 뜻은 뒷부분 '取'(취)에 초점을 둔 사례이다. 현대 국어에서는 '趣'(취)는 '취미'와 '취향' 이외에 '취지(趣旨)·정취(情趣)·흥취(興趣)' 등 일부 단어에 활용되며, '의미' 또는 '재미'를 뜻한다.

미(味)는 '맛'이라는 뜻을 가진 글자이다. '의미-의의'에서 설명한 바 있다. 취미(趣味)는 '추구하는 맛'이라는 뜻에서 전문적인 직업 이외에 즐거움을 주는 일을 습관적으로 하다는 뜻이다.

향(向)은 '방향'이라는 뜻을 가진 글자이다. '경향-동향'에서 설명한 바 있다. 취향(趣向)은 '추구하는 방향'이라는 뜻에서 즉흥적인 반응이나 하고 싶은 마음이 생기는 선택을 일컫는다.

◇ 직장 동료들도 전문적인 공통 분야에서 함께 일하지만, 다양한 **취미(趣味)**를 가지고 있다.

◇ 특별히 **취미(趣味)**는 없으면서 학과목 성적만 전체적으로 높을 만큼 학교생활은 제대로 하는 친구였다.

114) 趣, 疾也. 從走, 取聲.

◇ 타인의 소중한 **취미(趣味)** 활동에 대해 이러쿵저러쿵 시비를 거는 것은 예의에 어긋나는 일이다.

◇ 대중음악 역사를 보면 시대와 세대에 따라 음악적 **취향(趣向)**이 천차만별의 변화를 거쳐왔음을 알 수 있다.

◇ 변화하는 구매자의 **취향(趣向)**에 맞춰 고객센터 직원도 이제 전문성을 높일 필요가 있다.

◇ 창의적인 신제품 개발보다 사람들의 **취향(趣向)**에 맞추어 주문에 따라 제작하기로 했다.

## ◀ 치료(治療)-치유(治癒)

| 치료(治療) | 병이나 상처 따위를 잘 다스려 낫게 하다. | 질병 |
|---|---|---|
| 치유(治癒) | 치료하여 병을 낫게 하다. | 회복 |

사람의 신체는 외부 상처나 내부 질병이 발생하면 정상적인 활동이 힘든 장애를 느낀다. 이러한 고통스러운 아픔을 낫게 하는 것을 '치료(治療)' 또는 '치유(治癒)'라고 한다. 일반적으로 두 단어의 차이점은 물리적인 의료기술로 낫게 되면 '치료'라고 하고, 정신적인 심리작용으로 낫게 하면 '치유'라고 한다. 화용론 측면에서 질병을 고치는 '치료'의 단계를 거쳐 심리적 안정 기간을 '치유'라고 일컫기도 한다. 직접 시술하는 외과(外科)와 약물에 의한 내과(內科), 그리고 정신 질환을 해소하는 정신과(精神科)는 모두 '치료'를 하는 곳이다. '치료' 이후에 발생하는 정서적 압박감이나 심리적 불안 등을 벗어나게 하는 음악·음식·운동·격리 따위의 방식은 '치유'라고 한다. '치료'는 의사나 약사와 같이 발병의

원인을 제거하는 의학적 기술에 의존한다. '치유'는 일정한 운동이나 자연적 현상 등을 통해 건강한 상태로 돌아오게 하는 데 목적이 있다.

(A) 코로나 감염이 재유행하여 백신 접종이 완벽한 <u>치료</u>는 아니다.

(B) 전원생활은 <u>스트레스</u>를 겪는 사람을 <u>치유</u>하는 효과적인 방법이다.

예문(A)에서 '치료'는 감염병 예방을 위해 사용되는 약물 투약을 일컫는다. 감기처럼 호흡기의 감염 증상으로 콧물·인후통·기침·두통·근육통을 유발한다. 바이러스 면역력을 높이기 위해 매년 예방주사를 맞는다. 그러나 코비드-19 바이러스는 백신이 완벽하지 않아 예방접종만으로 '치료'할 수 없는 신종 감염병이다. 약물에 의한 의학적 기술이므로 '치유'로 바꿀 수 없다. 예문(B)에서 '치유'는 정신적 장애를 다스리는 방법을 일컫는다. 마음의 안정과 정신의 건강을 회복하는 것이므로 '치료'로 바꿀 수 없다.

치(治)는 '다스리다'라는 뜻을 가진 글자이다. 전국시대 고문자[治]에 처음 보이며, 물[氵]과 제방[台]을 결합한 회의문자이다. 본래 범람하는 강물을 제어하여 '바로잡다'를 뜻하는 글자였다. 소전[治]에 대해 《설문해자》에서 '이수'(治水, 강물 이름)라고 풀이했다.[115] 현재 산동성(山東省) 초원시(招遠市) 동북쪽 나산(羅山/騾山)에서 발원하는 강의 명칭이라 설명했다. 이것은 소전[治]의 구성을 물[氵]과 기쁨[台=怡축약]의 결합으로 보는 견해이다. 고대 평온한 물줄기는 농작과 생활에 유익하고 풍족한 혜택을 가져오는 역할을 했다. 혹자는 숟가락[厶]으로 풀이하면서 입[口]와 결합하여 음식을 먹이는 뜻을 형상화했다고 주장한다. 농경사회에서 강과 하천을 이용하여 논과 밭에 관개(灌漑)하므로, 물[氵]을 덧붙여 백성들을 먹여 살리는 뜻을 내포한다고 주장한다. 고문자의 형태

---

115) 治, 水. 出東萊曲城陽丘山, 南入海. 從水, 台聲.

를 계승한 예서[氵台]에 대해서 여러 학설이 제기되었다. 대체로 평지보다 높직하게 두드러진 평평한 땅 돈대(墩臺)의 속자[台=臺]라고 본다. 물[氵]과 결합하여 일종의 제방이나 둑을 축조하는 작업을 일컫는다. 고대 황하와 장강의 물줄기는 범람이 빈번했고, 그 흐름을 바꾸기 위한 치수[治水] 작업을 부단하게 시행했다. '다스리다' 이외에 '바로잡다, (병을) 고치다, 돕다, 닦다, 구걸하다, 비교하다, 공적(功績), 정치, 도리' 따위의 뜻이 파생되었다.

료(療)는 '(병을) 고치다'라는 뜻을 가진 글자이다. 소전[[illegible]:[illegible]]에 처음 보이며, 병상[疒]과 뜸질[尞=燎]을 결합한 형성문자이다. 본래 피부의 상처를 치료하는 '뜸질'을 뜻했다. 뜸이란 약쑥을 비벼서 쌀알 크기로 빚은 후, 상처 부위의 혈에 놓고 불을 붙여 열기가 살 속으로 퍼지게 하는 치료행위이다. 침구학(針灸學)에서는 육구(肉灸)라고 부른다. 《설문해자》에서 '다스리다'라고 풀이했다.116) 고대 의술은 인체의 구조를 유기적 조직으로 본다. 환자의 상태는 망진(望診)·문진(聞診)·문진(問診)·절진(切診)을 통해 분석하고, 침(鍼)·뜸[灸]·부항(附缸)·추나(推拿)·약재(藥材)·물리치료 따위의 한의학 의술로 병을 고쳤다. 뜸질[尞]의 갑골[[illegible]:[illegible]:[illegible]]은 150여 종의 자형이 존재한다. 대부분 나무[木] 주위에 불꽃을 표시한 형태이고, 간혹 아랫부분에 불[火]을 덧붙인 자형도 있다. 금문[[illegible]]에서는 불[火]을 덧붙인 자형이 널리 통용되었다. 150여 종의 갑골문자에 표시된 점들은 제각각 나무 장작을 태우는 방식이 다른 것임을 의미했다. 그 의미는 현재 해석할 근거가 전하지 않기 때문에 알 수 없다. 금문[[illegible]]을 거쳐 소전[[illegible]]으로 통일된 구성을 보면, 불꽃[炎]에 위로 솟는 것[屮]과 제물[日]을 결합한 회의문자이다. 이것은 불꽃 제전

116) [illegible], 治也。從疒, 樂聲. [illegible], 或從尞.

(祭典)을 연상하며, 엄숙한 제사나 의식행사로 추정할 수 있다. 또한 횃불[燎]의 소전[燎]이 분리되어 통용되었는데, 불의 용도에 따라 파생된 글자인 셈이다. '(병을) 고치다'라는 뜻을 가진 '療'(료)는 신체의 세포와 경맥(經脈)에 불을 이용하여 다친 상처를 아물게 하는 뜸[灸]을 일컫는다. 한방 의술의 하나로 신비롭고 신성한 행위였다. 이외에 '(고통을) 면하다, 물리치다, 극복하다' 따위의 뜻이 파생되었다. 치료(治療)는 '병을 고치다'라는 뜻에서 신체의 질병을 제거하는 모든 의료행위를 일컫는다.

유(癒)는 '(병이) 낫다'라는 뜻을 가진 글자이다. 《설문해자》에 수록된 '瘉'(유)에서 유래했으며, '병이 낫다'라는 뜻이다.117) 소전[瘉]의 구성은 병[疒]과 응답하다[兪]를 결합한 형성문자이다. 본래 '兪'(유)는 통나무배와 나무집을 혼자서 만드는 과정을 본뜬 글자였다. 그러나 그 뜻으로 활용된 사례는 없으며, 주로 주관적인 감탄을 표시하는 조사로 활용되었다. 아래에 마음[心]을 덧붙인 '愈'(유)는 '점점 나아지다'라는 뜻을 갖게 되었다. 앞에 마음[忄]을 덧붙인 '愉'(유)는 '즐겁다, 기쁘다'라는 뜻이다. 따라서 '병이 낫다'라는 뜻을 내포한 글자는 《설문해자》의 '瘉'(유)는 오류이며, '癒'(유)가 올바른 글자인 셈이다. 이 글자는 우리나라와 일본에서 통용되며, 중국에서는 '愈'(유)를 사용한다. '(병이) 낫다' 이외에 '(남보다) 낫다, 뛰어나다, 앓다, 병들다, 해치다, 더욱' 따위의 뜻이 파생되었다. 치유(治癒)는 '병이 낫도록 다스리다'라는 뜻에서 환자가 정상적인 생활을 하도록 마음의 안정을 되찾는 과정을 일컫는다.

---

117) 瘉, 病瘳也. 從疒, 兪聲.

◇ 사회 보장 제도가 발달한 나라일수록 무료로 **치료(治療)**를 받을 수 있는 수혜의 폭이 넓다.

◇ 생명 과학의 발달로 인해 예전보다 난치성 질병의 **치료(治療)** 방법이 많이 개발되었다.

◇ 의사는 비만 **치료(治療)**를 위한 권고 사항으로 하루 한 시간 이상의 운동을 내게 제안했다.

◇ 불치의 병이라 할지라도 원래 균형 있는 영양과 휴식을 취하면 자연적으로 **치유(治癒)**되는 일이 많다.

◇ 어릴 적 근친상간을 당한 여주인공의 상처를 **치유(治癒)**해 나가는 과정이 이 영화의 기본 줄거리이다.

◇ 좋지 않은 생각에 사로잡혀 있거나 스트레스로 인한 피로감, 무기력, 불면 등 심신의 불균형은 향기 요법[aroma therapy]으로 어느 정도 **치유(治癒)**가 가능하다.

◇ 정형외과 의사들은 뼈를 다쳤을 경우 흡연자가 비흡연자에 비해 **치료/치유** 기간이 훨씬 오래 걸린다고 주장했다.

◇ 현대는 물질 만능주의의 만연으로 정신의 황폐가 **치유(治癒)**하기 힘들 정도로 심각하다.

# ㅌ

87◀ 토론(討論)-토의(討議)

88◀ 특별(特別)-특수(特殊)-특이(特異)

89◀ 특색(特色)-특성(特性)-특징(特徵)

## ◀ 토론(討論)-토의(討議)

| | | |
|---|---|---|
| 토론(討論) | 어떤 문제에 대하여 여러 사람이 각각 의견을 말하며 논의하다. | 찬반 |
| 토의(討議) | 어떤 문제에 대하여 검토하고 협의하다. | 다양 |

어떤 주제에 대하여 여러 사람이 모여서 의견을 나누는 경우를 토론(討論)과 토의(討議)라고 한다. 찬성과 반대 의견이 양립하여 논쟁을 벌이면 '토론'이라고 한다. 다양한 의견을 각자 자유롭게 말하되 일정한 결론 내지는 합의에 이르면 '토의'라고 한다. '토론'은 찬반 양측에서 근거와 이유를 제시하며 상대방을 설득하는 공개된 대화이다. '토의'는 다양한 주장을 허용하며 가장 좋은 결론에 이르게 하거나 공동의 합의점을 끌어내는 공개된 대화이다. '토론'은 절차와 형식이라는 규칙에 따라 찬반 또는 여부를 결정한다. '토의'는 자유롭고 무제한 방식으로 진행되며 해결 방법을 결정한다. 국립국어원에서 제시한 예문은 다음과 같다.

(A) 우리는 사형제도 존속 여부에 대하여 열띤 <u>토론</u>을 벌였다.

(B) 오늘은 여성 문제에 대한 광범위한 <u>토의</u>가 있었다.

예문(A)에서 '토론'은 일정한 주제에 대한 찬반 의견을 논의하는 것이다. 즉 우리 사회에서 사형제도를 존속시킬 것인가 폐지할 것인가 가부(可否)를 논의한 '토론'이다. 가부에 국한되었으므로 '토의'로 바꿀 수 없다. 예문(B)에서 '토의'는 일정한 주제에 대해서 다양한 의견을 나누고 올바른 합의를 공유하는 것이다. 여러 가지 의견을 나누었으므로 '토론'으로 바꿀 수 없다. 《훈민정음 사전》에서는 둘 다 문제 해결을 위해 여러 사람이 의견을 주고받는 것을 가리키나, '토의'가 문제 해결에 좀 더 무게를 두고 서로 협동하여 이야기를 이끄는 것이라 설명한다. '토론'은 논제에 대한 찬성과 반대의 관점이 뚜렷이 갈린 상태에서 서로 자기 논리의 타당성과 상대 논리의 부당성을 이야기하는 것을 가리킨다. 그러나 '토의'를 넓은 뜻으로 보면, '토론'도 '토의'의 일종이라고 주장한다. 화용론 측면에서 단어의 개념을 광의와 협의로 구별하여 정의할 수도 있으나, 정확한 의사전달에 모호성을 유발하여 오해를 초래할 수도 있다. '토론'과 '토의'는 한자에 내포된 뜻 자체가 다르므로 서로 다른 단어라고 보는 것이 올바른 국어사용이다.

토(討)는 '치다, 공격하다'라는 뜻을 가진 글자이다. 소전[討]에 처음 보이며, 묻다[言]과 진맥하다[寸]를 결합한 회의문자이다. 본래 환자의 병세를 묻고 맥을 짚어 병을 치료하는 뜻이었다. 고대 의술은 질병이나 상처의 고통을 가라앉히기 위해 경맥을 찾아서 병을 고쳤다. 즉 문진(問診)하는 의료행위를 표현한 글자였다. 《설문해자》에서 '병을 고치다'라고 풀이했다.118) 나쁜 악귀나 도적에 대해서는 '공격하다, 토벌하다, 없애다', 불법과 죄악에 대해서는 '다스리다', 이치나 방법에 대해서는 '찾다, 검토하다, 연구하다', 무례함과 무책임에 대해서는 '비난하다, 책망하다' 따위의 뜻이 파생되었다. 일설에는 진맥을 짚는 '寸'(촌)을 법도나 이치라고 풀이하며, '討'(토)는 사물의 진리를 찾는 것이라 주장한다. 팔뚝과 법도를 어떻게 연관 지을 수 있는지 의아할 뿐이다.

론(論)은 '논의하다'라는 뜻을 가진 글자이다. 전국시대 고문자[論]에 처음 보이며, 묻다[言]와 건물[亼]과 서적[冊]을 결합한 회의문자이다. 본래 자연의 이치와 인간의 본성에 대한 문답을 기록한 책을 형상화한 글자였다. 서적[冊]은 죽간을 끈으로 묶은 모양을 본뜬 상형문자이다. 소전[論]은 묻다[言]와 지혜로운 설명과 해설을 기록된 책의 서고

118) 討, 治也. 從言, 從寸.

[侖]를 결합한 형성문자가 추가되었다. '도리, 조리, 무리, 선택하다' 등의 뜻을 나타내는 '륜'음이 파생되었다. 《설문해자》에서 '논의하다'라고 풀이했다.119) 이외에도 '서술하다, 말하다, 언급하다, 따지다, 문제 삼다, 토론하다, 중시하다, 의견, 견해, 학설, 논설문(문체의 일종)' 따위의 뜻이 파생되었다. 토론(討論)은 '따져서 해결 방법을 찾다'라는 뜻에서 찬반 또는 가부를 결정하는 근거와 이유를 논리적으로 설득하는 공개된 대화를 일컫는다.

의(議)는 '의논하다'라는 뜻을 가진 글자이다. 전국시대 고문자[議:議:議]에 여러 형태가 보이며, 묻다[言]와 올바르다[義]를 결합한 형성문자이다. 본래 올바르다[義]는 창의 끝에 양의 머리가 장식된 제사장의 지팡이를 본뜬 회의문자이다. 고대 제사 의식을 통해 신의 계시를 받았고, 제사장의 권위는 존엄했다. 제사장은 부족장이거나 통치자 계급이었고, 그의 지팡이는 하늘과 소통하는 신성함을 상징하는 매개물이었다. 본래 제사장의 '올바른 말씀'을 형상화한 글자였다. 인간 세상의 복잡하고 난해한 진리를 하늘로부터 계시를 받아 올바른 결정을 내렸다. 소전[議]에 대해 《설문해자》에서 '대답하다'라고 풀이했다.120) 단옥재(段玉裁)는 '헤아리다'라고 그 뜻을 부연 설명했다. 질문[言]에 대한 응답[語]의 의미로 '議'(의)가 널리 통용되었다. '가리다, 분간하다' 이외에 '의논하다, 토의하다, 책잡다, 의견, 주장, 의론문(문제의 일종)' 따위의 뜻이 파생되었다. 토의(討議)는 '헤아려서 해결 방법을 찾다'라는 뜻으로부터 여러 사람의 의견을 청취하고 하나의 결론 또는 결정을 내리는 공개된 대화를 일컫는다.

119) 論, 議也. 從言, 侖聲.
120) 議, 語也. 一曰謀也. 從言, 義聲.

◇ 학생들은 정치적인 현안에 무관심했기에 등록금 인상안에 어떤 대응책을 세울지 **토론(討論)**에 적극적이지 못했다.

◇ 예민한 주제에 관한 **토론(討論)**에서는 상대편을 흥분시킬 수 있는 자극적 언행을 자제할 필요가 있다.

◇ 노동자의 임금문제로 경영진과 일주일간 난상 **토론(討論)**을 벌여 임금인상안이 타결되었다.

◇ 국가가 어려운 처지에 놓이게 되자 대학생들은 시국선언에 어떤 내용을 포함할지 열렬하게 **토의(討議)**했다.

◇ 수업 과정에서 궁금하거나 **토의(討議)**할 내용이 있다면 '질문 있어요' 방을 이용하기 바랍니다.

◇ 지난번에 보류되었던 안건을 이번에 다시 **토의(討議)**했다.

## ◀ 특별(特別)-특수(特殊)-특이(特異)

| 특별(特別) | 보통과 구별되게 다르다. ↔ 일반(一般) | 구별 |
|---|---|---|
| 특수(特殊) | 평균 이상으로 특별히 다르다. ↔ 보편(普遍) | 창조 |
| 특이(特異) | 보통 것이나 보통 상태에 비하여 두드러지게 다르다. | 이탈 |

일반적인 현상과 다른 경우, 특별(特別)·특수(特殊)·특이(特異)는 모두 같은 뜻을 가진 동의어(同義語)이다. 그러나 화용론 측면에서 세 단어는 화자(話者)·기능(機能) 등에 따라 서로 다르게 쓰이는 차이점이 있다. '특별'은 일반에 비교하여 구별될 정도로 다른 것이다. 반의어는 일반(一般)이다. '특수'는 보편적 능력이나 기능에 비교하여 창의적이고 새로운 것이다. 반의어는 보편(普遍)이다. '특이'는 보통의 상태와 비교하여 이탈된 결과로 나타나는 것이다. 반의어는 평범(平凡)이다. 국립국어원에

서는 '특이하다'를 일본어 사전과 의미 차이가 있어서 '독특(獨特)하다'로 순화하기를 권장하고 있다. 이것은 한자를 외래어로 보는 편견이며, 타국 언어에 동화시키려는 불순한 결정일 뿐이다. '특별'은 전체 속에서 구별되는 성격이 강조된 것이다. 예를 들어, 수중결혼식은 당사자 주관적인 기준으로 일반적인 결혼식과 구별되어 '특별'한 일이다. 제3자의 기준에서 보면 일반 결혼식장을 벗어난 '특이'한 일이다. '특수'는 보편적인 성격과 다른 새로운 측면을 갖춘 것이다. 예를 들어, 높낮이조절책상은 사용자의 체형이나 용도에 따라 조절하는 '특수'한 기능이 있다. 보편성을 뛰어넘는 창의성에 초점을 둔 것이다. '특이'는 보통의 상태나 행동을 벗어난 이상한 것을 일컫는다. 국립국어원에서 제시한 예문을 보면 다음과 같다.

(A) 철수는 영이에게 <u>특별</u>한 관심을 갖고 있었다.

(B) 방음을 위해 <u>특수</u>하게 만들어진 창문을 설치했다.

(C) 문신을 한 그의 모습이 나에게는 <u>특이</u>해 보였다.

예문(A)에서 '특별'은 타인보다 더 구별되는 태도를 강조한 것이다. 관심은 기계적인 기능이나 금지된 것이 아니므로 '특수'와 '특이'로 바꿀 수 없다. 예문(B)에서 '특수'는 방음효과를 가진 기능적이고 창의적인 방법이 동원된 것이다. 창문 자체가 방음할 수 없으므로 '특별'과 '특이'로 바꾸면 어색하다. 예문(C)에서 '특이'는 보통 사람들과 비교하여 두드러지게 다른 느낌을 받은 경우이다. '특별'과 교체할 수 있으나, 문신은 신기술이 아니므로 '특수'로 바꿀 수 없다.

특(特)은 '뛰어나다'라는 뜻을 가진 글자이다. 금문[[illegible]:[illegible]]에 처음 보이며, 소[牛]와 멈추다[止]와 더듬다[寸]를 결합한 회의문자이다. 본래 제물로 바칠 황소의 거세 여부를 확인하는 장면을 형상화한 글자였다. 소전[特]은 소[牛]와 관청[寺]의 결합으로 이루어진 것이다. 고대 주대(周代) 지역에 파견된 관료가 머무는 곳을 '寺'(사)라고 불렀다. 사서(寺署)·사경(寺卿) 등이 있다. 진대(秦代)에 이르러 제2급 이하의 낮은 직급을 '寺'(시)라고 지칭하며, 오늘날 보좌관[官佐] 또는 비서관[史毋爵] 정도의 직위명으로 사용했다. 한대(漢代)에는 주로 스님들이 기거하며 불교식 제례(祭禮)를 행하는 장소의 명칭이었다. 사우(寺宇)·사찰(寺刹)·사암(寺庵) 등이 있다. '特'(특)에서 '寺'(사)는 '손으로 잡다'라는 '持'(지)의 고자(古字)라고 추정한다. 《설문해자》에서 '큰 수컷 소'라고 풀이했다.121) 그런데 허신(許慎)은 제물로써 황소를 의미하고, '寺'(사/시)의 독음을 가진 형성문자라고 보았다. 이는 수컷의 거세 여부를 확인하는 '寺'(사)의 뜻을 파악하지 못했을 수 있다. 단순히 지방관청 또는 사찰에 황소를 제물로 바치는 관습에 따른 글자라고 보았을 것이다. '황소' 이외에 '뛰어나다, 달리하다, 희생(犧牲), 수컷 동물, 걸출한 사람, 짝, 배필, 특별히, 홀로, 다만' 따위의 뜻이 파생되었다.

별(別)은 '구별하다'라는 뜻을 가진 글자이다. '구별-구분'에서 설명한 바 있다. 특별(特別)은 '뛰어나게 다르다'라는 뜻으로부터 일반적인 성격과 구별되는 점을 강조하는 뜻이다.

수(殊)는 '다르다'라는 뜻을 가진 글자이다. 갑골[[illegible]:[illegible]]에 의미가 상통하는 글자가 발견되었으나 '殊'(수)와 형태가 달라 연관된 것으로 추정할 뿐이다. 소전[殊]에 처음 보이며, 부서진 뼈[歹]와 붉다[朱]를 결합한 회의문자이다. 《설문해자》에서 '죽이다'라고 풀이하면서, 한대(漢代) 법령에 만이(蠻夷) 오랑캐는 반드시 참수했다는 것을 소개했다.122) 본래 적

121) 特, 朴特, 牛父也. 從牛, 寺聲. (段玉裁의 주석본: 特牛也. 從牛, 寺聲.)
122) 殊, 死也. 從歺, 朱聲. 漢令曰 : 蠻夷長有罪 , 當殊之.

대적인 오랑캐는 목을 자르는 형벌을 가했고, 참수(斬首)를 뜻하는 글자였다. 한대(漢代) 왕조는 전국시대와 진대에 동남 지역으로 분산되어 거주했던 집단을 가장 극형에 처했다. 그 이유는 정확하게 밝혀지지 않았지만, 중원의 본래 주인이 만이(蠻夷) 지역으로 세력을 형성했을 개연성을 배제할 수 없다. 현재까지도 불가해한 역사유물과 역사기록이 풀리지 않고 있다. 이것은 지금의 동북지역과 동남 연안 지역에는 고구려・신라・백제 삼국의 역사적 근거를 암시하는 유적이 상당히 많이 분포되어 있다. 심지어 고구려・신라・백제의 도읍으로 비정(比定)한 장소에는 왕궁의 주춧돌조차 찾기 어렵다. 또한 경주(慶州)에는 지나치게 많은 왕의 무덤과 비석이 산재하고 그 위치조차 엉터리가 많은 이유를 해명하지 못하고 있다. 언젠가 한・중 역사가들이 풀어야 할 과제일 뿐이다. '殊'(수)의 구성에서 부서진 뼈[歹]는 죽은 사람의 시신의 형체가 처참함을 의미한다. 붉다[朱]는 그루터기를 본뜬 글자로 갓 베어낸 나무의 색을 형상화한 글자이다. 고대 형벌에 능지처참(凌遲處斬)은 형벌의 수위를 표현하였다. 가장 극형은 참수(斬首)였는데, 이름 또는 신체에 붉은색을 칠했거나, 목을 자른 뒤 흘리는 붉은 혈흔을 표현했을 것이다. 목은 신체와 분리되므로 '다르다'라는 뜻이 파생되었다. '참수, 다르다' 이외에 '거의 죽다, 끊어지다, 죽이다, 결심하다, 뛰어나다, 유달리' 따위의 뜻이 파생되었다. 특수(特殊)는 '뛰어나게 다르다'라는 뜻으로부터 보편적인 기능 또는 현상에 비교하여 두드러지게 다른 경우를 일컫는다.

이(異)는 '이상하다'라는 뜻을 가진 글자이다. '차별-차이'에서 설명한 바 있다. 특이(特異)는 '뛰어나게 이상하다'라는 뜻으로부터 정상적이고 평범한 수준에서 이탈한 경우를 일컫는다. 주로 놀람을 전제로 기이함을 뜻하며, 비교급 표현에서는 '특별'과 '특수'로 바꾸어 쓸 수 있다.

◇ 그는 나에게 **특별(特別)**한 친구다.

◇ 그 화가는 음악에도 **특별(特別)**한 재능이 있다.

◇ 비싼 이유는 **특별(特別)** 소비세가 부과되기 때문이다.

◇ 정신질환자를 위한 **특수(特殊)** 병동이 있다.

◇ 컴퓨터로 제작한 **특수(特殊)** 영상으로 가상세계를 체험했다.

◇ 조련사들은 동물들에게 **특수(特殊)**한 반복 훈련을 시켜 일정한 동작에 대해서 반응을 하도록 했다.

◇ 중동국가에서는 빵을 만드는 방법이 **특이(特異)**하다.

◇ 그는 **특이(特異)**한 행동으로 사람들의 시선을 끌었다.

◇ 부와 명예를 가진 스타가 보통 사람보다 더 금욕적으로 생활한다는 것은 **특이(特異)**한 일이다.

## ◀ 특색(特色)-특성(特性)-특징(特徵)

| 특색(特色) | 보통의 것과 다른 점 (전체) | 우월성 |
|---|---|---|
| 특성(特性) | 일정한 사물에만 있는 특수한 성질 (공통) | 동질성 |
| 특징(特徵) | 다른 것에 비하여 특별히 눈에 뜨이는 점 (일부) | 차별성 |

어떤 사물이나 현상을 설명할 때, 다른 대상과 비교하여 고유한 성질을 특색(特色)·특성(特性)·특징(特徵)이라고 한다. 의미상 동의어(同義語)이고 화용론 측면에서 세 단어는 전체·공통·일부 등에 따라 서로 다르게 쓰이는 차이점이 있다. '특색'은 비교 대상보다 우월한 전체적인 성질이다. '특성'은 대상이 속하는 분류와 공통된 동질성이다. '특징'은 비

교적 다른 대상에 비해 부분적인 차이점이다. '특색'과 '특징'은 일반적인 대상과 비교하여 외형적으로 구별되는 점이다. '특색'은 대표적인 우월성을 보여주는 전체에 초점이 있다. 이에 비해 '특징'은 눈에 띄게 두드러진 부분에 초점이 있다. '특성'은 대상의 내면을 분석하여 동질의 분류에 속할 수밖에 없는 공통된 성질이다. 국립국어원에서 세 단어의 차이에 대해 명확한 기준을 제시하지 않았으며, 그 예문은 다음과 같다.

(A) 그는 별다른 특색 없는 평범한 사람이었다.

(B) 가축도 품종에 따라 각기 다른 특성을 지니고 있다.

(C) 존댓말의 발달은 우리말의 두드러진 특징이다.

예문(A)에서 '특색'은 타인의 성격과 비교하여 전반적인 모습이다. 개성이나 자질 따위가 일반인의 수준을 뛰어넘지 못하는 사람이란 뜻이다. 평범함은 분류가 아니라 평가하는 개념이다. 개별성이 강조된 것이 아니므로 '특성'과 '특징'으로 바꿀 수 없다. 예문(B)에서 '특성'은 종류에 속하는 성질을 지니고 있음을 일컫는다. 가축마다 고유한 성질을 가지고 있다. 하나의 품종만을 언급한 것이 아니므로 '특색'과 '특징'으로 바꿀 수 없다. 예문(C)에서 '특징'은 대상의 여러 우월성 중에 일정한 부분만을 강조한다. 한국어에서 존댓말은 다른 언어와 비교하여 두드러진 차별성을 갖고 있다. 존댓말이라는 하나의 성질만 강조했으므로 '특색'과 '특성'으로 바꿀 수 없다. 대체로 서술형 시험문제에 "무엇의 특색/특성/특징에 대해 쓰시오."라는 형태가 자주 쓰인다. '특색'의 경우, 무엇의 전체적인 우월성을 써야 한다. '특성'의 경우, 무엇이 속한 분류 중에서 공통된 동질성을 써야 한다. '특징'의 경우, 무엇의 '특색' 중에서 가장 강조되는 차별성을 써야 한다.

특(特)은 '뛰어나다'라는 뜻을 가진 글자이다. '특별-특수-특이'에서 설명한 바 있다.

색(色)은 '모습'이라는 뜻을 가진 글자이다. '색상-색조'에서 설명한 바 있다. 특색(特色)은 '뛰어난 모습'이라는 뜻으로부터 다른 대상과 비교하여 분명하게 다른 전반적인 성질이다.

성(性)은 '성질'이라는 뜻을 가진 글자이다. '가능성-개연성'에서 설명한 바 있다. 특성(特性)은 '뛰어난 성질'이라는 뜻으로부터 다른 대상과 비교하여 차별성이 있으면서 같은 분류에 내포된 공통적인 성질이다.

징(徵)은 '상징하다'라는 뜻을 가진 글자이다. 갑골[[illegible]]에서 유래한 글자이며, 노인[镸]과 가다[止]를 결합한 회의문자였다. 본래 지혜로운 노인이 집을 떠나 멀리 가는 장면을 형상화하여 '인재를 초청하다'라는 뜻이었다. 금문[[illegible]:[illegible]:[illegible]:[illegible]]에 이르러 갑골[[illegible]]의 가다[止]를 다양하게 변형한 자형이 통용되었다. 보석의 모양[貝]으로 변모한 것은 진귀한 보석을 '모으다'라는 뜻이다. 행군[辵]이 추가된 것은 '징병(徵兵)'을 의미한다. 구역[口]을 추가한 것은 '정벌(征伐)'을 의미한다. 전국시대의 고문자[[illegible]:[illegible]]를 보면, 행군[辵] 부분은 길[彳]과 임무를 맡다[壬=任]로 분리되었고, 성인[镸] 부분은 관모/투구[山]로 변모했고, 공격하다[攴]를 추가하였다. 전국시대는 병사를 '징집하다', 세금을 '거두다', 인재를 '초청하다', 현상을 '증명하다'라는 여러 가지 뜻이 통용되었다. 소전[[illegible]]에 대해 《설문해자》에서 '부르다'라고 풀이했으며, 인재를 초청하는 일을 지칭한다고 보았다.[123] 허신(許愼)은 인재를 초청하는 글자로 파악했으며, 고문자[[illegible]]는 징병하여 정벌하는 뜻도 있음을 밝혔다. 현재의 자형은 예서[徵]에서 비롯되었는데, 다양한 자형의 변천으로 본래의 의미를 알 수

123) [illegible], 召也. 從壬, 從微省. 壬微爲徵, 行於微而文達者, 卽徵之. [illegible], 古文徵.

**없게 되었다. 이외에도 '조짐, 징조, 상징, 밝히다, 현상(現狀), 효험' 따위의 뜻이 파생되었다. 고대 음률 명칭인 궁상각치우(宮商角徵羽)에서는 '치'[徵/솔/sol]라고 발음한다. 특징(特徵)은 '뛰어난 상징'이라는 뜻으로부터 다른 대상과 비교하여 분명하게 다른 부분적인 성질이다.**

◇ 이 음악은 한국의 **특색(特色)**을 잘 살렸다.

◇ 삼국시대 신라는 불교 **특색(特色)**이 농후한 국가였다.

◇ 우리 마을은 농업적인 **특색(特色)**을 가진 고장이었으나 공장이 들어서면서 도시적으로 변하기 시작했다.

◇ 선인장은 건조한 기후에도 잘 견디는 **특성(特性)**이 있다.

◇ 정부는 각 지역의 **특성(特性)**을 살릴 수 있는 지방대를 육성하기 위한 지원책을 발표했다.

◇ 아름다움을 추구하는 인간은 다른 동물과 구별되는 **특성(特性)**이자 철학적 연구의 대상이다.

◇ 현대 사회의 **특징(特徵)**은 저출생과 고령화 문제로 인해 인적 시스템이 변화되고 있다는 사실이다.

◇ 이외수라는 작가의 작품 세계를 한마디로 **특징(特徵)**짓는 것은 쉬운 일이 아니다.

◇ 지하철역마다 피의자의 인상착의와 **특징(特徵)**이 공개된 지명 수배 전단이 붙어 있다.

# ㅍ

### ◀ 편리(便利)-편의(便宜)-편이(便易)

| 편리(便利) | 편하고 이로우며 이용하기 쉽다. (명사/형용사) | 혜택 |
|---|---|---|
| 편의(便宜) | 형편이나 조건 따위가 편하고 좋음. (명사) | 조건 |
| 편이(便易) | 편리하고 쉽다. (-하다, 형용사) | 쉬움 |

편리(便利) · 편의(便宜) · 편이(便易)는 모두 '편하다'라는 뜻을 가진 유의어(類義語)이다. 문법상의 차이를 보면, '편리'는 명사와 형용사 모두 사용된다. '편의'는 명사로만 쓰인다. '편이'는 '-하다'의 형용사로만 쓰인다. 화용론 측면에서, '편리'는 이로운 장점 또는 혜택이 있는 경우에 사용한다. '편의'는 환경이나 조건이 알맞은 경우에 사용한다. '편이'는 단순하거나 쉬워서 읽기/쓰기/보기/먹기 따위가 편리한 경우에 사용한다. 국립국어원에서 '편리'와 '편의'는 명사로 사용하면 뜻이 비슷하여 구별하기가 쉽지 않다. /-봐주다/라는 서술어를 붙였을 때, 혜택과 조건이 내포된 상황이라면 동의어에 가깝다. 다만 혜택과 조건 중에서 어느 쪽에 비중을 두느냐에 따라 구별해서 사용한다. '편이'는 쉬운 느낌을 표현하는데, 국어에서는 주로 '편리'를 사용한다.

(A) 우리집 근처 지하철이 개통되어 학교에 다니기 **편리**해졌다.

(B) 식당 주차장을 확대하여 손님들의 **편의**를 도모하였다.

예문(A)에서 '편리'는 어려움을 느끼지 않고 대중교통을 이용하는 것이다. 등교와 하교에 시간 또는 비용의 절감 등 혜택을 강조한 표현이다. /-하다/라는 형용사 어미를 쓸 수 없는 '편의'로 바꿀 수 없다. 예문(B)에서 '편의'는 알맞거나 쾌적함을 주는 환경과 조건이 좋아져서 편해졌다는 뜻이다. 주차의 어려움이 해소되어 시간적 혜택을 받으므로 '편리'와 바꾸어 쓸 수 있다.

편(便)은 '편하다'라는 뜻을 가진 글자이다. 금문[]에 처음 보이며, 사람[亻]과 바꾸다[更]를 결합한 회의문자이다. 본래 나쁜 습관이나 불손한 언행을 훈화(訓化)시키는 뜻이었다. 바꾸다[更]의 갑골[:]을 보면, 동굴[穴]과 때리다[攴]를 결합한 회의문자였다. 이것은 동굴의 석종(石鐘)을 깨뜨리는 장면을 형상화한 글자였다. 윗부분[]이 무엇을 본뜬 것인지 아직 정설이 없고 견해가 분분하다. 동굴의 석종 이외에 말고삐·책상·서까래 등 다양하게 해석한다. 바꾸다[]에 대한 여러 견해는, 말채찍으로 방향을 바꾸다, 회초리로 가르치다, 망치고 집을 고치다 등 대표적인 사례이다. 소전[]에 대해 《설문해자》에서 '바꾸다'라고 풀이했다.124) '고치다, 변경하다, 겪다, 지나가다, 밤의 시각'의 뜻은 '경'으로 발음하고, '다시, 더욱, 도리어, 어찌'의 뜻은 '갱'으로 발음한다. '편하다'라는 뜻을 가진 '便'(편)은 사람의 됨됨이를 바꾸는 것을 일컫는다. 소전[]에 대해 《설문해자》에서 '편안하다'라고 풀이했다.125) 똥·오줌의 배설을 뜻할 때는 '변'으로 발음한다. 현재의 자형은 예서[]에서 비롯되었다. '편하다' 이외에 '아첨하다, 휴식하다, 익히다, 말을 잘하다, 소식' 따위의 뜻이 파생되었다.

리(利)는 '이롭다'라는 뜻을 가진 글자이다. '사용-이용'에서 설명한 바 있다. 편리(便利)는 '편하고 이롭다'라는 뜻으로부터 어떤 사물을 이용할 때 이로운 장점 또는 혜택이 있는 것이다.

의(宜)는 '알맞다'라는 뜻을 가진 글자이다. 갑골[:]에 처음 보이며, 제기에 담은 고깃덩이를 본뜬 상형문자이다. 또[且(차)]·도마[俎(조)]·제물[⿰且刂(처)] 등의 갑골문자이기도 하다. 본래 불행한 일이 생겨서 지

---

124) 㪅, 改也. 從攴, 丙聲.
125) 便, 安也. 人有不便, 更之. 從人,更.

내던 제사에서 소와 양을 바쳤는데, 그 고기를 공평하게 나누어 먹는 것을 표현한 글자였다. 금문[[illegible]:[illegible]]에서 고기의 모양[多]과 나눔[一]을 추가했다. 소전[[illegible]]에 대해 《설문해자》에서 '편안하게 사는 곳'이라 풀이했다.[126] 윗부분에 덮개[宀]와 아랫부분에 도마[一]를 덧붙여 제물을 담는 그릇을 구체적으로 형상화했다. 제사 후 제물은 주최자들이 당연히 나누어 먹었으므로 '마땅하다, 알맞다, 화목하다, 아름답다, 안주' 따위의 뜻이 파생되었다. 편의(便宜)는 '편하고 알맞다'라는 뜻으로부터 사물을 사용하는 환경이나 조건이 편하고 좋은 것을 일컫는다.

이(易)는 '쉽다'라는 뜻을 가진 글자이다. 소전[[illegible]]으로 자형이 통일되기 전에 갑골문자는 70여 종, 금석문자는 90여 종 다양한 고문자가 존재했다. 갑골[[illegible]:[illegible]:[illegible]]은 손잡이가 달린 항아리와 액체를 옮겨 담는 장면을 형상화한 상형문자이다. 첫 번째 자형은 손잡이가 달린 항아리에서 손잡이가 없는 항아리로 액체를 붓는 장면이다. 둘째와 셋째 자형은 손잡이 항아리만 강조하여 액체를 표시했다. 항아리와 액체의 방향만을 본뜬 것이다. 본래 항아리의 손잡이를 이용하면 액체를 쉽게 옮길 수 있음을 뜻하는 글자였다. 금문[[illegible]:[illegible]:[illegible]:[illegible]]은 갑골문자의 모양을 계승하여 곡선이 강조되었고, 손잡이와 액체의 위치가 조금씩 다르다. 셋째 자형은 손잡이에 점을 찍어 장식을 표시했다. 넷째는 새의 날개 모양과 닮았다. 이러한 곡선 부호는 전국시대 고문자[[illegible]:[illegible]:[illegible]]에서 비상하는 새 또는 해와 달의 음양 변화를 대체하는 의미가 추가되었다. '쉽다'라는 본래의 뜻도 있었지만, 새가 '높이 날아오르다'라는 뜻과 음양/물건/마음을 '바꾸다'라는 뜻이 파생되었다. 주역(周易), 교역(交易), 역심(易心) 등이 있다. 《설문해자》에서 '도마뱀'이라고 풀이했고, 음양의 변화를 뜻

126) 宜, 所安也. 從宀之下, 一之上, 多省聲. 宐, 古文宜. 𡧯, 亦古文宜.

하는 글자라고 설명했다.[127] 허신(許愼)은 갑골과 금문의 자형을 이해하지 못하고 전국시대 고문과 전서체의 모양에만 집착하여 해석했다. '易'(이/역) 뜻은 본래 갑골과 금문으로부터 '쉽다'였고, 전국시대를 거치면서 '날다'와 '바꾸다'가 파생하여 3종 2음이 되었다. 이외에 '이' 발음은 '편안하다, 가벼이 보다, 다스리다, 생략하다, 기쁘다, 평평하다' 따위의 뜻이 파생되었다. '역' 발음은 '도마뱀, 고치다, 교환하다, 전파하다, 새로워지다, 다르다, 어기다, 점치다, 겨드랑이' 따위의 뜻이 파생되었다. 편이(便易)는 '편하고 쉽다'라는 뜻으로부터 물체의 용도나 상태가 단순하고 쉬운 것을 일컫는다.

◇ 개인주의자는 모든 일을 자신에게 **편리(便利)**한 대로 생각하고 처신하는 경향이 있다.

◇ 농촌에 살면 공기가 좋은 장점이 있지만, 도시에 살면 생활하기에 **편리(便利)**한 시설이 많다.

◇ 내 핸드폰에는 스팸 문자를 자동으로 차단할 수 있는 필터링 기능이 있어서 **편리(便利)**하다.

◇ 대기업에서는 제품의 만족도를 높이기 위해 고객의 **편의(便宜)**를 최우선으로 제공하려 노력하고 있다.

◇ 관리 당국은 **편의(便宜)** 시설을 적재적소에 분산하여 이용자들이 불편을 느끼지 않도록 해야 할 것입니다.

◇ 환자의 **편의(便宜)**를 위해 무료로 대리 주차를 해주고 1층 로비에 진료 대기실을 카페처럼 꾸몄다.

---

127) 昜, 蜥易, 蝘蜓, 守宮也. 象形. 《祕書》說：日月爲易, 象陰陽也. 一曰從勿. 凡易之屬皆從易.

## ◀ 폐기(廢棄)-폐지(廢止)

| 폐기(廢棄) | ① 못 쓰게 된 것을 버리다.<br>② 조약, 법령, 약속 따위를 무효로 하다. | 차단 |
|---|---|---|
| 폐지(廢止) | 실시하던 제도나 법규, 일 따위를 그만두거나 없애다. | 중단 |

어떤 계약이나 사항에 대해 그만두는 일을 폐기(廢棄)와 폐지(廢止)라고 한다. '폐기'는 효력이나 적용을 차단하여 향후 가치가 없어지는 것이다. '폐지'는 효력이나 적용을 중단하거나 새로운 것으로 바꾸기 위해 취하는 조치이다. '폐기'는 물건[서류 · 시설물 · 자동차 따위]을 재활용하지 않고 버리는 뜻도 있다. 주로 법령이나 약속을 무효화시킬 때 쓴다. '폐지'는 제도나 법령의 지속성을 멈추게 하는 뜻이다. 여성가족부라는 정부 기구를 예로 들면, 관련 업무가 불필요하여 향후 다루지 않는다면 존재 자체가 없어지므로 '폐기'라고 한다. 유사한 업무를 하는 다른 기구로 예속시키거나 새로운 이름으로 개편된다면 독립성이 중단되므로 '폐지'라고 해야 한다. 법령의 경우, 법률 조항에는 있으나 사실상 실효성이 전혀 없다면 '폐기'라고 한다. 효력이 유지되고 있으나 해당 법률 조항을 없앤다면 '폐지'라고 해야 올바르다.

(A) 핵무기의 전면적인 <u>폐기</u>를 위한 유엔 회의가 추진되고 있다.

(B) 동양인과 흑인에 대한 인종차별 정책은 <u>폐지</u>하는 것이 마땅하다.

예문(A)에서 '폐기'는 핵무기 사용의 피해가 인류의 멸종까지 위협하므로 생산 자체를 차단함을 말한다. 핵무기는 위험한 살상용이므로, 세계 각국은 핵무기 확산을 금지하고 차단하는 국제협약을 준수하고 있다. 1970년 핵확산방지조약(NPT)와 2017년 핵무기금지조약(TPNW) 등 국제협약이 이루어졌으나, 북한과 이란은 미국의 경제 제재에 반발하여 위협을 가하고 있다. 핵기술과 핵융합은 산업용으로 유용한 가치가 있지만, 군사용 측면에서 '폐기'라고 해야 올바르다. '폐기'의 반의어는 보관(保管), 존속(存續)이다. 예문(B)에서 '폐지'는 실시 중인 제도나 법규 따위를 중단하는 것이다. 인류 평화를 실천하고 인권을 보장하기 위해서 인종을 차별하는 관례들은 '폐지'되어야 한다. '폐지'의 반의어는 유지(維持), 지속(持續)이다.

폐(廢)는 '그만두다'라는 뜻을 가진 글자이다. 소전[廢]에 처음 보이며, 건물[广]과 싸움[發]을 결합한 회의문자이다. 싸움[發]에 대해서는 '개발-계발'에서 설명한 바 있다. 본래 전쟁이 발생하면 활과 무기를 사용하여 적을 무찌르게 된다. 전쟁터의 건물들을 파괴하고 무너뜨리는 것을 표현한 글자였다. 《설문해자》에서 '집이 주저앉다'라고 풀이했다.128) 고대 전쟁에서 적진을 공략하여 물건을 노략질하고 건물을 불사르는 일이 빈번했다. 특히 통치자가 기거하던 궁궐을 파괴함으로써 승리감을 표시하고 승전을 기념했다. '무너뜨리다' 이외에 '그만두다, 내버리다, 못 쓰게 되다, 그치다, 부서지다, 떨어지다, 쇠퇴하다, 고질병' 따위의 뜻이 파생되었다.

기(棄)는 '버리다'라는 뜻을 가진 글자이다. '체념-포기-단념'에서 설명한 바 있다. 폐기(廢棄)는 '그만두고 버리다'라는 뜻으로부터 실효성이 없거나 쓸모없는 것을 내버리거나 그 가치를 잃게 되는 것이다. 즉 차단의 뜻이 내포되어 있다. 물건에 대해 재사용하지 않고 버리는 의미이고, 법령에 대해 무효화시키는 것이다.

지(止)는 '멈추다'라는 뜻을 가진 글자이다. '지양(止揚)-지향-지향'에서 설명한 바 있다. 폐지(廢止)는 '그만두고 멈추다'라는 뜻으로부터 시

128) 廢, 屋頓也. 從广, 發聲.

행 중이던 제도나 법규 따위가 존재하지만 중단하는 것이다.

◇ 생산 공정에서 검출된 불량품은 모두 **폐기(廢棄)**한다.

◇ 대통령 재임 기간 기록된 모든 자료를 **폐기(廢棄)**하는 것은 불가능하다고 거듭 강조했다.

◇ 강물에 침수된 자동차를 **폐기(廢棄)**하지 않고 중고차 시장에서 판매하는 업자가 있다.

◇ 경제 활성화를 위해 각종 세금의 **폐지(廢止)**를 검토하고 있다.

◇ 지구의 위험지역 탐험하는 프로그램은 출연자의 안전을 위협해서 다음 개편 때 **폐지(廢止)**하기로 했다.

◇ 교육부는 학부모가 학교에 직접 금품을 내는 학교 발전기금 제도를 **폐지(廢止)**하기로 했다.

### ◀ 폐단(弊端)-폐해(弊害)

| | | |
|---|---|---|
| **폐단(弊端)** | 어떤 일이나 행동에서 나타나는 옳지 못한 경향이나 해로운 현상 | 원인 |
| **폐해(弊害)** | 폐단으로 생기는 해 | 결과 |

어떤 일이 제대로 진행되지 못할 때, 반드시 정상적인 과정을 방해하는 반칙이 존재한다. 옳지 못한 방해요소를 '폐단'이라 하고, 반칙으로 인해 발생하는 피해를 '폐해'라고 한다. '폐단'은 피해를 초래하는 원인이고, '폐해'는 피해를 나타내는 결과이다. 예를 들어 검사에게 수사권과 기소권을 부여했더니, 협박과 갈취의 수단으로 악용해왔다. 과도한 권한 부여는 '폐단'이며, 폭력적 범죄 행위는 '폐해'이다. 우리 사회에 기득권

은 대부분 집단이기주의 '폐단'에 편승하여 부와 명예를 누리며 살고 있다. 무능한 통치자 · 반칙왕 영부인 · 범죄자 고위인사 등이 국가의 위상을 훼손하는 '폐해'를 체험했다. 윤리적 · 사회적 문제의 원인이 되는 행동은 '폐단'이며, 소외 · 차별 · 상처 · 분쟁 · 죽음 따위의 결과가 되는 행동은 '폐해'이다.

(A) 민간단체들은 음주와 흡연의 **폐단**을 막고자 캠페인을 벌였다.

(B) 대기 오염의 **폐해**로 발생하는 인후통과 합병증이 심각하다.

예문(A)에서 '폐단'은 좋지 못한 경향이나 인체에 해로운 영향을 끼치는 음주와 흡연의 문제점을 적시한 것이다. 음주와 흡연은 결과가 아니므로 '폐해'로 바꿀 수 없다. 예문(B)에서 '폐해'는 공장의 매연이나 자동차 배기가스와 같은 대기를 오염시키는 옳지 못한 결과를 적시한 것이다. 이로 인해서 인체에 인후통과 합병증까지 유발하는 심각성을 경고한 것이다. '병폐(病廢)'는 고질적인 '폐단'과 '폐해'를 아우르는 단어이다.

폐(弊)는 '나쁘다'라는 뜻을 가진 글자이다. 해서[弊]에 처음 보이며, 본래 '敝'와 '蔽'의 자형에 그 의미가 내포되어 있어서 통용되었다. '弊'(폐)의 자형이 《설문해자》에서 누락된 이유이기도 하다. '敝'(폐)의 갑골[敝]을 보면, 천[巾]과 4개의 점과 치다[攴]를 결합한 회의문자이다. 낡은 옷을 두드리면 보풀이 일어나는 현상을 형상화했다. '은폐-엄폐'에서 설명한 바 있다. 해서[弊]의 자형은 아랫부분에 곰팡이[廾]를 추가한 형성문자이다. '廾'은 풀[艸]의 변형이고 사물에 기생하는 털곰팡이를 표시한 것이다. 본래 '낡고 해진 사물'과 '옳지 못한 일'을 뜻하기 위해 만들어졌다. 두 손[廾]을 덧붙인 소전[獘]은 본래의 뜻을 날조한 오류이며, '廾'으로 변모한 자형이 되었다. '낡고 해지다' 이외에 '반듯하지 않다, 부정행위, 1인칭의 겸칭, 닳아빠지다, 나쁘다, 저열하다, 나른하다, 단죄

하다, 가리다' 따위의 뜻이 파생되었다.

단(端)은 '실마리, 시초'라는 뜻을 가진 글자이다. 전국시대 말기와 진대(秦代) 초기 고문자[𥪌]에 처음 보이며, 소전[𥫗]을 거쳐 예서[𥪌]로 변천되었다. 글자의 구성은 서다[立]와 성장하는 나무[耑]를 결합한 형성문자이다. 본래 옷차림을 갖춰 입은 그림자를 형상화한 형성문자이다. 《설문해자》에서 '반듯하다'라고 풀이했다.129) '耑'(단)의 갑골[𣎵]을 보면, 땅[一]을 기준으로 땅속의 뿌리[而]와 위로 뻗은 가지[止]에 점들이 결합한 모양이다. 나무에 새순이 돋아나는 것을 본뜬 글자인데, 어떤 사물의 시초와 상통한다고 보았다. 점에 대해 중국의 언어학자 나진옥(羅振玉)은 《증정본 은허의 서계 고찰(增訂殷墟書契考釋)》에서 식물이 자라도록 물을 뿌리는 모습이라 풀이했다. 사람과 나무는 그림자를 비추어 그 자세를 바로잡는 단서로 삼았다. '반듯하다' 이외에 '처음, 실마리, 시초, 까닭, 원인, 예복, 조짐, 느낌, 갈래, 정문, 때마침, 단정하다, 살피다' 따위의 뜻이 파생되었다. 폐단(弊端)은 '나쁜 실마리'라는 뜻으로부터 올바르지 않은 일이 생겨나는 근본적인 원인이다.

해(害)는 '해롭다'라는 뜻을 가진 글자이다. 금문[𡧪·𡧪·𡧪]에 처음 보이며, 집[宀]와 뒤엉킴[丰(개)]을 혼합한 회의문자이다. 본래 집안에서 언쟁이나 재산분쟁 등 불화를 뜻했다. 가족관계에서 가사분담 또는 재산분쟁으로 말다툼이 발생하기 쉽다. 한평생을 함께 살아가야 하는 운명적 공동체이므로, 정신적 갈등과 육체적 고통이 축적될 수밖에 없다. 집안싸움은 제때 슬기로운 해소방법을 찾지 못하게 되면, 의사소통이 불편해지고 공동생활도 파탄에 이르게 된다. '害'(해)는 이러한 가정불화의 피해를 표현한 글자이다. 고대부터 현대에 이르기까지 어떤 사회든 가정교

---

129) 端, 直也. 從立, 耑聲.

육이 매우 중요한 관건이 되어 왔다. 전국시대 고문자[害:害:害]를 보면, 집[宀]과 뒤엉킴[丰/丯]과 식구[口]의 결합으로 형태가 변모했다. 소전[害]은 뒤엉킴[丯]으로 통일되었으나, 예서[害:害]에서 흙[土] 또는 풍성함[丰] 두 가지 형태로 통용되었다. 예서는 상형(象形)의 회화적 요소를 벗어버리고 직선의 기호적 요소로 바꾼 필체이기 때문이다. 현재의 자형은 다시 뒤엉킴[丯]의 형태를 취한 해서[害]에서 비롯되었다. 《설문해자》에서 '다치다'라고 풀이했는데, 집안의 언쟁이라고 부연 설명했다.130) '가정불화, 다치다' 이외에 '거리끼다, 해롭다, 시기하다, 훼방하다, 방해하다, 재앙, 손해' 따위의 뜻이 파생되었다. 폐해(弊害)는 '나쁜 피해'라는 뜻으로부터 어떤 일이 옳지 못한 결과를 초래하는 것이다.

◇ 신입사원 채용에 신분이나 외모를 중시하는 **폐단(弊端)**을 근절하기 위해 이력서 양식을 바꾸었다.

◇ 겸직의 **폐단(弊端)**은 주요 업무가 몇 명에게만 집중되어 새로운 인재를 발굴할 수 없다는 데 있다.

◇ 기업 중심의 자유주의 경제정책은 노동자의 복지를 위협하는 **폐단(弊端)**을 초래했다.

◇ 국책사업을 추진하지 못하게 가로막는 집단이기주의 **폐해(弊害)**가 도를 넘었다.

◇ 용산공원 개방은 맹독성 발암물질이 검출되는 **폐해(弊害)**를 알고도 정부의 무리한 조치였다.

◇ 실명제 도입은 인터넷 문화의 문제로 지적되는 익명성에 의한 **폐해(弊害)**를 줄이고자 마련된 제도이다.

---

130) 害, 傷也. 從宀, 從口. 言從家起也. 丯聲.

### ◀ 풍부(豐富)-풍성(豐盛)-풍요(豐饒)

| | | |
|---|---|---|
| 풍부(豐富) | 넉넉하고 많다. | 질량 |
| 풍성(豐盛) | 넉넉하고 많다. | 규모 |
| 풍요(豐饒) | 흠뻑 많아서 넉넉함이 있다. | 환경 |

풍부(豐富)·풍성(豐盛)·풍요(豐饒)는 모두 '넉넉하고 많음'을 나타내는 동의어(同義語)이다. 그러나 화용론 측면에서 서로 다른 의미를 지니고 있다. '풍부'는 질량의 많음과 추상명사의 넉넉함을 나타낸다. '풍성'은 대체로 큰 규모의 크기와 성과의 푸짐함을 나타낸다. '풍요'는 생활환경이 넉넉함을 나타낸다. '풍부'와 '풍성'은 형용사 어미 /-하다/를 붙이고, '풍요'는 형용사 어미 /-롭다/를 붙인다. 이러한 차이는 각각 한자에 내포된 의미가 다르기 때문이다. '풍부'는 재물의 수량이 넉넉함과 가치가 있음을 뜻하는 '富'(부)가 사용된다. '풍성'은 세기 또는 규모의 푸짐함을 뜻하는 '盛'(성)이 사용되어 왕성함을 뜻한다. '풍요'는 상태나 수준이 넉넉함을 뜻하는 '饒'(요)가 사용된다. 국립국어원에서 '풍부'와 '풍성'에 대해 차이를 명확하게 제시하지 않았으나, '풍부'를 '풍성'을 포괄하는 개념 즉 상위 개념이라고 밝히고 있다.

(A) 태백산 지역은 다른 지역에 비하여 임산 자원이 풍부하다.

(B) 봄기운이 화사하여 각 지역의 문화축제가 풍성하게 있다.

(C) 물질적으로는 풍요롭지 못할지라도 우리에게는 꿈이 있다.

예문(A)에서 '풍부'는 질량 또는 추상명사의 넉넉함을 뜻하는 말이다. 태백산맥은 국내 임산 자원이 가장 많이 분포된 지역이다. 전체 임산 자원 개발 중 가장 많은 분량이므로 '풍부'라고 표현해야 한다. 만약 분포 지역의 규모라면 '풍성'으로 바꿀 수 있다. 예문(B)에서 '풍성'은 크기와 규모 등이 다양하고 많음을 나타내는 말이다. '풍부'로 바꾸면 어색하다. 예문(C)에서 '풍요'는 상태나 환경의 넉넉함을 표현하는 말이다. 물질적 여건에는 '풍요'를 써야 자연스럽다. 질량의 넉넉함을 말하려면 '풍부하다'로 바꿀 수 있다. 물질이므로 '풍성하다'와 어울리지 않고 어색한 표현이다.

풍(豐)은 '넉넉하다'라는 뜻을 가진 글자이다. 원래 '豐'(풍)을 써야 올바르지만, 한국과 일본에서는 자형이 닮은 '豊'(풍)을 쓰고 있다. 원래 '豊'은 '禮'(예)의 고자(古字)였다. 현재까지 발굴된 갑골[[illegible]:[illegible]:[illegible]] 총 9종, 금문[[illegible]:[illegible]:[illegible]] 총 25종 정도가 있다. 갑골[[illegible]:[illegible]]을 보면, 북/악기 장식대[壴]와 맹인[亡+亡]을 결합한 상형문자였다. 본래 시각 장애인으로 구성된 악관(樂官)들의 연주는 분위기를 무르익게 했다는 뜻이었다. 소전[豐]의 모양만 보고 《설문해자》에서 '제기에 제물을 가득 담은 것'이라고 풀이했다.131) 허신(許愼)이 고문자의 자형 변천을 이해하지 못한 오류를 범했고, 지금까지도 제사용 그릇에 곡식을 가득 담은 글자라고 잘못 해석하고 있다. 그리고 《설문해자》에서 '豊'(례)를 '예식의 그릇'이며 발음은 '禮'(례)와 같다고 풀이했다.132) 비록 '豊'과 '豐' 두 글자를 분리했지만, 그릇[豆]에서 뜻을 취하는 오류를 범한 것이다. '豐'(풍)의 자형 변천을 보면, 갑골의 맹인[亡+亡]은 금문[[illegible]:[illegible]:[illegible]]에서 악기를 장식하는 모양으로 변모했다. 시각 장애인은 청각이 예민하여 음악적 소질을 발휘한다. 곡조의 흐름과 연주의 화음에 탁월한 감각을 지닌 시각 장애인들이 악관이 되었다는 기록이 남아있다. '풍부한 연주' 이외에 '넉넉하다, 풍부하다, 풍성하다, 가득하다, 두텁다, 풍년, 크다' 따위의 뜻이 파생되

---

131) 豐, 豆之豐滿者也. 從豆, 象形. 一曰《鄉飮酒》: 有豐侯者. 凡豐之屬皆從豐. [illegible], 古文豐.

132) 豊, 行禮之器也. 從豆, 象形. 凡豊之屬皆從豊. 讀與禮同.

었다.

부(富)는 '부유하다'라는 뜻을 가진 글자이다. 금문[富:富:富]에 처음 보이며, 집[宀]과 여유[畐]를 결합한 회의문자이다. 본래 가정 형편이 넉넉함을 뜻했다. '畐'(복)은 술 단지에 술이 가득 담긴 상형문자이다. 고대 일반 백성들은 식량이 부족하여 먹고살기 힘들었다. 부잣집에는 마실 술까지 준비되어 있었으므로 풍족함을 상징했다. 전국시대 고문자[富:富]에서 집[宀]의 모양이 변모했다. 소전[富]에 대해 《설문해자》에서 '예비하다'라고 풀이했다.[133] 고대 집안에서 잔치나 제사에 쓰일 음식이 준비되어 있음을 표현한 것이다. 끼니를 걱정하지 않고 생활의 여유가 있는 행복한 집안을 뜻했다. '많다, 가득하다, 부유하다, 넉넉하다, 풍성하다, 세차다, 부자, 행복' 따위의 뜻이 파생되었다. 풍부(豊富)는 '넉넉하여 부유하다'라는 뜻으로부터 재물과 질량의 많음뿐만 아니라 추상명사의 넉넉함을 포함하는 단어이다.

성(盛)은 '왕성하다'라는 뜻을 가진 글자이다. 서주(西周) 시기 금문[盛]에 처음 보이며, 춘추시대 금문[盛:盛]으로 자형이 변모했다. 도끼형 창[成]과 제사용 그릇[皿]을 결합한 형성문자이다. 본래 전쟁에서 승리한 후 지내는 성대한 제사를 뜻했다. 소전[盛]에 대해 《설문해자》에서 '곡식을 가득 담고 지내는 제사'라고 풀이했다.[134] 허신(許愼)은 단순히 제사에 초점을 둔 글자라고 설명하며, 창[成]을 의식의 위엄을 나타내는 장식품으로 보았다. 고대 다양한 제사의식에 의해 국가를 운영했으며, 제사를 뜻하는 여러 명칭이 존재한다. '盛'(성)에는 무기[成]가 강조된 글자이며, 전쟁에서 승리한 기쁨을 누리는 제사라고 보아야 한다. 일설에

133) 富, 備也. 一曰厚也. 從宀, 畐聲.
134) 盛, 黍稷在器中以祀者也. 從皿, 成聲.

는 도끼형 창[戚]의 원형을 '戊'[ : (무)] 또는 '戌'[ : (술)의 변형으로 본다. '戊'(무)는 창날이 굽은 것을 강조하며, '戌'(술)은 큰 창날과 긴 장대를 강조한 것이다. '成'[ : ]은 지역을 수비하는 병사의 창이다. '盛'(성)은 전쟁의 승리와 관련이 있는 '成'을 결합한 것이다. '성대하다, 융성하다, 왕성하다, 두텁다, 많다, 무성하다, 담다, 높다' 따위의 뜻이 파생되었다. 풍성(豊盛)은 '넉넉하여 왕성하다'라는 뜻으로부터 주로 행사의 규모나 성과가 대단하고 성대하다는 뜻이다.

요(饒)는 '배부르다'라는 뜻을 가진 글자이다. 소전[ ]에 처음 보이며, 음식[食]과 높은 분[堯]을 결합한 형성문자이다. 본래 신분이 높은 사람의 식사를 뜻했다. 높은 분[堯]의 갑골[ ]을 보면, 무릎을 꿇은 사람과 쌓아 올린 제단을 본뜬 회의문자이다. 금문[ ]과 전국시대의 고문자[ ]에서는 사람보다 높은 곳에 흙을 쌓아 올린 모양이다. 소전[ ]은 위가 평평한 곳에 흙을 쌓아 '숭상하다'라는 뜻이다.135) 《설문해자》에서 '饒'(요)를 '배부르다'라고 풀이했다.136) 허신(許愼)은 많이 먹어서 포만감을 느끼는 뜻이라고 보았다. 이외에도 '여유롭다, 넉넉하다, 기름지다, 두텁다, 너그럽다, 용서하다' 따위의 뜻이 파생되었다. 풍요(豊饒)는 '넉넉하게 배부르다'라는 뜻으로부터 환경이나 조건이 풍족한 상태를 일컫는다.

◇ 시베리아는 광물 자원이 **풍부(豊富)**하게 매장되어 있다.

◇ 그는 다방면에 지식이 **풍부(豊富)**하고 화끈한 성격이라서 친구들 사이에서 인기가 많다.

---

135) , 高也. 從垚在兀上, 高遠也. , 古文堯

136) , 飽也. 從食, 堯聲.

◇ 남자친구는 유머가 **풍부(豊富)**하다.

◇ 추석은 먹을거리가 **풍성(豊盛)**한 명절이다.

◇ 황금연휴에 다양한 패키지 상품들이 **풍성(豊盛)**하다.

◇ 겨울마다 열리는 빙등제는 수백 점의 얼음 조각이 **풍성(豊盛)**하고도 다채로운 미의 향연을 베풀고 있다.

◇ 그녀가 원한 것은 물질적인 **풍요(豊饒)**가 아니었다.

◇ 노후를 **풍요(豊饒)**롭게 보내기 위해 젊었을 때부터 저축했다.

◇ 그 한적한 마을은 **풍요(豊饒)**로워 보였다.

## ◀ 피난(避難)-피란(避亂)

| 피난(避難) | 재난을 피하여 멀리 옮겨 가다. (천재지변) | 재난 |
|---|---|---|
| 피란(避亂) | 난리를 피하여 옮겨 가다. (전쟁 폭동) | 전쟁 |

피난(避難)과 피란(避亂)은 생명을 위협하는 혼란을 피하여 안전한 곳을 이동한다는 동의어(同義語)이다. 화용론 측면에서 보면, '피난'은 가뭄·홍수·화재·태풍·지진 등 천재지변으로 자연적 위협을 피하는 것이다. '피란'은 전쟁·내란(쿠데타)·폭동 등 무력적 위협을 피하는 것이다. 국립국어원에서 '피난'은 뜻밖에 일어난 재앙과 고난을 벗어나는 일이라고 설명한다. '피란'은 세상이 소란하고 질서가 어지러워진 상태를 벗어나는 일이라고 구별하고 있다. '피난'은 자연적인 재난을 모면하는 이동이고, '피란'은 인위적인 재난을 모면하는 이동으로 볼 수 있다.

(A) 가족은 물난리를 만나 한동안 인근 초등학교로 <u>피난</u>했다.

(B) 6.25 전쟁 때 남쪽으로 <u>피란</u> 가는 행렬이 줄을 이었다.

예문(A)에서 '피난'은 자연재해를 만나 피하는 일이다. 물난리로 인해 집을 떠나서 초등학교에서 생활한 것이다. '피란'으로 바꿀 수 없다. 예문(B)에서 '피란'은 전쟁이나 폭동 등 세상이 소란하여 몸을 피신하는 일이다. 6.25 전쟁을 피해 수많은 사람이 남쪽으로 이동했던 역사 서술이다. 전쟁이나 폭동이 발생하면 건물이 무너지고 자연재해가 발생하기도 하므로 '피란'은 '피난'에 포함될 수도 있다. 그러나 자연적 재난과 인위적 재난의 사건 성격에 따라 구별해서 사용하는 것이 올바르다.

피(避)는 '피하다'라는 뜻을 가진 글자이다. '기피-회피'에서 설명한 바 있다.

난(難)은 '재앙'이라는 뜻을 가진 글자이다. 금문[]에 처음 보이며, 분신[堇]과 날려보내다[隹]를 결합한 회의문자이다. 본래 가뭄이 심하여 분신하는 기우제를 지냈는데 영혼을 하늘로 보내는 제사를 뜻했다. 고대 은나라 탕왕(湯王)은 몸소 기우제의 제물이 되어 분신한 전설이 있다. 제사는 하늘과 소통하는 방식이라 믿었고, 가뭄을 해소하기 위해 기우제를 지냈다. '비난-비판-비평'에서 자세히 설명한 바 있다. 피난(避難)은 '재앙을 피하다'라는 뜻으로부터 자연적인 재난을 피해 안전한 곳으로 옮겨가는 일이다.

란(亂)은 '난리'라는 뜻을 가진 글자이다. 금문[]에 처음 보이며, 두 손가락[爪-又]과 실패[]를 결합한 회의문자이다. 본래 엉킨 실을 두 손으로 푸는 장면을 형상화하여 '어지럽다'라는 뜻이었다. 전국시대 고문자[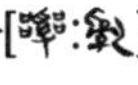]는 크게 두 종류 자형이 있다. 하나는 갑골문자에 실마리 4개[口]를 표시한 것이고, 다른 하나는 우측에 가는 실을 끄집어내는 코바늘을 추가한 것이다. 두 번째 자형이 주류를 이루며 계승되었고, '수습

**하다, 관리하다'의 뜻이 파생되었다. 소전[𤔔]에 대해 《설문해자》에서 '다스리다'라고 풀이했지만, 단옥재(段玉裁)는 '다스리지 못하다'라고 반론을 제기했다.[137] 한대(漢代)의 예서[亂] 이후 '亂'(란)은 '혼잡하다, 복잡하다, 문란하다'라는 뜻으로만 사용되었다. 이외에도 '손상시키다, 음란하다, 무도하다, (물을) 건너다, 널리 퍼지다, 난리, 반란, 재앙, 풍류, 요지, 함부로' 따위의 뜻이 파생되었다. 피란(避亂)은 '난리를 피하다'라는 뜻으로부터 전쟁이나 무력에 의한 위험한 곳을 벗어나는 일이다.**

◇ 폭설 경보에 따라 마을 사람들은 눈이 내리기 전에 일찌감치 산 아래 대피소로 **피난(避難)**을 시작했다.

◇ 어디로 **피난(避難)** 가야 좋을지 몰라 우왕좌왕하는 낯선 사람들로 거리는 아수라장이 되어 버렸다.

◇ 일본 기상청은 규슈 남부의 활화산 분화로 가장 높은 경계 레벨인 **피난(避難)**이 발령됐다.

◇ 전쟁이 나자 가족들은 남쪽 지역으로 **피란(避亂)**했고 그 이후로 서로 소식이 끊어졌다.

◇ 몽골 유목민족이 이동하는 모습을 보면 마치 **피란(避亂)** 다니는 것처럼 옷차림이 꾀죄죄했다.

◇ 할머니는 **피란(避亂)**길에서 만났던 할아버지가 돌아가시자 매일 아무 말 없이 눈물만 흘리신다.

---

137) 𤔔, 治也. 從乙; 乙, 治之也. 从𤔔. (段玉裁 주석본) 不治也. 從乙、𤔔. 乙, 治之也.

# ㅎ

95◀ 한계(限界)-한도(限度)

96◀ 할인(割引)-인하(引下)

97◀ 합의(合意)-합의(合議)-협의(協議)

98◀ 해제(解除)-해지(解止)

99◀ 혼돈(混沌)-혼동(混同) *혼(混=渾)

100◀ 효과(效果)-효능(效能)-효력(效力)

### ◀ 한계(限界)-한도(限度)

| 한계(限界) | 사물이나 능력, 책임 따위가 실제 작용할 수 있는 범위 | 불가능 |
|---|---|---|
| 한도(限度) | 일정한 정도 | 금지 |

일정한 범위의 끝을 나타내는 한계(限界)와 한도(限度)는 동의어이다. 두 단어는 발휘할 수 있는 능력·감당할 수 있는 책임의 최대한의 범위나 수준을 말한다. 화용론 측면에서 '한계'는 그 범위나 수준을 넘어설 때 불가능함을 의미한다. '한도'는 그 범위나 수준을 넘어설 때 금지함을 의미한다. 어떤 일을 예로 들면, '한계'는 더 이상의 능력과 책임이 없는 불가능 상태를 일컫는다. '한도'는 더 이상의 능력과 책임이 있지만 멈추는 금지 단계를 일컫는다. 국립국어원에서 '한계'는 범위를 제한하는 말이고, '한도'는 수준을 제한하는 말이라 구별하고 있다. 그러나 범위와 수준은 사물에 있어서 넓이와 깊이라는 차이점이 명확하지만, 능력·책임·감각·인내·용서 등등 추상명사에 차이점이 모호해진다. 따라서 '한계'와 '한도'의 개념 차이는 최대한의 범위와 수준에서 불가능한 것인지 금지하는 것인지를 기준으로 삼는 것이 올바르다.

(A) 남녀 사이에 우정과 사랑을 구별하는 한계가 있기 마련이다.

(B) 사람들의 의식과 감정에는 상대에 따라 포용의 한도가 있다.

예문(A)에서 '한계'는 남녀 관계에 우정과 사랑을 언행의 불가능에 따라 구별할 수 있는데, 언행의 금지사항이라면 '한도'로 바꿀 수 있다. 즉 '한계'는 언행의 최대치 범위를 강조하는 말이고, '한도'는 언행의 최대치 수준이 된다. 예문(B)에서 '한도'는 상대를 포용하는 수준이 서로 다른데, 행동을 금지하는 기준을 일컫는다. 의식과 감정은 추상명사이므로 수준을 명확하게 규정할 수 없다. 사람에 따라 포용할 수 없는 금지사항이 존재한다는 표현이다.

한(限)은 '제한하다'라는 뜻을 가진 글자이다. 금문[[illegible]:[illegible]:[illegible]]에 처음 보이며, 높은 산[阜]과 시선[目]과 돌아선 사람[匕]을 결합한 회의문자이다. 본래 높은 사이 가로막혀 시선을 돌리는 사람을 뜻했으나 주로 인명(人名)에만 쓰였다. 소전[[illegible]]에 대해 《설문해자》에서 '가로막다'라고 풀이했다.[138] 일종의 문설주처럼 칸막이라고 부연 설명했는데, 올바른 뜻을 인식했지만, '艮'(간)의 발음을 가진 형성문자로 잘못 인식했다. '어긋나다'라는 뜻을 가진 '艮'[[illegible]:[illegible]]은 부릅뜬 눈동자를 강조한 모양[目]과 뒤돌아서는 사람[匕]을 결합한 회의문자이다. 화가 나서 쳐다보며 불복종을 뜻하는 글자이다. '限'(한)은 험준한 산[阜]이 가로막고 있고, 국가의 경계로 삼고 있어서 더 건너갈 수 없음을 표현한 글자이다. '가로막다' 이외에 '제한하다, 한정하다, 지경, 한정, 기한, 끝, 문지방' 따위의 뜻이 파생되었다.

계(界)는 '경계'라는 뜻을 가진 글자이다. 전국시대 고문자[[illegible]]에 처음 보이며, 밭[田]과 이랑[介]을 결합한 형성문자이다. 본래 밭의 경계를 이루는 땅의 가장자리를 형상화한 글자였다. 한자음은 아직 정설이 없으며 '개'와 '계'의 발음 역시 어떻게 변천했는지 알 길이 없다.[139] 이랑[介]의 갑골[[illegible]:[illegible]:[illegible]]은 갑옷을 걸친 사람의 모습을 본뜬 글자인데, '끼이

---

138) 限, 阻也. 從阜, 艮聲. 一曰門榍.

139) 한자의 상고음과 중고음에 대해서는 아직 논쟁을 거듭하고 있으며, 성조(聲調)를 고찰한 수대(隋代) 육법언(陸法言)의 《절운(切韻)》(601년)과 송대(宋代) 정도(丁度) 등이 편찬한 《집운(集韻)》(1039년)을 근거로 제시한다. 그러나 이러한 운서(韻書)들은 북방과 남방의 발음이 다르고 현실 한자음과 차이가 있다. 원대(元代) 주덕청(周德淸)의 《중원음운(中原音韻)》(1324년)과 명대(明代) 《홍무정운(洪武正韻)》(1375년)에서 모음은 북방언과 자음은 남방언을 반영했다. 조선 세종 시기의 《동국정음(東國正音)》(1448년)은 한반도의 현실 한자음을 근거로 삼고 있다.

다'라는 뜻으로 사용되었다. 아직 정설로 검증되지 않은 금문[介]과 전국시대 고문자[介]가 존재한다. 소전[介]에 대해 《설문해자》에서 '그리다'라고 풀이하면서 사람마다 옷의 치수가 있다고 설명했다.140) 허신(許愼)은 윤곽을 그리는 것으로 인식했다. '界'(계)는 '경계의 가장자리'라는 뜻이며, 땅의 크기를 구분하는 경계선을 지칭하는 글자이다. 소전[界]에 대해 《설문해자》에서 '지경'이라고 풀이했다.141) '경계, 지경' 이외에 '둘레, 한계, 부근, 이웃하다, 사이에 두다, 이간질하다' 따위의 뜻이 파생되었다. 한계(限界)는 '경계를 제한하다'라는 뜻으로부터 능력이나 책임에 대해 넓이·범위·크기 등을 한정하는 단어이다.

도(度)는 '정도'라는 뜻을 가진 글자이다. 전국시대 고문자[度:度]에 처음 보이며, 건축물[广]과 주춧돌[廿]과 치수[又]를 결합한 회의문자이다. 본래 건축에 사용되는 돌의 위치를 정확하게 잰다는 뜻이었다. 갑골[[illegible]:[illegible]]에도 연관된 자형이 있으나, 겉모양이 닮지 않아 원시 자형으로 추정할 뿐이다. 금문[度]을 거쳐 소전[度]에 이르기까지 큰 변화가 없이 계승되었다. 《설문해자》에서 '법도'라고 풀이했다.142) '庶'(서)의 아랫부분 점 4개를 빼면 '도'라 발음한다고 했으나, 그 상고음(上古音)을 확인할 길이 없다. 현재 '度'(도)는 회의문자라고 보는 것이 올바르다. 일설에는 돌을 던져서 건축 거리를 측량하는 장면을 형상화한 글자라 주장한다. '돌을 던지다'라는 풀이는 건축 과정을 몰이해한 견해이며, 돌의 위치를 정확하게 '측량하다'라고 보는 것이 타당하다. 아랫부분 '又'에 대해 단옥재(段玉裁)는 주대(周代)에 촌(寸)·척(尺)·지(咫)·심(尋)·상(常)·인(仞) 등 사람의 몸을 활용하는 길이 단위가 있었다고 주장했다.

140) 介, 畵也. 從八, 從人. 人各有介.
141) 界, 境也. 從田, 介聲.
142) 度, 法制也. 從又, 庶省聲.

'치수를 재다, 추측하다' 등 동사로 사용되면 '탁'이라 발음한다. '정도, 규범' 이외에 '법도, 수준, 기준, 자(측량), 횟수, 도(온도), 기량, 가락, 모양, 풍채, 때(시간)' 따위의 뜻이 파생되었다. 한도(限度)는 '정도를 제한하다'라는 뜻으로부터 일정한 수준까지 최대한 허용되는 임계점이다.

◇ 자신의 능력이 어디까지인지 **한계(限界)**를 자각하고 본분을 알아 나가는 것이 지혜로운 인생이다.

◇ 그의 과감한 행동은 실없는 장난이었다기보다는 예술의 **한계(限界)**에 대해 실험한 결과였다.

◇ 다양성과 고급 품질을 추구하는 고객들의 잠재적 욕구를 충족시키기에는 이 제품은 **한계(限界)**가 있다.

◇ 관세청은 여행자 휴대품의 면세 **한도(限度)**를 상향 조정하겠다는 발표를 당분간 유보했다.

◇ 중저가 핸드폰이 인기를 끄는 배경에는 보조금 **한도(限度)**를 줄인 단말기 유통 개선법의 여파가 컸다.

◇ 은행은 대출금의 **한도(限度)**를 하향 조정했다.

### ◀ 할인(割引)-인하(引下)

| 할인(割引) | 일정한 값에서 얼마를 빼다. | 감액 |
|---|---|---|
| 인하(引下) | 가격을 낮추거나 물건 따위를 끌어 내리다. | 감가 |

백화점이나 시장에서 정가보다 저렴하게 파는 바겐세일은 '할인(割引)'이다. 주택이나 귀금속 등 책정된 가격을 낮추는 것은 '인하(引下)'이다. '할인'은 정가는 고정되어 있고 일정 금액을 낮추는 것이고, '인하'는 정가 자체를 낮추는 것이다. 특히 시세변동이 심하고 가격에 거품이 있는 부동산과 보석 등 시장의 수요에 따라 '인상' 또는 '인하'를 한다. '할인'은 정가에서 일정액을 감하는 것이므로, '할인' 기간이 끝나면 다시 원래의 소비자 가격으로 팔게 된다. 예를 들어 '청소년 할인'은 일반 요금이나 가격에 비교하여 조건을 붙여 감해 주는 금액이다. '휘발유 가격 인하'는 원유의 수입원가에 따라 낮춰진 공급 금액이다. 한글순화를 지나치게 강조하여 '할인'을 '덜이', '인하'를 '내림'으로 바꾸자는 주장도 있다. 그러나 이러한 한글 집착은 일상 대화에 부자연스럽고 오해를 초래한다. 화용론 측면에서 외래어를 순화하는 의견은 바람직하지만, 한자의 고유성과 의사소통의 전달력을 역행하는 편견일 뿐이다.

(A) **할인**된 제품의 종류가 다양하지 않아 마음에 드는 물건이 없다.

(B) 업체들은 출혈을 감수해 가면서 가격 인하 경쟁에 뛰어들었다.

예문(A)에서 '할인'은 정해진 가격에서 일정한 금액을 감액하는 것이다. 정가에 비해 낮은 금액으로 파는 제품이 다양하지 않아서 물건을 살 마음이 없음을 표현한 문장이다. 정가를 자체를 낮춘 것이 아니므로 '인하'로 바꿀 수 없다. 예문(B)에서 '인하'는 공급 가격을 낮추는 것이다. 업체들은 자사 제품의 매출을 올리기 위해 가격을 낮추어 경쟁한다는 표현이다. 정가 자체를 낮춘 것이므로 '할인'으로 바꿀 수 없다.

할(割)은 '베다, 자르다'라는 뜻을 가진 글자이다. 금문[ : : ]에 처음 보이며, 말다툼[害]과 칼날[刀]을 결합한 회의문자이다. 본래 '害'의 속자로 사용되었고, 집안싸움의 근본 원인을 잘라내는 뜻이었다. 세 번째 금문[ ]은 혀끝을 자르는 뜻을 형상화한 자형이었다. 점차 이 뜻은 쓰이지 않았고, 칼로 물건을 베거나 자르는 행위를 표현했다. 소전[ ]에 대해 《설문해자》에서 '벗기다'라고 풀이하며, '害'(해) 발음의 형성문자라고 설명했다.143) 소전[ ] 이전에는 주로 '자르다, 베어 버리다'라는 뜻으로 사용되었고, 이후에는 '껍질을 벗기다, 상처를 입히다'라는 뜻이 파생되었다. 이외에도 '나누다, 쪼개다, 가르다, 차지하다, 빼앗다, 해치다, 파헤치다, 불행, 비율' 따위의 뜻이 파생되었다.

인(引)은 '끌어당기다'라는 뜻을 가진 글자이다. 갑골[ : ]의 자형에 대한 논쟁은 중국에서 1970년에서 1980년 사이에 활발하게 진행되었다.144) 대체로 '弘'(홍,弓+肱축약)의 갑골문자로 인식하며, '활시위의 소리가 크다'라는 자형으로 보는 견해가 다수였다. '引'(인)의 갑골문자는 부재하며, 금문[ : ]에서 비롯된 글자로 공인했다. 활시위를 힘껏 당기는 모양을 본뜬 상형문자인 셈이다. 그런데 소전[ ]에서 활과 화살을 분리한 자형이 출현했다. 《설문해자》에서 '활을 쏘다'라고 풀이하며 회의문자라고 설명했다.145) 허신(許愼)은 금문[ : ]의 연결된 선[丨]을 왜 분리했는가? 활시위를 당기는 모양인데 분리한 이유가 무엇인가? 활시

143) [ ], 剝也. 從刀, 害聲.

144) 갑골[ : ]은 《주역(周易)》의 효사(爻辭) 중에 기록된 자형(字形)이다. 언어학계에서는 활[弓]에 삐져나온 선[丿]에 대해 논쟁을 벌였다. 필자는 '오랜 시간' 두 사람이 함께 의지하는 상형문자 '久'(구)의 갑골[ : ]로 보며, 소전[ ]를 거쳐 현재의 자형이 되었다고 본다.

145) [ ], 開弓也. 從弓, 從丨.

위를 떠난 화살이라면 왜 활을 쏘기 전 '당기다'라는 뜻으로 사용되었는가? 도저히 이해할 수 없는 자형 해석이며, 허신이 고문 기록을 오해했거나 새로운 '引'(인)을 만들어 가차(假借)한 글자이다. '활을 쏘다, 당기다' 이외에 '(수레) 끌다, 이끌다, 늘이다, 바로잡다, 펴지다, 넘겨주다, 추천하다, (그물) 치다, 길이' 따위의 뜻이 파생되었다. 할인(割引)은 '잘라서 당기다'라는 뜻으로부터 이미 정해진 가격에서 일정 금액을 감액하는 것이다. 반의어는 할증(割增)인데 '잘라서 늘이다'라는 의미상 모순을 내포한 이상한 단어이다. 기존의 가격을 깎는 '割'(할)에 더 높은 가격을 올리는 '增'(증)은 서로 반대되는 개념이므로, '금액을 더하다'라는 합성어가 될 수 없다.

하(下)는 '낮다'라는 뜻을 가진 글자이다. 갑골[⌒]은 지사문자로서 아랫부분을 지칭한다. 윗부분이 볼록한 것은 하늘을, 아랫부분은 땅을 본뜬 모양이다. 금문[二: 丅]은 대략 10종류 이상 자형이 있는데, 둘[二]과 자형이 비슷하여 수직으로 모양을 바꾼 형태가 널리 사용되었다. 이러한 고문자들이 소전[下]으로 계승되면 아랫부분이 변모해 왔다. 《설문해자》에서 '바닥'이라고 풀이했다.146) '아래, 바닥' 이외에 '밑, 임금, 거처, 천한 사람, 조건, 환경, 낮아지다, 낮추다, 못하다, 없애다, 물리치다, 손대다, 떨어지다, 항복하다' 따위의 뜻이 파생되었다. 인하(引下)는 '당겨서 낮추다'라는 뜻으로부터 공급 가격 자체를 낮추는 것이다.

146) 丅, 底也. 指事. 下, 篆文丅.

◇ 유명 메이커 상품은 가격이 비싸서 **할인(割引)** 행사 기간을 기다렸다가 사려고 했다.

◇ 상품권을 **할인(割引)**하는 불법 행위를 버젓이 광고하고 있다.

◇ 알뜰폰 **할인(割引)** 요금제는 한시적인 정책이다.

◇ 학생들은 등록금 **인하(引下)**를 강력하게 요구했다.

◇ 일부 중소기업들은 유통업체의 과도한 납품가 **인하(引下)** 요구를 거절하지 못했다.

◇ 원료비 연동제에 따라 가스요금이 **인하(引下)**되었다.

## ◀ 합의(合意)-합의(合議)-협의(協議)

| 합의(合意) | 서로 의견이 일치하다. | 결과 |
|---|---|---|
| 합의(合議) | 두 사람 이상이 한자리에 모여서 의논하다. | 과정 |
| 협의(協議) | 둘 이상의 사람이 서로 협력하여 의논하다. | 양보 |

둘 이상의 사람이 의견을 모으는 일은 합의(合意)·합의(合議)·협의(協議)라고 한다. '합의(合意)'와 '합의(合議)'는 서로 다른 의견을 하나로 모으는 행위에 대한 표현이다. '합의(合意)'는 하나로 의견을 모은 결과에 초점을 두는 단어이다. '합의(合議)'는 의견을 하나로 일치시켜나가는 과정에 초점을 두는 단어이다. '협의'는 서로 다른 의견 중 한쪽 또는 일부분이 양보하는 과정에 초점을 두는 단어이다. '합의(合議)'는 대체로 법률적 용어로 사용되며, 국회의 '합의 기관'이나 '합의제 법원'에서 어떠한 사실을 토의하여 의견을 종합하는 일을 지칭한다. '합의(合意)'와 '협의'의 차이점은 계약서 예를 통해 명확하게 구별할 수 있다.

(A) 갑의 요구가 있을 경우, 을은 계약 연장을 <u>합의</u>한다.

(B) 갑의 요구가 있을 경우, 을은 계약 연장을 <u>협의</u>한다.

예문(A)에서 '합의(合意)'는 의견을 일치시키는 결과를 지칭한다. 따라서 을은 반드시 계약 연장에 응해야 한다. 법률적으로 갑에게 유리한 계약서이다. '합의(合議)'는 국회나 법원에서 의견을 모으는 절차상의 용어이므로 계약서에 사용하지 않는다. 예문(B)에서 '협의'는 단순히 의견을 수렴하는 과정이다. 따라서 을은 반드시 계약 연장에 동의하지 않아도 된다. 법률적으로 을에게 유리한 계약서이다. 대법원 판례에 따라 '합의(合意)'와 '협의(協議)'를 구별해서 사용해야 한다. 교통사고의 경우, 피해자와 가해자는 보상금을 '합의(合意)'한다. '합의(合意)'는 상대방과 의견일치를 했음을 말한다. 만약 피해자와 가해자는 보상금을 '협의(協議)'할 수 있지만, 지급해도 되고 지급하지 않아도 되는 모호한 표현이 된다.

(C) 계열사 사장들은 경영의 위기를 타결하기 위한 <u>합의</u>에 들어갔다.

예문(C)에서 '합의(合議)'는 의견을 나누는 절차 과정을 일컫는다. 다양한 방안을 모색하고 방법을 찾기 위한 '협의(協議)'의 개념이다. 의견일치를 뜻하는 '합의(合意)'와 교체할 수 없다.

합(合)은 '합치다'라는 뜻을 가진 글자이다. 갑골[:]을 보면, 입구 또는 구멍을 '막다, 덮다, 가리다'는 뜻이 연상되는 모양을 본뜬 상형문자이다. 금문[::]은 상하를 구분하여 격리된 형태로 비슷한 자형이다. 소전[合]은 고문자들을 계승한 형태이며, 《설문해자》에서 '입술을 모으다'라고 풀이하며 회의문자라고 설명했다.147) 허신(許愼)은 고문자의 자형을 면밀하게 살피지 못했으며, 전서체(篆書體)의 자형을 해석하며 모으다[亼]와 입[口]을 결합한 회의문자라고 풀이했다. 갑골[:]과 금문

147) 合, 合口也. 從亼, 从口.

[合:合:合]은 사물의 '그릇을 덮다, 짝이 맞다'를 표현한 상형문자이다. 이외에 '대답하다, 맞다, 만나다, 싸우다, 적합하다, 찬합, 협문(夾門), 마을, 대궐' 따위의 뜻이 파생되었다.

의(意)는 '마음'이라는 뜻을 가진 글자이다. '의미-의의'에서 설명한 바 있다. 합의(合意)는 '마음을 합치다'라는 뜻으로부터 두 사람 이상의 의견을 하나로 일치된 것이다.

의(議)는 '의논하다'라는 뜻을 가진 글자이다. '토론-토의'에서 설명한 바 있다. 합의(合議)는 '합쳐서 의논하다'라는 뜻으로부터 두 사람 이상이 한자리에 모여서 의논을 나누는 것이다.

협(協)은 '협력하다'라는 뜻을 가진 글자이다. 갑골[劦]을 보면 세 개의 쟁기를 본뜬 상형문자였다. 본래 사람들이 열심히 '농작하다'라는 뜻이었다. 갑골[劦] 역시 '협력하다'라는 뜻을 나타낸 글자이며, 땅의 구역[口]을 결합한 회의문자이다. 전국시대 고문자[劦]로 계승되었는데, 주대(周代)의 유사한 뜻을 가진 금문[劦:劦:劦]의 자형이 있다. 쟁기 아래에 2~3마리의 동물[犬/소]들을 덧붙여 농작에 이용하는 장면을 형상화한 것이다. 소전[劦:協]에는 두 종류가 존재하는데, 갑골을 계승한 '劦'(협)과 진대(秦代)에 추가된 '協'(협)이 있다. 《설문해자》에서 '劦'의 소전[劦]은 '협력하다'라고 풀이했고,148) '協'의 소전[協]에 대해서는 '화합하다'라고 풀이했다.149) 글자의 구성은 많은 사람[十]과 협력[劦]을 결합한 회의문자이다. 농부들이 같은 시기에 함께 농작하는 장면을 형상화한 것이다. 이 시기에 이르면서 파생되었던 '恊'과 '叶'은 현재 활용하지 않는다. 상형문자였던 갑골의 자형은 소전 이후 회의문자로 변모했다. '협력

148) 劦, 同力也. 從三力. 《山海經》曰: 惟號之山. 其風若劦. 凡劦之屬皆從劦.
149) 協, 衆之同和也. 從劦, 從十. 旪, 古文協, 從曰, 從十. 叶, 或從口.

하다, 화합하다' 이외에 '돕다, 복종하다, 적합하다, 좇다, 맞다, 합하다' 따위의 뜻으로 파생되었다. 협의(協議)는 '협력하여 의논하다'라는 뜻으로부터 두 사람 이상이 서로의 의견을 나누는 일이다. 대체로 한쪽 또는 일부분에 대한 양보를 위해 이루어지는 회의이다.

◇ 그들은 오랫동안 실랑이질한 끝에 겨우 **합의(合意)**에 이르렀다.

◇ 야당은 여당이 **합의(合意)**를 거부한 행동은 국민의 의사를 무시하는 것이라고 비난했다.

◇ 이번 회동에서 **합의(合意)**된 내용을 즉시 언론에 알렸다.

◇ 첫 공판이 형사 **합의(合議)** 1부 심리로 열렸다.

◇ 3개국 정상이 모여 핵 문제에 대하여 **합의(合議)**하기로 했다.

◇ 남북한은 이번 **합의(合議)**를 바탕으로 본격적인 남북 교류의 물꼬를 터야 할 것이다.

◇ 우리와 한마디 **협의(協議)**도 없이 일방적으로 결정했다.

◇ 아시아 각국이 집단 안보적인 공동 대응책을 **협의(協議)**토록 할 방침인 것으로 알려졌다.

◇ 그 밖의 세부 사항에 대해서는 실무 **협의(協議)**를 통해 진행하는 것으로 회동을 마무리했다.

## ◀ 해제(解除)-해지(解止)

| | | |
|---|---|---|
| 해제(解除) | ① 설치하였거나 장비한 것 따위를 풀어 없애다.<br>② 묶인 것이나 행동에 제약을 가하는 법령 따위를 풀어 자유롭게 하다.<br>③ 책임을 벗어서 면하게 하다. | 이전 |
| 해지(解止) | [법률] 계약 당사자 한쪽의 의사 표시에 의하여 계약에 기초한 법률관계를 말소하다. | 이후 |

유효한 약속이나 계약에 그 효력을 없애는 것은 해제(解除) 또는 해지(解止)라 한다. 다만 '해제'는 과거부터 유지되던 효력이 소급되어 무효가 되는 것이고, '해지'는 현재부터 그 효력이 무효가 되는 것이다. 대체로 두 단어는 계약서류에 의무조항처럼 포함되어 법률적인 효력이 민법 543조부터 553조까지 명시되어 있다. '해제'는 계약 시점을 기준으로 원상회복을 포함하는 개념이다. '해지'는 현재 시점 이후를 기준으로 효력을 말소하는 개념이다. '해제'는 일시적 계약일 때 사용하며, '해지'는 계속적 계약일 때 사용한다. 예를 들어 부동산 매매 계약은 일시적 거래이므로 '해제' 조항이 있고, 임대차 계약은 계속적 거래이므로 '해지' 조항이 있다. 휴대전화의 통신사 가입 또는 근로계약 역시 계속적 거래이므로 '해지' 조항을 둔다. '해제'에는 설치나 장착된 것을 해체하는 뜻도 있으며, 조건이나 책임 따위를 벗어나는 뜻도 있다.

(A) 매매 계약을 <u>해제</u>하길 원한다면 반드시 계약서를 가지고 오세요.

(B) 임대차 기간이 종료됨에 따라 자연히 전세 계약이 <u>해지</u>되었다.

(C) 국지성 집중호우가 지나간 후에 교통 통제가 <u>해제</u>되었다.

예문(A)에서 '해제'는 과거 계약 시점으로 돌아가 원상회복을 내포하는 것이다. 일시적 계약이므로 '해지'로 바꿀 수 없다. 예문(B)에서 '해지'는 현지 시점 이후 효력을 중지하는 것이다. 계약 기간에 사용하는 계속적 계약이므로 '해제'로 바꿀 수 없다. 예문(C)에서 '해제'는 조건이나 책임을 벗어나는 것이다. 교통을 통제하는 조건이 없어졌다는 표현이다. '무장 해제, 직위 해제, 계엄 해제, 제재 해제, 공습경보 해제' 등이 있다.

해(解)는 '풀다'라는 뜻을 가진 글자이다. 갑골[[illegible]:[illegible]]을 보면, 두 손[[illegible]]과 뿔[角]과 소[¥]를 결합한 회의문자이다. 본래 소의 뿔을 '해부하다'라는 뜻이었다. 고대 제물로 바치는 소를 도살할 때 뿔부터 해부하는 장면을 형상화한 것이다. 금문[[illegible]:[illegible]:[illegible]]은 갑골을 계승했으나 점차 두 손[[illegible]]이 칼[刀]로 변모하고 있었다. 소전[[illegible]]에 대해 《설문해자》에서 '가르다'라고 풀이했다.150) 고문자의 소[¥]의 위치를 손이 변한 칼[刀] 아래로 옮긴 자형이다. 허신(許慎)은 소를 도살하는 뜻까지 포함했다. 갑골에서 금문까지는 소의 뿔을 뽑아내는 뜻이었고, 소전은 뼈와 살을 바르는 도축 작업까지 포괄했다. 고대인들은 동물의 생명줄을 어떻게 끊게 하고 어떻게 해부하는지 학습을 통해 익혔다. '解'(해)는 제물로 바치는 소를 해부하는 뜻이었지만, 점차 복잡하거나 함축된 모든 사물의 이치를 '이해하다'라는 의미로 확대했다. '해부하다, 가르다' 이외에 '풀다, 벗기다, 쪼개다, 해명하다, 통달하다, 떨어지다, 흩어지다, 화해하다, 보고하다, 압송하다, 기원하다, 게으르다, 마주치다, 핑계, 문체의 일종' 따위의 뜻이 파생되었다.

제(除)는 '제외하다'라는 뜻을 가진 글자이다. 전국시대 고문자[[illegible]:[illegible]]에 처음 보이며, 계단[阜=阝]과 나무집[余]을 결합한 형성문자이다. 본래 높이 올라가는 '계단'을 뜻했다. 계단[阜]은 언덕이나 산을 나타내는 상형문자이다. 전국시대 궁전이나 고관저택은 침수 예방뿐만 아니라 방어 차원에서 땅을 돋우거나 높은 위치에 지었다. 평지보다 높은

150) 解, 判也. 從刀判牛角. 一曰解廌, 獸也.

산을 오를 때처럼 천천히[徐] 올라가는 계단[阜]의 뜻이 되었다. 소전[除]에 대해 《설문해자》에서 '궁전의 계단'이라고 풀이했다.151) 궁전은 통치자의 숙소이고, 평지에 돌을 쌓아 산처럼 높게 지었다. '除'(제)는 그곳으로 올라가는 돌계단을 지칭하게 되었다. 궁전은 예전 지형을 바꾸었으므로 '없애다, 제외하다'의 뜻이 파생되었다. 이외에 '섬돌, 다스리다, 임명하다, 덜다, 감면하다, 지나가다, 청소하다, 숙청하다, 치료하다, 섣달 그믐날, 나눗셈' 따위의 뜻이 파생되었다. 해제(解除)는 '풀어서 제외하다'라는 뜻으로부터 설치하였거나 장비한 것 따위를 풀어 없애는 것이다. 계약 관계를 말소하여 원래 상태로 되돌리는 뜻도 있다.

지(止)는 '멈추다'라는 뜻을 가진 글자이다. '지양-지향'에서 설명한 바 있다. 해지(解止)는 계약 당사자 한쪽의 의사 표시에 따라 계약에 기초한 법률관계를 말소하는 것이다. 계약 시점이 아니라 현재부터 향후 그 효력을 중지하는 것이다.

◇ 매수인이 지급기일이 지나고서도 매매대금을 지급하지 못했다면 계약을 **해제(解除)**할 수 있다.

◇ 테러범의 무장을 **해제(解除)**시킨 상태라서 안전해졌다.

◇ 이번 사건에 연루된 사람들을 모두 직책에서 **해제(解除)**되었다.

◇ 본인 명의 계좌를 온라인으로 직접 조회 · **해지(解止)**할 수 있다.

◇ 회사는 판매 부진을 이유로 대리점 계약을 **해지(解止)**하였다.

◇ 보험에 따라서는 **해지(解止)** 후 재가입 시 보장이 제한되거나 축소될 수 있으므로 신중할 필요가 있다.

---

151) 除, 殿陛也. 從阜, 余聲.

### ◀ 혼돈(混沌)-혼동(混同) *混=渾

| 혼돈(混沌) | 마구 뒤섞여 있어 갈피를 잡을 수 없는 상태이다. | 무식 |
|---|---|---|
| 혼동(混同) | 구별하지 못하고 뒤섞어서 생각하다. | 착각 |

사물이나 사실에 대해 정확하게 인식하지 못한 상태를 혼돈(混沌)과 혼동(混同)이라고 한다. 두 단어는 어떤 현상이나 개념을 구별하지 못하는 뜻을 가진 유의어이다. 화용론 측면에서 '혼돈'은 서로 다른 여러 가지를 하나로 보거나 구별하지 못하는 상태를 일컫는다. '혼동'은 서로 다른 둘 이상을 비슷하게 보거나 하나로 인식하는 착각을 일컫는다. '혼돈'은 뒤섞여 질서가 없는 현상이고, '혼동'은 차이를 느끼지 못하고 동일시하는 것이다. 국립국어원에서 '혼돈'은 뒤섞인 상태, '혼동'은 구별 없이 하나로 생각하는 것이라 설명한다. 《훈민정음 사전》에서 두 단어의 차이는 다음과 같다. '혼돈'은 어떻게 된 것인지, 어떻게 해야 할지 갈피를 잡지 못하는 것을 가리킨다. '혼동'은 착각을 일으켜 이것과 저것을 제대로 구별하지 못하는 것을 가리킨다. 또한 '혼돈'은 옳음과 그름을 판단하는 능력을 지니지 못하는 것이고, '혼동'은 사물의 모양이나 성질이 비슷하여 헷갈리는 경우이다.

(A) 법 기술자들이 지배한 검찰공화국 사회는 <u>혼돈</u>의 시대였다.

(B) 두 단어는 발음이 비슷해서 개념을 가끔 <u>혼동</u>하게 된다.

예문(A)에서 '혼돈'은 합법과 불법의 경계가 모호한 상태가 되면서, 국가 시스템이 헌법 위에 존재하는 무질서한 사회를 일컫는다. 특히 검사들은 정무적 판단을 중시했고, 판사들은 주관적 편견으로 판례를 양산해왔다. 이러한 법 기술자들이 정의와 진실을 왜곡하여 무질서한 '혼돈'의 사회를 형성했다. 예문(B)에서 '혼동'은 서로 다른 개념을 구별하지 못하는 착각이다. 두 단어의 발음이 유사하여 서로 같은 개념으로 착각하게 된다는 표현이다. '혼란'은 어지럽고 질서가 없는 뜻이므로 '혼돈'과 바꿀 수 있다.

혼(混)은 '섞다'라는 뜻을 가진 글자이다. 소전[𣶒]에 처음 보이며, 물줄기[氵]와 함께하다[昆(혼)]를 결합한 형성문자이다. 본래 물줄기들이 합류하는 모습을 뜻하는 글자였다. 그러나 '昆'(혼)[152]에 대한 견해는 아직 분분하여 정설이 없다. 《설문해자》에서 '함께하다'라는 뜻을 가진 회의문자로 풀이했다.[153] 금문[𣅳]의 자형은 '眾'(중)의 금문[𥄕]과 비슷한 구성이다. '여러 사람'과 닮은 이유로 '함께하다'라고 풀이했으리라 추정된다. 그러나 글자의 구성은 대낮[日]과 두 사람[比]을 결합한 것이며, 구성요소에 대한 뜻풀이가 다양하게 활용되었다. 《태현경(太玄經)》에서는 같은 부모에서 태어난 '형(兄)'이라 했고, 의미를 확대하여 '자손'의 뜻으로 활용했다. 《시경(詩經)》에 형제를 지칭하는 '곤중(昆仲)'이란 단어가 보이며, '昆'은 벌레의 모양을 본뜬 상형문자로서 '많다'는 뜻을 가진 곤충(昆蟲)으로 풀이했다. 《상서(尙書)·윤정(胤征)》에서는 전설상 옥(玉)이 출토된 '곤륜산'을 지칭한다고 기록했다. 일설에는 '眾'의 고문자를 계승한 글자라고도 주장한다. 일설에는 '棍'(곤-몽둥이)·'混'(혼-반죽)·'輥'(곤-원축 롤러) 등을 열거하며, '比'(비)가 '비교하다, 닮다'라는 뜻이므로 태양[日]처럼 '둥글다'라는 뜻이라 주장한다. 요컨대 뜨거운 태양 아래 두 사람이 노동하는 모습을 본뜬 글자임에는 분명하다. 따라서 '昆'(혼)은 '더불어 어울리다, 함께 섞이다'라는 뜻이 생겨났고, 두 사람의 관계에 초점을 두어 '친밀하다'라는 뜻이 내포된 글자이다. '混'은 물줄기[氵]

152) 두 가지 발음을 가진 글자이다. [곤] 맏형, 자손, 함께, 벌레(=蜫), 곤륜산(崑崙山), 종족. [혼] 뒤섞이다, 뒤얽히다, 덩어리, 넓다, 광대하다

153) 𣅳, 同也. 從日, 從比.

와 함께 섞다[昆(혼)]가 결합하여 물줄기가 '뒤섞이다'라는 뜻이 형성되었다. 이외에도 '흐르다, 합하다, 혼탁하다, 크다, 넓다, 덩어리' 따위의 뜻이 파생되었다.

혼(渾)은 '뒤섞이다'라는 뜻을 가진 글자이다. 소전[]에 처음 보이며, 물[氵]과 무리짓다[軍=羣]를 결합한 형성문자이다. 본래 큰 물소리를 형상화한 글자였다. 《설문해자》에서 '범람하는 물소리'라고 풀이했다.154) 갑자기 불어난 물이 큰 소리를 내며 흐르는 모습이다. '물소리' 이외에 '흐리다, 혼탁하다, 뒤섞이다, 혼합하다, 멍청하다, 온전하다, 크다, 질박하다, 순수하다, 온통, 전부' 따위의 뜻이 파생되었다. '混'과 상통하는 글자이다.

돈(沌)은 '어리석다'라는 뜻을 가진 글자이다. 소전[]에 처음 보이며, 물[氵]과 막히다[屯]를 결합한 형성문자이다. 본래 물줄기의 흐름이 한곳으로 모이면서 소용돌이치는 모양을 뜻했다. 《설문해자》에 수록되지 않은 글자이며, 자형에 대한 기록과 정보가 거의 없다. 다만 '屯'(둔)의 갑골[]을 보면 싹이 자라다가 성장을 멈춘 모양으로 '막히다, 멈추다' 따위의 뜻을 지칭하는 지사문자이다. 《설문해자》에서 '힘겹다'라고 풀이했다.155) 주둔(駐屯)은 군대가 임무 수행을 위해 한 지역에 머물며 진을 치는 것을 일컫는다. '沌'(돈)은 '소용돌이치다'라는 뜻 이외에 '엉기다, 사리에 어둡다, 혼탁하고 어지럽다, 어리석다, 빙빙 도는 모양, 물결치는 모양' 따위의 뜻이 파생되었다. 혼돈(混沌)은 '섞여서 어리석다'라는 뜻으로부터 명확하게 구별하지 못하는 상태이며, 갈피를 잡지 못하고 헤매는 모습이다.

---

154) , 侵混流聲也. 從水, 軍聲. 一曰洿下貌.
155) , 難也. 象艸木之初生. 屯然而難. 從屮貫一. 一, 地也. 尾曲. 《易經》曰: 屯, 剛柔始交而難生.

**동(同)은 '같다'라는 뜻을 가진 글자이다. '공동-공통'에서 설명한 바 있다. 혼동(混同)은 '섞여서 같아지다'라는 뜻으로부터 둘 이상의 차이를 구별하지 못하고 같은 것으로 인식하는 착각이다.**

◇ 국가정책도 모호한 정부는 국민을 위한 정치에 무관심하고 권력 유지에만 급급한 **혼돈(混沌)** 상태이다.

◇ 진보와 보수 논쟁을 그만하고 하루빨리 민심이 **혼돈(混沌)**의 늪에서 벗어나기를 바란다.

◇ 우리 사회는 경제적으로도 어렵고 정치적으로도 **혼돈(混沌)** 상황이라 사회적 불안이 심각하다.

◇ 꿈과 현실을 분리해서 생각해야지 **혼동(混同)**하면 안 된다.

◇ 두 상품의 이름이 너무나 비슷하여 소비자들로 하여금 **혼동(混同)**을 일으키게 하고 있다.

◇ 그 영화는 주인공의 의지가 작가의 의도와 **혼동(混同)**되어서는 작품의 가치를 평가할 수 없다.

### ◀ 효과(效果)-효능(效能)-효력(效力)

| 효과(效果) | 어떤 목적을 지닌 행위에 의하여 드러나는 보람이나 좋은 결과 | 결과 |
|---|---|---|
| 효능(效能) | 효험을 나타내는 능력 | 과정 |
| 효력(效力) | ① 약 따위를 사용한 후에 얻는 보람<br>② 법률 법률이나 규칙 따위의 작용 | 영향 |

의학용어로서 약의 복용과 관련된 효과(效果), 효능(效能), 효력(效力)은 공통된 의미를 지닌 유의어이다. 그러나 화용론 측면에서 세 단어는 다르게 사용된다. '효과'는 약을 먹은 결과에 초점을 둔 단어이다. '효능'과 '효력'은 약의 작용이나 능력이 발생하는 과정에 초점을 둔 단어이다. '효능'은 그 과정에 작용하는 능력이고, '효력'은 그 과정에 나타나는 영향력이다. '효과'와 '효력'은 어떤 일이나 법률에서 좋은 결과와 작용에도 사용되는 단어이다. '효과'는 좋은 결과 그 자체이고, '효력'은 좋은 결과로 발생하는 관련된 영향 관계이다. 의학적 측면에서 세 단어는 치료에 유익함이 전제되어 있다. '효과'는 환자에게 얼마나 유익한 치료였는지를 강조한다. '효능'은 약이 몸에 끼치는 인과성을 강조한다. '효과'는 실제적인 임상 결과이며 심리적 치료까지 포함한다. '효능'은 실제적인 약의 유효한 능력치를 일컫는다. 예를 들어 완치 '효능'을 가진 약일지라도 실제 환자에 따라 '효과'는 다를 수 있다.

(A) 작은 광고판 하나로 선전 <u>효과</u>를 얻으려 하는 것은 무리였다.

(B) 코로나-19 백신의 <u>효능</u>을 입증하기 위해 다양한 실험을 했다.

(C) 진통제의 <u>효력</u>이 떨어지자 환자가 진통을 호소했다.

예문(A)에서 '효과'는 어떤 목적을 지닌 행위의 좋은 결과이다. 작은 광고판으로는 홍보의 좋은 결과를 기대하기 어렵다는 표현이다. 광고는 일반적인 일이므로 '효능'으로 바꿀 수 없고, '효력'으로 바꾸면 어색하다. 예문(B)에서 '효능'은 의학적 인과성을 나타내는 능력이다. 백신의 임상 실험은 과정이므로 '효과'와 '효력'으로 바꿀 수 없다. 예문(C)에서 '효력'은 약을 사용한 후의 좋은 영향 관계이다. 진통제 약효가 끝나면 다시 진통을 느낀다는 표현이다.

효(效)는 '보람'이라는 뜻을 가진 글자이다. 갑골[[illegible]]의 자형을 보면, 화살[矢]과 치다[攴]를 결합한 회의문자이다. 본래 전쟁 중에 적군을 공격하는 뜻이다. 금문[[illegible]]과 소전[[illegible]]은 갑골의 형태를 계승했다. 《설문해자》에서 '닮다'라고 풀이하며 형성문자라고 설명했다.156) 소전의 앞부분은 '화살'의 상형문자인데, 허신(許愼)은 '爻'(효)로 오해했다. 현재의 자형은 예서[[illegible]]에서 비롯되었고, '矢'(시)는 '交'(교)로 변모하여 본래의 뜻을 알기 어렵게 만들었다. 글자의 구성은 사귀다[交]와 회초리[攴]를 결합한 회의문자로 바뀌게 되었다. 글자의 의미 역시 젊은 사람을 훈육하는 뜻이 되었고 '본받다, 배우다'의 뜻이 파생되었다. 본래의 의미 '공격하다, 닮다' 이외에 '나타내다, 드러내다, 밝히다, 주다, 수여하다, 드리다, 바치다, 힘쓰다, 아뢰다, 세다, 공로, 보람, 효과' 따위의 뜻이 파생되었다.

과(果)는 '결과'라는 뜻을 가진 글자이다. 갑골[[illegible]:[illegible]:[illegible]:[illegible]]의 자형을 보면, 나무에 열매가 열린 세 갈래 가지를 본뜬 상형문자이다. 본래 나무에 잘 익은 열매를 뜻했다. 금문[[illegible]:[illegible]:[illegible]]은 갑골의 3개의 가지를 하나의 나무에 가득 달린 열매로 변형했다. 소전[[illegible]]에서는 밭[田]와 나무[木]로 간략하게 형상화했다. 《설문해자》에서도 '열매'를 본뜬 상형문자라고 풀이했다.157) 과실수는 해마다 한 번씩 열매를 맺는다. 봄에는 꽃

156) [illegible], 象也. 從攴, 爻聲.

을 피우고 열매를 맺고, 가을에는 잘 익은 과일을 수확한다. 그래서 '果'(과)는 '열매'만 뜻하지 않고 어떠한 일의 최종 '결과'나 '결실'이라는 뜻이 파생되었다. 이외에 '가득하다, 맛이 좋다, 시중들다, 과연, 끝내, 마침내, 만약, 과감하다, 실현하다' 따위의 뜻으로도 활용된다. 효과(效果)는 목적을 가진 행동 또는 약효의 좋은 결과이다.

능(能)은 '능력'이라는 뜻을 가진 글자이다. '가능성-개연성'에서 설명한 바 있다. 효능(效能)은 처방된 약의 유효한 능력치이며 약효가 진행되는 과정이다.

력(力)은 '힘'이라는 뜻을 가진 글자이다. 갑골[力]의 자형을 보면, 삽 또는 쟁기의 모양을 본뜬 상형문자이다. 일설에는 아래로 팔을 뻗은 모양이라 주장한다. 긴 삽자루와 보습의 형태를 상형화한 글자이다. 본래 농기구의 뜻이었다. 삽이나 쟁기를 사용할 때 '힘'을 들여야 하므로 의미가 확대된 것이다. 금문[力]의 자형은 수직으로 뻗은 자루를 본뜬 형태이다. 소전[力]은 자루가 휘어진 모양이다. 《설문해자》에서는 '힘줄'이라 풀이하면서, 정치적 공적에 힘쓴다면 큰 재앙도 막을 수 있다라고 설명했다.[158] '力'(력)의 본의에 대한 견해는 매우 다양하다. 팔을 휘두르는 기력, '筋'(근)의 원시 자형, 고대 수렵하던 도구의 모양 등이 있다. '힘' 이외에 '하인, 일꾼, 병사, 힘쓰다, 부지런하다, 심하다, 매우 힘들다, 애써' 따위의 뜻이 파생되었다. 효력(效力)은 약으로 치료한 후 얻게 되는 보람이나 영향력이다.

---

157) 果, 木實也. 從木, 象果形在木之上.
158) 力, 筋也. 象人筋之形. 治功曰力, 能禦大災. 凡力之屬皆从力.

◇ 이것은 감기 예방에 **효과(效果)**가 좋은 과일이다.

◇ 라디오 연출가는 음향 **효과(效果)**에 매우 민감하다.

◇ 외출할 때는 자외선 차단제를 바르면 피부를 보호하는 **효과(效果)**를 얻을 수 있다.

◇ 감초는 모든 약물과 조화를 이루면서 약의 **효능(效能)**을 증가시킬 뿐 아니라 해독의 **효과(效果)**까지 있다.

◇ 율무는 위장을 튼튼하게 만드는 **효능(效能)**이 있다.

◇ 피로 회복을 돕는 오미자주는 더위에 좋은 **효능(效能)**이 있다.

◇ 유통기간이 지난 약품은 **효력(效力)**도 없고 부작용도 일으킨다.

◇ 이 법은 공포된 날로부터 그 **효력(效力)**을 갖는다.

◇ 유언의 **효력(效力)**은 유언자가 사망한 때로부터 유효하다.

《참고문헌》


국립국어연구원 표준국어대사전 CD-ROM, 두산동아, 2001

표준국어대사전(전3권), 두산동아 편집국, 동아출판, 1999

고려대한국어대사전(전3권), 고려대학교 민족문화연구원, 2009

우리말샘, 국립국어원, https://opendict.korean.go.kr

훈민정음 학습 국어사전, 금성출판사, 2016

호 라이브 국어사전, 남영신, 성안당, 2001

디지털 시대의 사전, 김선철 외4, 한국문화사, 2019

동아시아 한자사전과 한한대사전, 단국대출판부, 2013

漢韓大字典, 민중서림 편집부, 민주서림, 2020

삼차원 한자학, 이운부(하영삼,김화영 옮김), 도서출판3, 2018

說文解字注, 段玉裁, 臺北, 藝文印書館, 影印本, 1979

說文解字詁林, 丁福保, 臺北, 商務印書館, 1979

說文解字繫傳(40卷), 徐鍇, 北京, 中華書局, 影印本, 2020

說文解字義證, 桂馥, 上海, 上海古籍出版社, 2021

說文重文彙集, 林漢仕, 臺北, 複寫本, 2021

殷墟書契(前後編), 羅振玉, 複寫本, 2021

甲骨學六十年, 董作賓, 臺北, 藝文印書館, 影印本, 2022

文字學論叢, 杜學知, 臺北, 正中書局, 1971

中國文字學, 陳夢家, 北京, 中華書局, 影印本, 2016

中國文字學, 唐蘭, 臺北, 樂天出版社, 2022

# 한국 한자유의어 비교 연구

2022년 8월 20일 초판 인쇄
2022년 8월 25일 초판 발행

저　　자 최성일
발 행 인 배영환
발 행 처 도서출판 현우사
등록번호 제10-929호
주　　소 서울시 영등포구 영중로 138-1(영등포동 8가 80-2) 드림프라자 B 901호
Tel 02) 2637-4806, 4863　Fax 02) 2637-4807
홈페이지 www.hyunwoosa.co.kr
E-mail okpress1208@naver.com
정　　가 25,000 원
ISBN 978-89-8081-587-6 93700